잊혀진 땅 간도(間島)와 연해주(沿海州)

- 간도와 연해주는 우리에게 어떤 곳인가 -

잊혀진 땅 간도(間島)와 연해주(沿海州)

- 간도와 연해주는 우리에게 어떤 곳인가 -

이윤기

해외한민족연구소 대표

화산
문화

| 이 책을 펴내면서 |

이 책은 필자가 발로 뛰면서 가슴으로 쓴 글을 엮은 것이다. 1989년부터 오늘까지 16년 간 중국의 연변을 비롯하여 북경, 심양, 장춘, 하얼빈과 러시아의 모스크바, 연해주, 사할린, 중앙아시아의 타쉬켄트, 알마타, 우수토베 등 해외에 한민족이 집거하고 있는 지역을 수십 차례 다니면서 그곳 한인들의 실상을 파악하려고 했다.

그들과 몸을 비비면서 정신적 일체감으로 밤새워 울고 웃으며 가슴 깊은 곳에서 분출하는 피맺힌 사연들을 원고지에 담았다. 왜 이 먼 곳까지 오게 되었는가. 모든 것이 낯설은 이국에서 새 삶을 개척해 가는 과정에 얼마나 고생이 많았겠는가. 그리고 앞으로 이들의 장래는 어떻게 될 것인가. 이같은 기본적인 물음과 아울러 알알이 쌓인 대화는 끝없이 이어졌다.

중국 간도(間島) 조선족의 역사는 한마디로 슬픔과 울분과 고난의 역사이었다. 크게는 약소민족의 서러움이요, 작게는 이주민 개개인의 한이 서려있다. 1860년대 초 함경북도 북단의 좁고 척박한 토지와 계속된 기근에 시달리다 못해 엄격한 봉금령(封禁令)과 월강죄(越江罪)의 위험을 무릅쓰고 농토를 찾아 두만강과 압록강을 건너는 조선족의 이주는 목숨을 건 사투였다.

경계가 삼엄한 이역땅에 아무런 의지할 곳 없이 가족을 거느리고 산골 깊숙이 숨어들어 황무지를 개간하며 생을 이어가는 초기 이주민들의 처참한 생활상은 오늘날 우리들에게는 상상을 초월한다. 봄에 농경(農耕)이 시작되어도 땅도 농기구도 없을 뿐만 아니라 숨어 살고 있는 신분이 노출될까 두려워 중국인의 눈치를 살피고 비위를 맞추면서 농토와 농기구를 빌려 농사를 지을 수밖에 없었다. 이때의 중국인과 조선족 간의 관계는 지주와 소작인의 관계가 아니라 사실상 예속된 주종(主從)의 관계였다.

춘궁기를 맞아 식량이 떨어지면 쌀 두세 말에 딸을 중국인에게 받쳐야했던 비참한 기록이 있는가 하면 생활풍습까지 치발역복(薙髮易服, 머리를 길게 땋고 중국인 복장으로 하라는 뜻)을 강요당했다. 타민족에게 지배받는 유민생활이란 개성을 죽인 채 울분을 삭히면서 겨우 목숨이나 유지하는 치욕만이 있을 뿐이다.

그러나 여러 해가 흐르면서 이주민의 수는 증가하고 한인 특유의 근면성으로 경제적, 사회적 기반을 닦았다. 특히 수전(畓)을 일구어 벼농사를 짓기 시작하면서부터 생활수준은 날로 향상되었다.

오늘날 가을이 되면 용정의 해란강 유역에 황금파도를 이루는 들판은 모두가 이주 조선인이 개간한 것이며 거기에 얽힌 조선인의 애환은 이루 형언할 수 없다. 이렇게 축적된 경제적, 사회적 기반은 조선족의 높은 자녀 교육의 밑거름이 되었고 나아가 간도에서 전개된 선열들의 항일독립운동의 뒷받침이 되었던 것이다. 간도 이주민의 개척정신과 애국열은 한민족 저력의 표상이다.

또 1937년, 연해주 18만 한인들이 스탈린의 강제 이주정책에 의해 중앙아시아의 허허벌판에 내팽겨쳐졌을 때 바로 겨울이 닥쳤다. 그들은 들판에서 나무를 모아 불을 피우고 당장의 거처를 마련하기 위해 땅굴을 파며 밤을 새워야 했다. 그해 겨울을 넘기는 동안 기아와 병마에 시달려 유아와 노인들이 수없이 죽어갔다. 이때 이들이 겪은 처참했던 고초를 오늘날 우리들이 상상이나 할 수 있겠는가. 그 후 60여 년이 흐르도록 철의 장막에 가려져 조국과는 절연상태였고 문호가 개방된 오늘에도 우리는 이들에 대한 따뜻한 위로의 말과 동족애의 손길 한번 제대로 주지 못하고 있다.

사할린의 경우는 어떠했는가. 1945년 2차 세계대전 종전 당시 사할린에는 강제징용당해 간 4만5천 명의 한인이 있었다. 이들은 고향에 돌아간다는 꿈에 부풀어 있었지만 일본은 자국민만 본토로 귀환시키고 한인들은 무국적 상태로 방치해버렸다. 강제징용해 갈 때는 일본의 황국신민이라 해 놓고 전쟁에 패하자 일본 국민이 아니라는 것이었다.

이러한 일본의 비인도적 교활한 처사에 대하여 한국은 제대로 항의 한번 하지 않았고 귀환 노력을 소홀히 한 채 30여 년 이상 거의 무관심으로 방치하다시피 했었다. 더구나 1965년 한일기본조약체결 때 박노학이 사할린 한인문제를 협상의제로 상정해 줄 것을 필사적으로 간청했지만 이 문제가 제기되면 기본조약체결이 어려워진다는 핑계로 외면했었다. 이와같이 한국에서는 무관심하고 있을 때 일본에서는 동경대학의 오오누마 야스아키 교수와 다카키 겐이치 변호사 등 지성들이 앞장서서 일본의 부당하고 무책임함을 질타하고 여론을 환기시키며 일본국을 상대로 소송까지 제기하여 14년 간이나 무보수로 재판을 진행했다. 이러한 사실들을 우리는 어떻게 받아들여야 할 것인가. 참으로 부끄러운 일이다. 자국민 보호는 국가의 일차적 책무이거늘 이를 소홀히 하는 국가는 그 존재가치가 어디에 있다 할 것인가.

나는 "힘없는 민족", "무기력한 조국" 이 두 마디에 모든 원인과 책임이 귀결됨을 통감하고 붓을 꺾고 싶었다. 그러나 누구를 탓하랴. 모두가 우리들의 몫인 것을. 다음 순간 울분과 한탄만으로 굴절된 민족사가 바로잡힐 일이 아니며 앞으로 극복, 지향할 바를 모색하는 것이 지성인의 책무임을 절감하면서 비록 보잘것없는 적은 힘이나마 민족진로 개척에 밀알이 되고자 고뇌하고 나 자신과의 약속을 했다.

역사란 기복이 있는 법. 불우한 상황에서 좌절하지 아니하고 극복의 강렬한 의지를 펴는 것이 새로운 창조의 근원이 된다는 것은 역사의 교훈이다. 그러기에 역사란 그냥 운명적으로 흘러가는 것이 아니라 인간의 의지와 정열에 의해 창조되는 것이라 하지 않았던가. 그래서 필자는 간도와 연해주의 이 이야기를 우리 국민들에게, 특히 자라나는 청소년들에게 꼭 들려주고 싶었다.

끝으로 이 원고의 상당한 부분은 영남일보에 "동북아 한민족을 찾아서"라는 제목으로 연재되었던 것을 일부 다시 다듬고 보완하였다. 필자는 변변치 않은 내용이라 책으로 펴낼 생각을 하지 않고 있던 터에 화산문화의 허만일 사장의 권고에 의해 출판하게 되었다. 허사장의 권고는 이 책은 비록 이론적 역사서나 학술서는 아니더라도 직접 현지를 누비면서 몸소 체험한 기록이기 때문에 다음 세대들을 위한 민족 역사 자료로써의 중요성까지 말해 주어 부끄러움을 무릅쓰고 허사장의 권고에 따르기로 했다. 허사장께 깊은 감사를 드린다. 그리고 바쁜 일과에도 불구하고 본 원고의 교정을 알뜰히 보아 준 해외한민족연구소 조의방 상무와 전산입력을 위해 애써 준 박여진 연구원의 노고에 대하여도 고마운 마음을 전한다.

  그리고 원고를 마지막 정리할 즈음에 중국의 동북공정 문제로 조선일보와 동아일보에서 좋은 내용과 사진자료를 발굴해서, 이를 참고하고 그 출처를 밝혔다. 두 민족지에도 감사의 말씀을 전한다. 한가지 더 첨언할 것은 참고문헌과 주(註)가 빈약한 점이다. 변명같지만 이 점은 전술한 바와 같이 필자가 직접 발로 뛰면서 현지인과의 면담을 통해 기록한 것이 대부분이기 때문에 그럴 수밖에 없음을 밝혀둔다. 이 책에 수록된 내용에 잘못이나 부족한 점에 대해서는 많은 질정과 편달을 바란다.

2005년 1월 새해에
이윤기

| 차례 |

이 책을 펴내면서

제1장 간도와 연해주는 우리에게 어떤 곳인가
1. 우리 민족고행(民族苦行)에 대한 반성　15
2. 간도와 연해주는 우리에게 어떤 곳인가　23

제2장 간도와 조선족(朝鮮族)
1. 중국 조선족의 유래　31
2. 중국 조선족의 애환　38
3. 중국 조선족의 간도 개척 - 1　44
4. 중국 조선족의 간도 개척 - 2　50
5. 청·일 간도협약(淸日間島協約)　59
6. 독립운동기지 건설과 독립군 양성　72
7. 만주 개척의 선구자 마을 명동촌(明東村)　79
8. 용정 3·13봉기와 15만 원 탈취사건　91
9. 중국 조선족의 민족교육　99
10. 중국 조선족의 교육 현황 - 1　105
11. 중국 조선족의 교육 현황(민족교육을 중심으로) - 2　111
12. 중국 조선족의 민족의식 - 족보(族譜)도서관의 건립　117

13. 중국 조선족의 조국관　123

14. 중국 조선족의 의식 변화　129

15. 연길은 서울을 닮아간다　135

16. 중국의 소수민족 정책　141

17. 중국 동포들의 국적 회복과 강제추방 문제　147

18. 중국 조선족의 미래　152

제3장　연해주와 고려인(高麗人)

1. 연해주를 찾아서　161

2. 연해주 한인(韓人) 이주　169

3. 연해주 한인의 정착　175

4. 연해주 한인 사회의 형성　181

5. 연해주 한인의 생활상　187

6. 연해주 이주 한인의 교육　193

7. 항일독립운동기지 신한촌(新韓村) - 1　199

8. 항일독립운동기지 신한촌 - 2　207

9. 러시아혁명과 연해주 한인　213

10. 연해주 한인의 강제 이주 - 1　219

11. 연해주 한인의 강제 이주 - 2　225

__ 제4장 사할린에 버려진 한인(韓人)들

   1. 사할린에 버려진 한인들을 생각하며   233

   2. 우리 동포들이 사할린으로 가게 된 까닭은   235

   3. 사할린 한인들의 생활상   239

   4. 한인들이 사할린에 남게 된 사유   242

   5. 사할린에 남아 있는 한인들의 처지   248

   6. 계속되는 유형(流刑)의 삶   254

   7. 사할린에 남아 있는 한인들에게 희망을   261

__ 제5장 21세기 나라와 민족의 자산, 해외한민족(海外韓民族)

   1. 지금부터라도 해외한민족에게 관심을   273

     1). 21세기를 내다보며   273

     2). 민족 통합문제   275

     3). 적극적인 해외교민정책을 펴야   280

     4). 세계 한민족공동체의 구성   289

   2. 한민족의 자화상(自畵像)   295

참고문헌

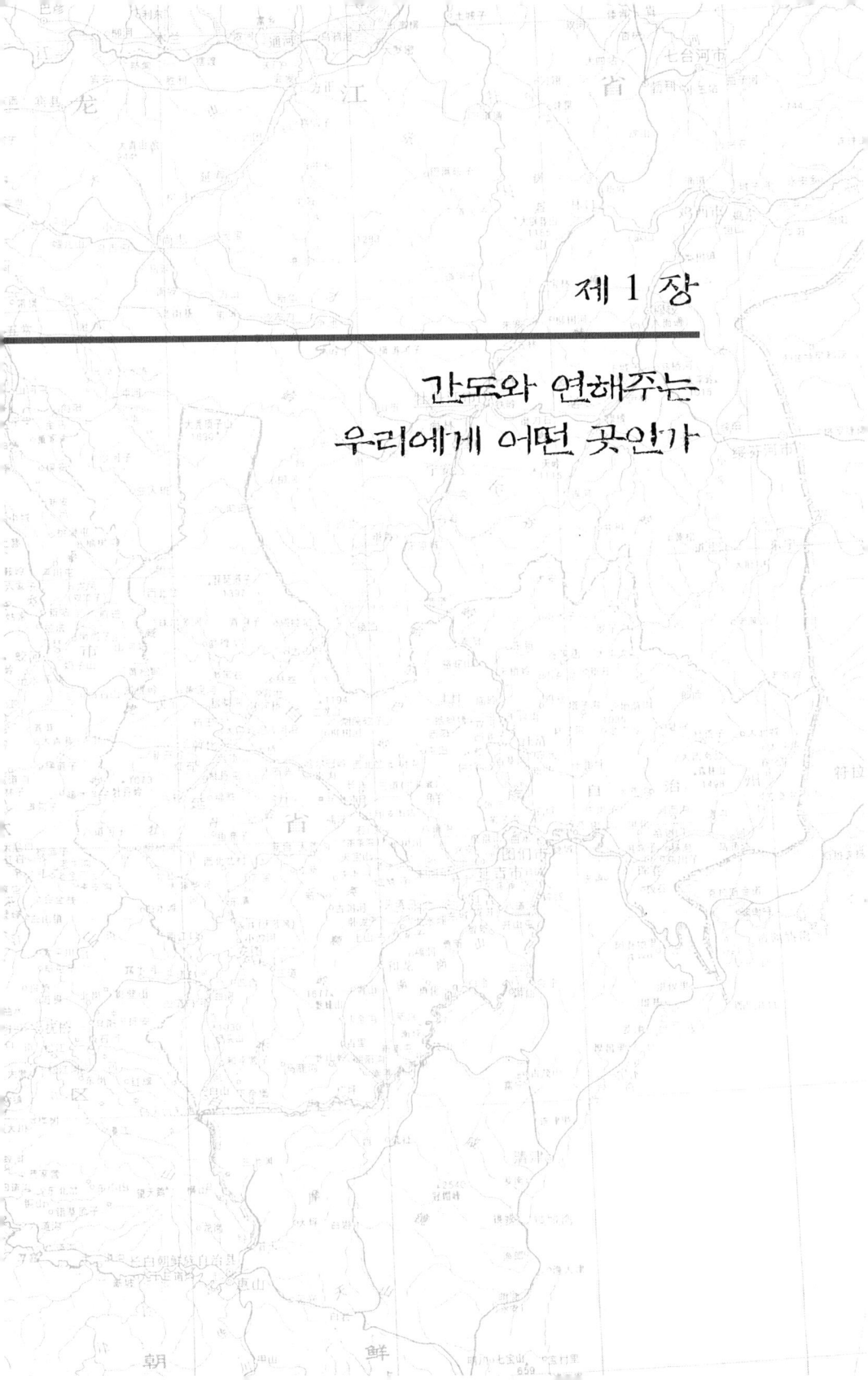

제 1 장

간도와 연해주는 우리에게 어떤 곳인가

1_ 우리 민족고행(民族苦行)에 대한 반성

우리 민족(民族)이 오랜 고행(苦行)을 계속하고 있다. 원래 고행이란 수도자(修道者)가 깨달음을 얻기 위해 고난을 겪는 것을 뜻한다. 한 인간이 겪을 때 인생고행(人生苦行)이요, 민족이 겪는 것은 민족고행(民族苦行)이라 할 것이다. 지난날 우리는 무슨 과오를 범했으며, 어떠한 깨달음을 얻기 위한 고행인지 100년이 훨씬 넘도록 온갖 수난을 겪으면서 고행을 계속하고 있다. 그러나 아직도 바른 깨달음을 얻지 못했기에 진정한 깨달음을 얻을 때까지 고행은 계속될 수밖에 없다. 여기서 민족이 추구하는 깨달음은 스스로를 반듯하게 세우는 것이다. 자신(自身)을 정립(定立)하지 못하면 모두가 허상에 불과하다. 그러므로 민족의 최고 가치는 자주(自主)와 독립(獨立)이다. 이 단순하고 명쾌한 원리를 깨닫지 못하면 아무리 고행을 해도 불행의 연속일 뿐이다.

한반도는 19세기 중엽 외세에 의한 강제 개항이래 자주성을 상실하고 표류하고 있는 형국이다. 자기 운명은 외세에 맡겨진 채 열강의 이해와 흥정의 대상이 되어 역사주체의 지위를 잃고 객체의 위치로 전락되었다. 일본은 미국의 필리핀 지배를 묵인하고 미국은 일본의 한반도

지배를 승인한 태프트-가쓰라 밀약(密約)[1]이 이를 단적으로 입증한다. 한반도를 둘러싼 강대국의 움직임과 국제정세에는 담을 쌓은 채 안에서만 큰소리 치며 다투고 있었던 우리 선조들의, 오늘 그 후손들에게 비추어 진, 모습이 너무 안타깝다. 이때부터 지금까지 외세의 간섭과 박해를 받으면서 우리 민족은 수난의 길을 걷게 되었고 오랜 세월 민족고행을 감내하여야만 했다. 임오군란, 갑신정변, 을미사변, 아관파천, 을사조약, 경술국치, 식민지배 등이 그 실증적(實證的) 사례이며 그 여파는 국토 분단과 6·25 전쟁을 초래했고 오늘날 6자회담과 내부 갈등으로까지 이어졌다. 이 시점에서 우리는 지난날 근원적인 잘못이 무엇이었던가 깊이 되새겨보고 그 타개책을 모색하기 위해 뼈를 깎는 고뇌를 해야 할 것이다.

이웃 일본은 1853년 미국 페리함대가 위협적인 문호개방을 요구했을 때 1년의 말미를 얻어 숙고를 거듭한 끝에 국론을 통일하고 이를 받아들여 피 한방울 흘리지 않고 난국을 수습하였다. 그들은 미국의 위력적인 흑선(黑船, 증기선)을 보고 과학의 우수성을 인정하며 문호를 개

---

[1]. 1905년(고종 42)7월 29일, 당시 일본 수상 가쓰라 타로(桂太郎)와 미국 루스벨트 대통령의 특사 W.H 태프트(William Howard Taft) 육군장관 사이에 이루어진 밀약. 루스벨트 대통령은 포츠머스 회담에 앞서 육군장관 태프트를 일본에 파견, 가쓰라와 회담하고 비밀각서(秘密覺書)를 교환하고 다음과 같은 미·일비밀협약(協約)을 체결하였다.
(1) 일본은 필립핀에 대하여 하등의 침략적 의도를 품지 않고 미국의 지배를 승인한다.
(2) 극동의 평화를 유지하기 위하여 미·영·일 3국은 실질적으로 동맹관계를 확립한다.
(3) 러·일전쟁의 원인이 된 한국을 일본이 지배하는 것을 승인한다. 이 비밀협약은 결국 영·일동맹(英日同盟)의 갱신으로 한국에서 얻은 지위를 미국으로 하여금 보장케 하는 대신에 미국의 필립핀 지배를 인정한다는 교환조건으로 이루어진 것으로 일본으로서는 1910년 한·일합방을 위한 예비적 밀약이었다.

방하여 선진국의 문물 제도를 받아들였다. 그리고 이를 계기로 명치유신(明治維新)을 성취하고 정치, 경제, 사회적 개혁을 단행하여 근대화의 토대를 구축하였다. 당시 일본의 여러 가지 사정과 교육 수준은 한국보다 오히려 뒤지고 있었다. 당시 일본은 선각자들에 의해 세계의 변화를 재빠르게 인식하고 이에 적절히 대응하며 열강들과 제휴함으로써 우리보다 한 발 앞선 근대화를 추진하였던 것이다. 시기적으로 따져보면 불과 20~30년 앞섰던 것이다.

일본인의 스승이라 일컫던 후쿠자와 유기치(福署諭吉)[2]는 시대의 흐름을 바로 간파하고 그가 경영하던 시사신보(時事新報)를 통해 많은 논설을 써서 국민들로 하여금 변화에 눈뜨게 하였다. 그는 일찍이 미국과 서구 여러 나라들을 몇 차례 돌아보고 장기 체류도 하면서 선진국의 문물 제도에 깊은 감명을 받았다. 그리하여 그는 향후 일본의 지향노선으로서 탈아입구론(脫亞入歐論)을 제창하였다. 그리고 무엇보다 중요한 것은 일본의 자주성 확립임을 역설하였다. 그의 지론은 당시 일본 사회

---

2). 1895년 청·일전쟁의 승리는 일본 국민에게 민족적 일체감을 불러 일으키고, 일본의 내셔널리즘(Nationalism)이 확립된 일본의 근대민중사상 가장 회기적인 일이었다.
전쟁에 사용된 전비를 모금하는 국민운동이 처음으로 추진되었고 청나라와의 전쟁 승리에 온 국민들은 열광하였다. 그 열광의 한 가운데에 명치시대의 최대의 계몽사상가 후쿠자와 유기치(福署諭吉)가 있었다. 그는 이미 10년 전 1885년에 탈아론(脫亞論)을 주장하여, "지금부터 일본이 나아갈 길은 아세아 제국과 연대하여 유럽열강들에 대항하는 길을 취하는 것이 아니고 아세아를 버리고 유럽 제국과 동맹하여 아세아를 분할 지배하는 길을 택하여야 한다."고 하였다. 유교주의에 집착하여 근대화와 개방을 쉽게 받아들이지 않는 조선과 청은 처음부터 동맹의 상대자로 적당하지 않다고 판단한 것이었다. 후꾸자와의 탈아론을 실천한 최초의 전쟁이 청·일전쟁이였다. 전후 일본의 각급학교 교육에도 큰 영향을 미쳤다. 1984년 새로 발행된 만원권 화폐의 초상으로 선정된 인물이다.

에 가장 긴요했던 시대정신을 파악 결집하고 승화시키는데 결정적 역할을 하였다. 이 점이 우리가 겪은 개화기의 양상과 다른 점이었다. 우리는 자주성을 잃고 우왕좌왕하면서 지배층은 파당으로 갈라져 각기 자기들에게 유리한 외세에 의존하려고 했었다. 명성황후와 대원군, 그리고 당시 정치인들의 외세 의존적 싸움은 바로 그러한 현상이었다.

국가가 확고한 자주적 자세로 바르게 선다는 것과 외세에 의존하는 것과의 차이는 곧 지배와 피지배의 역학관계로 변하게 되는 것이다. 일본은 개화기에 자주성을 견지했었고 우리는 남에게 의지해 있었다. 개화기 과정에서 우리의 최대의 실책은 자주성을 상실한 데 있다. 그 결과가 일본의 식민지배를 받게 된 것이다.

1945년 8·15해방을 맞았을 때 우리는 자주성을 확립할 수 있는 기회가 있었다. 식민지배를 벗어났고 시대의 변화에 눈을 뜰만큼 각성할 때도 되었었다. 자주성 결여와 외세 의존의 결과가 얼마나 쓰라렸던가도 충분히 체험했었다. 그러나 불행하게도 해방정국에서 국론은 사분오열되고 지난날의 과오에 대한 깨달음 없이 또다시 민족 자주성을 상실했다. 남쪽은 미국에, 북측은 소련에 의지하면서 상이한 이데올로기를 마치 금과옥조(金科玉條)처럼 신봉해 반목과 대립을 거듭하다가 급기야 동족상잔의 최대의 비극을 겪었다. 가변적인 이데올로기에 집착해 민족은 이데올로기를 초월하고 우선한다는 지극히 상식적인 이치를 깨닫지 못했던 것이다.

제2차 세계대전시 나치 치하에서 수감되어 있던 오스트리아의 지도자들은 감옥에서 전후문제를 숙의하여 이데올로기를 초월한 '대연합(大聯合)'이라는 합의를 도출했다. 종전 후 출감된 그들은 이 정신에 입각하여 연합국 측과 교섭함으로서 분열의 위기를 극복하고 빠른 시일 안에 오스트리아 통일을 성취했다. 또한 연합군의 점령으로 분할됐던 동·서독도 그들의 심중에 동족 간의 전쟁만은 피해야 한다는 자주적 각성이 있었기에 동족상잔의 비극은 피할 수 있었으며 따라서 쌍방 간에 사생결단의 적개심은 억제되었고 유혈없는 통일도 가능했던 것이다. 이처럼 자주적 정신을 견지한 민족은 불행했던 역사도 슬기롭게 극복할 수 있었다. 이러한 사례들은 해방전후사(解放前後史)의 공간에서 우리가 겪었던 경우와는 너무나도 대조적이다.

우리는 지금껏 국가 존립의 근본은 자주성을 견지하는데 있다는 원리(原理)를 깨닫지 못하고 끊임없이 고행을 거듭하는 가운데 한민족의 존망(存亡)을 결정지을 6자회담에 직면하고 있다. 어쩌다 이 지경에 이르렀는지 생각하면 참으로 통탄할 일이 아닐 수 없다. 한반도 문제가 한반도화되지 못하고 주변 4강과 연계되어 국제문제로 비화되었으니 또다시 구한말의 상황과 같이 우리의 운명은 주변국의 이해에 따라 좌우될 수밖에 없는 처지가 되었다. 이렇게 되기까지에는 물론 현실적으로 불가피한 전개 과정이 있었다지만 이 역시 근본 문제는 민족의 자주적 깨달음이 없었기 때문이다. 만약 우리가 지난날의 어리석음을 깊이 반성하고 민족의 앞날을 고뇌하는 진정한 깨달음이 있었다면 우리의 장래가 6자회담에 의해 결정지어지는 비참한 현실에 이르지는 않았을 것이다.

혹자들은 동·서독 문제가 논의 될 때 '2+4'라는 공식 용어가 사용되던 것을 염두에 둔 듯 한반도 문제도 같은 등식으로 논의되는 것을 아무런 거부감 없이 받아들이는 성향이 있다. 이것은 그 내용을 엄밀히 분석해 보면 가당치도 않는 논법이다. 독일은 전범국이었기 때문에 4대 연합국의 지배를 받게 되었고 동·서독으로 분할되었으므로 당연히 2(동·서독)+4(미·영·불·소)의 공식이 적용될 수밖에 없었던 것이다. 그러나 한반도의 경우는 이와는 근본적으로 다르다. 한반도는 전범국이 아니며 타국의 지배나 간섭을 받을 하등의 이유가 없다.

6자회담의 전개과정을 검토해보면 그리 복잡하게 엉켜있는 것이 아니다. 북한이 핵을 개발하려하자 미국이 이를 견제하여 두 당사자가 되었고 한국은 이북과 대치하고 있는 상태이며 또한 한반도 내에서 야기된 문제이니까 당연히 한 당사자가 될 수밖에 없으며 그리고 남·북 또는 북·미 간에 해결의 실마리가 잘 풀리지 않으니 그 중재자로 중국이 참여하게 된 것이다. 그래서 4자회담까지는 이해가 된다. 그런데 일본과 러시아는 무슨 명분과 자격으로 6자회담의 일원이 되었는가. 납득하기 어렵다. 특히 일본이 6자회담의 일원으로서 한반도 문제에 발언권을 행사한다는 것은 한민족(韓民族)의 체면이나 자존심상 도저히 용납할 수 없는 일이다.

일본은 전범국이며 한국에게는 가해국이다. 그리고 한반도 분단의 근원적인 책임은 일본에게 있다. 뿐만 아니라 전후 일본은 이에 대한 죄책감도 갖지 않은 채 일본의 한반도 침략은 진출이라고 호도하며 한반도 근대화에 공헌한 것으로 주장하고 있다.

뿐만 아니라 재일 동포들의 법적 지위 차별 문제나 사할린 동포들의 본국 송환에 비협조적이고 비인도적 행위 등은 아직도 우리들의 가슴에 응어리져 있다. 재사할린 동포들은 2차대전 때 대일본제국의 황국신민의 신분으로 강제징용되었고 신체적으로 감내하기 어려운 강제노

역에 종사시켰다. 전쟁이 종결되자 일본은 하루아침에 태도가 돌변하여 이들은 일본국민이 아니라는 구실로 냉대하고 귀국의 길마저 막았었다. 일본의 교활함과 철면피는 여기에 그치지 않는다. 비인간적인 정신대 문제와 강제 종군위안부 문제는 지금도 책임을 회피하며 지도자급 인사들이 한·일 간의 역사왜곡 망언을 계속 서슴치 않고 있다. 이러한 일본이 무슨 자격과 명분으로 6자회담의 일원이 되어 마치 한국의 후견국인양 행세를 하고 있는지 이해할 수 없으며 이를 거부감 없이 받아들이고 있는 정부당국의 반역사적 태도도 못마땅하다.

흔히들 국제정치란 현실을 무시할 수 없으므로 일본은 자유진영의 일원으로서 한·미·일의 공동대처가 불가피하다고 한다. 그러나 한·미·일 간의 공조가 긴요하다고 해도 6자회담 외의 다른 차원에서 공조를 강구해야 할 것이다. 우리 민족의 장래가 걸려있는 6자회담에 오늘날 우리들에게 분열의 비운을 안겨준 가해국인 일본을 참여시킨다는 것은 향후 한일관계나 역사발전에 있어 또 하나의 과오를 범하게 될 것이다. 이 역시 한민족의 자주성이 결여될 것이기 때문이다.

또 한가지 첨언할 것은 일본은 6자회담에서 순수하게 북핵문제만 다루고자 하는 것이 아니라 일본인의 북송문제를 들고 나오고 있다. 6자회담은 북핵문제 해결을 위해 추진된 것인데 일본인 북송문제까지 의제를 첨가한다면 북핵 문제해결은 훨씬 더 어려워질 것이다. 그리고 어떠한 문제이건 신속한 해결을 위해서는 참여자 수가 적을수록 능률적이며 다자회담이 될수록 해법을 찾기란 어려워지는 것이 상식이다. 러시아가 참여하는 것도 명분이 없다. 미국이 당면한 이라크 문제를 다룸에 있어 러시아의 협조를 얻기 위한 전략의 일환으로서 사실상 북핵문제와 직접적인 관계가 없는 러시아를 참여케 한 것이다. 그 결과는 '2+4'의 등식이 되었고 한반도 문제는 한반도화의 길에서 벗어났으며 우리의 자주성은 송두리째 흔들리고 있는 것이다. 이 모두가 민족고행 가운데서도 아직도 큰 깨달음을 체득하지 못한데서 초래된 것이다. 우리의 역사는 자주적으로 우리 의지에 따라 창조되어야 한다.

어떠한 동맹국도 자국의 이익에 충실한다. 국제관계란 영원한 동맹관계도 영원한 적대관계도 존속하지 않는다. 6자회담에 의한 해결책은 일시적 미봉책은 될 수 있을지언정 근원적 해결책은 되지 못한다. 남북한의 문제는 남북한이 당사자이다. 당사자 간에 민족존망을 성찰하는 대승적인 자세로 큰 깨달음에 의한 해결책이 모색되었을 때 완전하고 근원적인 해결이 가능할 것이다. 지금 우리가 갈구하는 것은 우리의 시대정신이 무엇인가를 정확히 간파하고 뼈를 깎는 고행을 통해 민족자주성을 확립하는 일이다. 지금 우리사회엔 각 분야마다 엘리트층이 두텁고 태산을 움직일 수 있는 국민의 에너지가 용솟음치고 있다. 겨레의 존경을 받는 큰 스승, 큰 지도자가 나와 아집을 버리고 대결집(大結集)으로 바른 길로 인도한다면 자주적 한민족사(韓民族史)는 반드시 창조될 것이다.

이러한 민족 대결집을 이룩하기 위해 우리는 간도 지방과 연해주 땅에서 있었던 지난날의 민족역사의 발자취를 한번 찾아가 보아야 할 것이다.

2_ 간도와 연해주는 우리에게 어떤 곳인가

　만주(滿洲)와 연해주(沿海州), 우리 민족에게 정감이 어리고 감상을 자아내게 하는 곳이다. 면적은 한반도의 5~6배나 되고 토양은 기름지기 이를 데 없는 참으로 광활하고 비옥한 대지이다.

　고대에는 고구려와 발해의 영토였고 근현대에는 조선 이주민의 생활 근거지였으며 특히 1910년 일본에게 국권이 침탈당한 후는 망명지사들이 집결하여 국권 회복을 위해 항일투쟁을 하던 요람이었다. 지금도 중국의 길림성(吉林省), 요녕성(遼寧省), 흑룡강성(黑龍江省) 등 동북 삼성에는 200만 교포가 집거하고 있으며 1952년에는 연변조선족자치주를 성립하여 한민족(韓民族)의 문화적 경제적 한 영역(領域)을 형성하고 있다. 이곳 교포들은 중국 내 56개 소수민족 가운데 문화와 교육 수준에 있어 제일 높은 평가를 받고 있으며 다른 소수민족으로부터의 부러움과 중국 당국으로부터는 호의와 경계의 대상이 되고 있다.

　연해주 또한 1937년 스탈린에 의해 중앙아시아로 강제이주당하기 전까지 약 20만이 정착하고 있었으며 1980년대 말 구소련권이 붕괴되면서 다시 이곳으로 재집결하여 새롭게 생활 터전을 개척하며 뿌리를

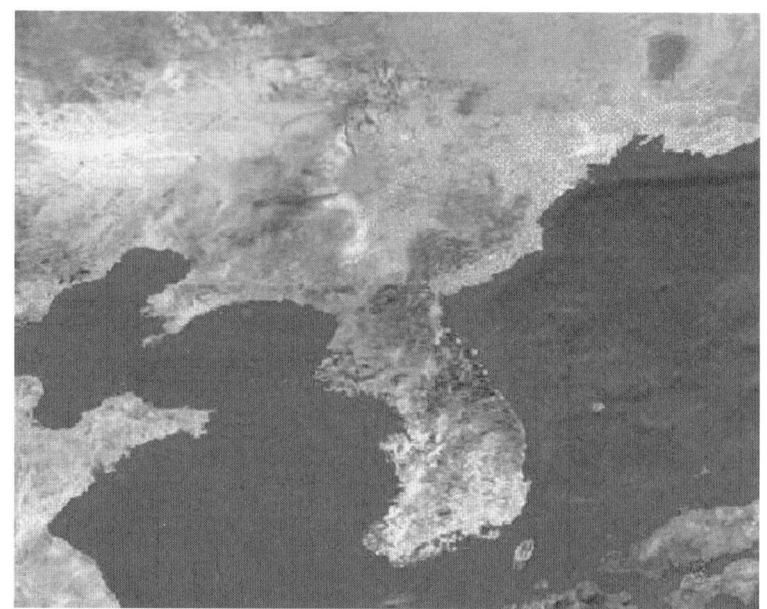

인공위성으로 촬영된 우리 민족의 고토 전역의 사진. 요동벌과 간도지방, 연해주가 한눈에 들어온다.

내리고 있다. 중앙아시아의 카자흐스탄, 우즈베키스탄, 키르기스탄 등지에 살고 있는 50만 고려인들은(이곳 교포들은 스스로를 고려인이라고 부르고 있다.) 이주한 지 60여 년이 지난 지금에도 연해주, 즉 원동(遠東)지역을 마음의 고향으로 간직하고 못잊어하며 언제라도 여건이 충족되면 귀환하고 싶어한다.

이러한 현상은 우리의 관심을 끈다. 이들은 스스로 조국을 버린 사람이 아니다. 수년에 걸친 흉년과 조선조 관리들의 압제와 수탈에 시달리다 못해 두만강과 압록강을 건너 새 삶의 터전을 개척하던 이주민의 후예들이며 또한 조국의 독립투쟁을 위해 망명한 지사들의 후예들이다.

1945년 세계대전이 종전되고 철의 장막이 내려지면서 이들은 사상과 거주에 있어 선택의 자유를 잃고 이곳에 정착하게 된 것이다. 세계 120여개국에 무려 700만 명에 이르는 해외 교포가 살고 있지만 중국과 소련교포를 제외하고 모두가 자신의 선택에 의한 이주이다. 이러한 점에서 중국, 소련교포들과 타지역 교포들과는 근본적인 차이가 있다. 그동안 이들은 소수민족으로서 형용할 수 없는 수모와 압제를 받으면서도 지금껏 그들의 정체성을 지키며 조국을 애타게 그리던 사람들이다. 그러나 이들은 장막에 가리어 한 세기 동안 역사의 뒤편으로 밀려나 그 처절했던 실상이 세상에 알려지지 않고 있었다. 만주와 연해주. 한국의 근·현대사가 펼쳐졌던 이 지역. 오늘날 우리들의 가슴에 다가올 수밖에 없다.

필자는 1989년 8월 연길을 찾았다. 그때만 해도 중국 여행이 자유롭지 못해 공안당국의 교육을 받고 홍콩에 가서 비자를 받아 들어가게 되었다. 북경에서 1박을 하고 한시를 다투어 연길로 향했다. 연길공항에 내리는 순간 한없이 북받치는 가슴과 뛰는 맥박을 느꼈다. 공항에는 한글로 쓴 연길공항 간판이 붙어있고 그 옆에 한문으로 쓴 간판이 나란히 붙어있었다. 이는 참으로 필자를 감동케 하였다. 1945년 해방 후 임정 요인들이 여의도 비행장에 내려 "오! 조국이여." 하며 땅에 엎드려 입맞추던 생각이 떠올랐다. 필자도 감격스런 마음에 연길공항 마당에 입을 대면서 선열들의 넋을 떠올렸다.

연길시내에 들어서니 한복을 입은 많은 여인들이 거리를 활보하고 한국어를 사용하는 사람들이 많으며 모든 간판은 한글을 위주로 하고 한자는 부수적으로 쓰여 있었다. 눈에 비치는 모든 현상들이 이국의 정취는 별로 느낄 수 없고 혹시 북한에 온 것이 아닌가 하는 착각을 할 정도였다. 이튿날은 간단히 주(酒)·과(果)·포(脯)·채(菜) 등으로만 간소하게 제사를 올릴 준비를 하여 백두산에 올랐다. 정상에 올라 천지를 내려다보는 순간 이곳이 한민족의 성산이며 근원지인가 하고 또 한번 감격에 젖었다.

준비해간 제수를 백두산 영봉에 창호지를 펴 차려놓고 민족의 통일과 번영을 기원하는 산신제를 지냈다. 이때만 해도 중국에 오는 사람이 아주 드물었는데 필자가 현대문으로 쓴 축문을 읽으며 경건한 자세로 제사지내는 광경을 호기심으로 지켜보던 다른 일행이 함께 참사하기를 희망하였다. 이들도 제수는 미처 준비하지 않았지만 민족의 성산에 올라 숙연해지는 경외심이 생기는 것은 같은 심정인 듯했다.

필자가 한국으로 돌아올 때는 연길에서 북경까지 기차편을 이용했다. 만주가 얼마나 넓고 기름진가를 직접 확인해 보고 싶은 심정에서였다. 무려 31시간이 걸렸다. 과연 무변대해같이 넓고 비옥한 대지였다. 몇 시간을 달려도 지평선이 계속되고 들판에는 옥수수가 탐스럽게 영글어가고 있었다. 필자는 달리는 차창에 머리를 기대고 명상에 잠겼다. 이 넓은 대지. 고구려와 발해의 고토. 조상의 얼이 깃든 이 땅을 왜 지금껏 지키지 못하고 한반도로 밀려났을까. 그것도 부족하여 한반도는 남북으로 분단되었다. 참으로 안타까운 현실이다.

역사에는 가정이 없다고 한다. 그때 이러했더라면 어떻게 되었을까 하는 역사적 가정은 아무런 현대적 의미가 없기 때문이다. 그러나 사람들은 역사의 전개 과정에 있어 국운이 좌우되었던 결정적인 일에 대해서는 그래도 아쉬운 마음에서 부질없는 가정을 해 보기도 한다. 아마도 이는 최선책을 희구하는 인간의 속성일 것이다. 우리들은 한국사를 통해서 흔히 두 가지 가정을 해 본다. 첫째 신라가 당나라의 힘을 빌어 삼국통일을 하지 않았더라면 오늘날 우리 영토의 판도가 다르지 않았을까 하는 가정이고, 둘째는 대원군이 지나치게 쇄국정책을 펴지 않고 일찍이 근대화에 눈을 떴더라면 일본의 식민지배는 없을 것이고 따라서 국토분단의 비운도 없지 않았을까 하는 가정이다.

역사의 가정은 부질없는 생각이라고 하면서도 필자는 위 두 가지 가정에 앞서 만일 고구려가 집안(集安)의 국내성에서 평양으로 도읍을 옮기지 않았더라면 하는 가정을 해 본다. 국내성은 그 앞으로 압록강이 흐르고(집안 앞의 압록강은 한겨울에도 쉽게 얼지 않는다) 오른편에는 통천강이 흐르며 뒤에는 깎아지른 듯한 절벽으로 둘러싸인 난공불락의 천혜의 요새로서 외침은 절대 불가능한 도읍지였다.

고구려는 이곳에 도읍을 정하고 만주 요동 벌판에 민족의 기상을 떨치며 중국의 수나라와 당나라를 위압하였다. 근 1600년의 풍상을 겪고도 지금껏 웅장한 자태를 간직하고 있는 광개토대왕의 비가 당시 고구려의 위용을 입증하고 있다. 이 비는 집안을 찾는 여행객에게 웅장한 규모나 비문 내용에 있어 당시 고구려의 넓은 강역과 국제적 위상을 연상케 해 준다. 그런데 왜 고구려가 평양으로 천도했을까. 그 이유에 대해서 몇 가지 학설이 있다. 그 하나는 백제와 신라를 공략하기 위해서이고 또 다른 하나는 한반도의 곡창지대를 확보하기 위해서라고 한다. 당시 고구려가 천도 결정을 한 데에는 그럴 만한 요인이 있었겠지만 오늘날 우리가 생각할 때는 국내성을 고수하고 북벌을 도모했더라면 하는 아쉬움을 갖게 된다.

1993년 한·중국교가 수립된 이후 연변과 백두산을 찾는 한국관광객이 해마다 늘어나고 있다. 이들이 연길에서 중국 조선족들의 생활상을 살펴보고 백두산에 올라 천지를 굽어보며 느끼는 감회는 유럽이나 동남아를 여행하며 느끼는 것과는 확연히 다를 것이다. 비록 지금 만주가 중국 영토가 되어있다 하더라도 한국 국민들의 가슴은 옛 고토의 정감을 느낄 것이며 더욱이 연변 조선족자치주가 성립된 현대사적 의의도 음미할 것이다.
  앞으로 21세기에는 사실상 국경의 벽은 허물어지고 대영토(對領土) 주권의 개념도 변할 것으로 예상된다. 다민족 사회가 성립되면서 국민국가 정부의 영향력은 감소되고 상대적으로 지역 주민의 자치적 영향력은 증대할 것이다. 이러한 경우 어떠한 민족이 특정 지역에 집거 생활을 하게 되면 그 지역은 사실상 집거 민족의 경제적 문화적 영역이 될 것이다. 그러나 거주국 정부와는 마찰이나 갈등은 야기되지 않는다. 이는 인류사적 조류이다. 우리는 이러한 선각자적 인식으로 만주와 연해주, 그리고 그 곳 동포들의 앞날을 내다보아야 할 것이다.

제 2 장

간도와 조선족(朝鮮族)

1_ 중국 조선족(朝鮮族)의 유래

중국에는 약 200만 명의 조선족[한민족(韓民族)을 타민족과 구별하기 위하여 조선족이라고 부른다.]이 살고 있다. 이들이 만주로 이주하게 된 데에는 단순히 생활고나 조선조 관리들의 수탈과 압제 때문만이 아니다. 그들의 의식 가운데는 만주 땅은 고조선이래 고대 고구려와 발해의 고토라는 생각이 잠재해 있음을 간과할 수 없다.

특히 일제에 나라를 빼앗긴 후 국권 회복을 위해 만주(滿洲)나 노령(露領)으로 망명한 사람들의 가슴에는 더욱 그러한 잠재의식이 강하게 작용하고 있었다. 외국의 예에서 보더라도 영토와 국경의 변경 과정에서 많은 유민들이 이동하는데 그들의 마음 속에는 옛날, 우리 땅이었다는 향수와 잠재의식이 있어 아무런 죄의식 없이 국경을 넘나들고 있다. 미국 캘리포니아주의 로스엔젤리스나 샌프란시스코 등지에는 많은 멕시코인들이 불법으로 국경을 넘어 잠입해 생활하다가 이민국에 적발되면 아무런 죄의식 없이 멕시코로 되돌아간다. 그리고 몇 달 후면 다시 미국에 들어와 살다가 적발되면 또 되돌아가는 것을 되풀이한다. 이들은 캘리포니아주가 옛날엔 멕시코의 땅이었는데 지금 미국의 영토가 되었다고 해서 우리들이 이곳에 와서 사는 것이 무엇이 잘못되었느냐 하는 항의조의 항변을 늘어놓는 것을 본다.

지금 중국 조선족들은 넓은 간도(間島)의 황무지를 개간하여 논밭을 일구고, 특히 물길을 끌어 수전(水田)을 경작하여 경제 발전에 공헌했으며 또 반일전쟁(태평양전쟁)[3]과 해방전쟁(중국 공산당의 대 장개석 국민당과의 내전)[4]에서 공로가 대단히 컸다. 이러한 사실들이 중국 당국으로부터 인정되어 연변조선족자치주까지 성립하고 있어 중국에서의 자기네들의 정당한 권리를 얼마든지 주장할 만한 것이다. 이제 중국 조선족들이 어떻게 중국에 이주하게 되었고 어떤 과정을 밟아 정착하게 되었는 지 여기에 대해서는 몇 가지 학설이 있다.

첫째는 토착민족설이다. 이 설은 중국 조선족은 이주해 온 것이 아니라 고조선 때부터 그리고 고구려·발해를 거쳐오면서 오랜 세월 동안 이땅에서 생활해 왔으며 그후 요(遼)·금(金)·원(元)·명(明)·청(淸)나라의 시기에도 요동과 요남지역에서 다른 민족들과 함께 살아왔다는 것이다. 그러나 이 설은 설득력이 약하다. 왜냐하면 고대로부터 살아온 것이 사실이라 하더라도 이미 그들은 동화되어 지금 중국 조선족과는 다르기 때문이다.

두 번째는 명말청초(明末淸初) 이주설이다. 이 설은 명나라 말기와 청나라 초기의 조선인들의 이주를 근거로 하고 있다. 이 시기에 조선인의 만주 이주가 어떤 경로를 통해서 얼마나 있었는지에 대해서는 아직 정

---

3). 반일전쟁(태평양전쟁)은 1941년~1945년 연합국과 일본 사이에 벌어진 전쟁.
4). 해방전쟁(중국공산당의 대 장개석 전쟁)은 중국에서 혁명의 수행과 일본의 침략을 물리치기 위해 모택동의 공산당과 장개석의 국민당 간의 싸움.

확한 자료는 없다. 다만 요녕성 박가촌(朴家村)과 하북성의 박장자(朴杖子)의 조선족들에서 근거를 제시하고 있다. 그리고 1619년 명·청전쟁 때 명나라를 지원하기 위해 조선조 광해군 때 명나라와 후금(뒤에 청으로 국호 변경)에 대한 양면정책으로 당시 국가적 난국을 대처하기 위하여 강홍립(姜弘立)이 13,000명의 군사를 이끌고 출병했다가 청군에 투항함으로써 잔류하게 된 조선인이 있었고 1627년 정묘호란과 1636년 병자호란 때 납치되고 볼모로 잡혀 끌려간 조선인이 상당수 있었다. 이들은 전리품으로 취급되어 대부분 가노(家奴)나 농노의 운명을 면치 못하였다. 왕공귀족의 소유물로 되어 매매가 가능했으며 신체의 자유가 없을 뿐 아니라 이름조차 없었다. 누루하치의 큰아들의 토지 대장에는 박(朴) 씨 성을 가진 농노들이 朴一, 朴二, 朴三 등으로 등록되었다. 후에 그의 후손들은 자기 가족의 족보를 만들어서 그대로 적었다. 명말청초 이주설은 이때의 조선인과 오늘의 중국 조선족과 연관성이 있다고 주장한다.

이와 관련하여 한가지 흥미로운 사실은 요녕성 본계현(本溪縣)에 박가촌(朴家村)이라는 마을이 있는데 약 400여 호가 살고 있으며 그 마을에는 그들의 선조라고 믿고 있는 상징적 인물의 대형 초상화가 있다. 그의 모습은 큰 갓을 쓰고 도포를 입고 있으며 조선조 중엽 양반들의 차림새와 꼭 같다. 지금은 중국인으로 동화되어 조선어, 조선 풍습 등을 잊고 있으나 그들 자신들은 조선족이라고 주장한다. 매년 음력 10월 1일에는 박가 성을 가진 사람은 한 곳에 모여 제사를 지내며 족보에 따라 형님, 동생 등으로 호칭하고 동성동본끼리는 혼인도 하지 않는다. 최근 중국 당국의 산아제한 정책으로 중국인은 한 가구에 한 아이만 갖도록 하고 소수민족에게는 둘까지 허용하고 있는데 1982년 호구조사를 실시할 때 박씨 마을 사람들은 자신들을 조선족이라고 족적(族籍)을 바꿔줄 것을 신청했다. 그 증거 자료로 조선족이 가지는 족보와 화로와 의복 등을 제시하였다. 이들은 중국 당국으로부터 조선족으로 인정받고 한 가구에 어린아이를 둘씩 가질 수 있도록 허용되었다. 그러나 중국 내 조선족 이주를 논함에 있어서는 단순히 조선인의 이주 사실만을 주장하는 것보다, 이들 이주민들의 정착과정과 나아가 이를 기반으로 한 집거 구역 및 민족 공동체 형성과정을 기준으로 생각해 보아야 하기 때문에, 명말청초에 이주한 조선인을 지금의 중국 조선족과 연관지어 설명할 수 없다.

세 번째, 19세기 중엽설이다. 이 설은 1850년대를 전후하여 조선족 만주 이주가 시작되어 산발적이나마 지속적으로 이주하였고 점차 그 수가 늘어나면서 작은 마을을 형성하고 집거구역(集居區域)를 이루면서 근대적 민족 의식이 싹튼 것이라고 한다.

1616년 만주에 청나라가 건국된 후 나라의 기초가 튼튼히 다져지지 않은 상태에서 한족(漢族)이 만주로 유입되고 조선에서도 압록강과 두만강을 건너가 땅을 개간하여 농사를 짓기 시작하였다. 이에 불안을 느낀 청은 1677년 압록강과 두만강의 북안(北岸) 일대와 간도 지역에 봉금령(封禁令)[5]을 선포하고 조선족 유입을 엄격히 금지하였다. 조선에서도 범월자(犯越者)에 월강죄(越江罪)를 적용하여 엄벌하였다. 그러나

---

[5]. 청나라 때 중국 한인(漢人)의 만주 이주를 금지한 정책. 만주는 청나라로 보면 왕조의 발상지이며 왕실의 능묘, 토지 등이 많아 이 지역을 중시하였음.

봉금령과 월강죄에 의한 단속만으로 기아에 허덕이던 조선 북부지역 조선인들의 월강을 막을 수는 없었다. 이때만 해도 오늘날과 같은 엄격한 국경이 그어져 있지 않았고 산의 능선과 강의 가운데를 대체적인 경계선으로 설정하고 있었기 때문에 영토 관할 문제로 인접국 간에 분쟁이 많았다. 조선과 만주 간의 경계도 분명하게 획정된 것이 아니었다. 그러므로 1712년에 조·청(朝淸) 간 경계를 설정하는 정계비(定界碑)[6]를 세웠다. 비문에 양국간 경계를 서쪽(西)은 압록강이고 동쪽(東)은 토문강(土門江)으로 되어 있다. 여기에서 문제되는 것은 토문강에 대한 상반된 해석이다. 청은 토문강을 지금의 두만강으로 주장하고, 조선은 토문강은 두만강이 아니라 백두산에서 발원하여 만주 내륙을 적시며 흘러가는 송화강 상류라고 주장했다. 20세기 초 발행된 중국 역사지리책에 보면, 송화강 상류에 토문강(土門江)이라고 분명히 기재되어 있다. 만약 토문강이 송화강 상류라면 간도(지금의 연변) 일대는 조선 영토가 되는 것이다.[7]

간도(間島)는 지명 자체가 기구한 역사를 담고 있다. 그것은 청나라가 실시한 봉금령의 산물이기도 하다. 강을 건너면 사형까지 처한다는 월강죄의 위세가 주민들을 억압하던 시절, 사람들은 두만강 가운데 있는 사이섬(間島)에 간다는 핑계를 대며 몰래 강건너 비어 있는 선조들의 땅에 가서 농사를 지었다. 좁고 척박한 토지와 상습적인 기근에 시

---

6). 조선조 숙종 때 조·청(朝淸) 간 경계를 정하기 위해 백두산에 세운 정계비(定界碑). 여기에 따르면 양국 경계선은 압록강과 토문강이다.
7). 백두산에는 3개의 큰 강이 발원하고 있다. 압록강은 서쪽으로, 두만강은 동쪽으로, 송화강은 북쪽으로 흐른다. 한국과 중국의 국경선 논쟁은 이들 강줄기에서 시작된다.

백두산 천지 : 상고시대 때부터 우리 민족의 영산 백두산 천지. 서로 압록강이, 동으로 두만강이, 북으로 송화강이 발원하고 있다. 송화강의 상류 강원이 토문강이다.

백두산 정계비 : 1929년 일본 사진집 『국경』에 수록된 정계비의 모습. (독자 한헌구 씨의 제공으로 2004년 10월 14일 조선일보에서)

달리다 못해 목숨을 걸고 시작한 농사였다. 강만 건너가면 땅이 비옥하여 농사가 잘 되었다. 처음에 이들은 아침에 건너가 농사를 짓고 밤에는 돌아왔다. 그러기를 반복하다가 나중에는 봄에 들어가 가을에 추수하여 돌아오곤 했다. 이들에게 있어 '사이섬' 즉 간도는 원래는 함경북도 종성군과 온성군 사이를 흐르는 두만강 중간 사이에 있는 삼각주인 섬을 가리켰으나 19세기부터는 곧 백두산 동쪽의 강건너 대륙을 의미하였다.

처음에는 두만강 이북 땅을 그냥 간도라고 했다가 후에 압록강 이북

간도지역 개념도. (2004년 9월 13일 조선일보에서)

을 서간도라 하면서 두만강 이북을 북간도로 구분해서 불렀다. 간도 연구가들에 의하면 간도를 개간한다는 뜻의 간(墾)자를 써서 간도(墾島)로 쓰기도 한다. 또 한편으로는 간도의 본래의 뜻은 청이 봉금령을 선포할 시기 조선 유민으로 인해 조·청 간에 외교적 마찰이 생기므로 청나라와 조선 사이에 섬이 있는 것으로 가정하여 일종의 완충지역으로 설정했다는 설도 있다. 그렇다면 간도는 엄격히 말해서 청의 영토나 조선의 영토도 아닌 완충지대였다고 할 것이다. 이것을 뒷받침할 수 있는 논거는 조·청 간에 간도의 영유권 분쟁이 계속된 점과 백두산 정계비를 들 수 있다. 그러나 이것은 역사적으로 인정되는 정설은 아니며 간도 연고권을 주장하는 하나의 주장에 불과하다. 아무튼 간도는 조선족의 마음 속에 애환이 서려 있는 땅이며 그 연장 선상에 연변지역이 있는 것이다.

2_ 중국 조선족의 애환(哀歡)

　중국 조선족의 역사는 한마디로 슬픔과 울분과 고난으로 점철된 역사다. 크게는 약소 민족의 서러움이요 작게는 이주민 개개인의 가난의 한이 서려 있다. 위정자들이 당파싸움보다 나라의 안위와 백성들의 삶을 먼저 생각하고 나라를 좀더 튼튼히 하였더라면 국권도 상실하지 않았을 것이고 가난 때문에 이주하는 일도 없었을 것이다.

　유태인이 나라를 잃고 2000여 년 동안 세계 각처로 흩어져 치욕적인 유민 생활을 한 것이나 아프리카 흑인들이 미국에 노예로 팔려가 온갖 고난을 겪고 살아간 과정을 보더라도 타민족에게 지배받는 유민생활은 그 자체가 수모와 치욕의 연속이었다.

　엄격한 봉금령과 월강죄의 위험을 무릅쓰고 먹고 살아갈 농토를 찾아 무작정 두만강과 압록강을 건너는 조선족의 만주땅으로의 이주는 목숨을 건 사투였다. 경계가 삼엄한 이역 땅에 아무런 의지할 곳 없이 가족을 거느리고 산속 깊이 숨어들어 황무지를 개간하며 생을 이어가는 초기 이주민들의 처참한 생활은 오늘날 우리들에게는 상상을 불허한다. 이러한 기록들은 조ㆍ만(朝滿)관계사의 연구가 진행되면서 여러

문헌에서 밝혀지고 있다.

  조선인들이 만주로 이주할 수밖에 없었던 국내 사정을 살펴보면 조선 북부지역에서 발생한 연속적인 흉년 등 자연재해와 삼정의 문란(三政紊亂)[8]으로 인한 피폐가 조선인들의 만주 이주를 가속화시켰다. 극심한 흉년이 들면 백성들은 강가에서 굶어죽는 비참한 사례가 빈번하였고 기아에 허덕이던 영세농민들은 월경의 길에 나설 수밖에 없었다. 조선 조정에서는 백성들을 구제하기 위하여 교제창(交濟倉)[9]제도를 실시하였다. 함경도에 기근이 들면 강원도나 경상도에서 곡물을 수송하여 백성들을 구제하였다. 이 제도는 17세기 말과 18세기 초에는 관행이 되다시피 하여 기근이 들 때마다 2만5천~5만 석의 양곡을 실어와 굶주린 백성들을 구제하였다. 그러나 좁고 척박한 농토로 고생하던 농민들로서는 강건너 넓고 비옥한 땅에 유혹되지 않을 수 없었다. 1872년 평안도 후창군(厚昌郡)[10] 군수의 밀명을 받고 압록강 상류 대안인 집안(集安)·임강(臨江) 등지의 조선족 범월자(犯越者)에 대한 조사를 하고 돌아온 최종범(崔宗範)의 「강북일기」(江北日記)에 의하면 초기 이민은 1830~1840년대로 보고 1860년대 들어서 대대적인 이주가 있었다고 기록되어 있다.

---

8). 조선 후기 전정(田政), 군정(軍政), 환곡(還穀) 등 재정의 부패와 문란이 극에 이르러 홍경래란을 비롯하여 민란이 끊이지 않았다.
9). 조선 후기 함경도 원산, 고원, 함흥 등 세곳에 설치한 환곡 창고. 흉년에 굶주린 백성을 구제하기 위해 예비 곡식을 저장하던 곳.
10). 평안북도 북동쪽에 있는 군으로 콩·조 등의 농산물과 임산·광산물 등의 산지로 지금은 양강도 김형직군으로 이름이 바뀌었다. 2004년 9월 9일 대형폭발사고로 신문지상에 소개된 곳이다.

초기 이주자들은 불과 몇 가구 또는 몇십 가구가 강을 건너 잠입하는데 그들은 다음 두 가지 길 중 하나를 택해야만 했다. 첫째 산 속에 깊이 은거하면서 황무지를 개간하여 농사를 짓는 일이다. 이러한 대표적 사례로는 이동길(李東吉) 일가가 북간도에 잠입하여 18년 간이나 은거한 기록이 있다. 그러나 농기구도 준비하지 않은 채 땅을 일군다는 것은 쉽지 않았으며 집을 짓고 식량을 비축한다는 것은 거의 불가능한 일이었다. 두 번째는 중국인의 고용살이를 하는 일이다. 특히 겨울철에 이주한 사람들은 집을 지을 엄두도 내지 못하고 친지에게 의탁하여 한 집에 두세 가구 이상이 함께 사는 경우도 있었다. 이러한 형편마저 못 되는 사람들은 양지 바른 곳에 땅을 파고 움막을 지어 겨울철을 지내야 했다. 이처럼 경제적 여건이 어려웠던 조선 이주민은 가진 것이라곤 노동력밖에 없으니 다른 선택의 여지가 없었다. 하루라도 빨리 중국인 지주를 찾아 소작 계약을 맺고 생활의 기반을 마련해야만 했다. 그들은 지주에게서 거주 가옥, 농기구, 비료 또는 일상 생활에 필요한 생활비까지 먼저 제공받고 가을에 갚는 방청살이(分益小作)[11]를 하지 않을 수 없었다.

여기서 당시 소작제도를 소개하면 크게 세 가지로 나눌 수 있다.

첫째는 보통 소작제이다. 산간벽지의 소작료는 1년에 2~3할이고 평지는 5할이었다. 논농사의 경우는 벼와 함께 짚도 절반을 지주에게 주어야 했다. 그리고 화전(火田)이나 수전(水田)을 개간할 때는 개간 후

---

11). 소작제도의 한 형태로 지주와 소작인이 일정한 비율로 수확물을 나누어 가지기로 계약하고 짓는 농사. 분익농(分益農)

3~5년까지는 지대를 내지 않고 무료로 농사를 지을 수 있었다.

둘째는 농자금이 없는 자에 대한 소작제이다. 농자금이 없는 사람은 지주가 신용하는 보증인 2~3명의 보증을 받아 소작 계약서를 작성하여야 한다. 그리고 지주는 다음 수확기까지 의식에 필요한 물자와 종자, 농기구 등을 빌려주고, 수확 때 소작료와 차입물에 대한 2~4할의 이자를 붙쳐서 지주에게 갚는 방식이다.

셋째는 토지 전당(典當) 소작이다. 지주는 토지를 전(典)과 압(押)이라는 두 가지 방법으로 빌려준다. 전(典)은 장기이고, 압(押)은 단기이다. 지주와 소작인은 먼저 소작할 토지의 가격을 결정하고 소작인은 그 금액을 지주에게 공탁한다. 보통 10년 이하의 기간으로 하는데 그동안 소작인은 농작물의 종류나 경작 방식 등은 임의대로 할 수 있다. 기한이 만료되면 지주는 공탁금을 돌려주고 공탁 기간의 금리로 소작료를 충당한다. 위 세 가지 방식 중 대체로 두 번째를 많이 택했다. 두 번째 경우는 소작인이 의식주부터 농자금까지 의존하게 되므로 첫해 농사로 빚을 갚을 수 없고 그 빚에 대한 이자까지 가산하여 몇 해에 걸쳐 갚아야 하는 참으로 어려운 처지였다.

오록정(吳祿貞)의 연길변무(邊務)보고에 의하면 이 시기 북간도에 처음 이주한 조선인들 가운데 굶주림에 시달리다 못해 쌀 두세 말에 처자식을 청나라 사람들에게 넘겨주는 사례가 있었는데 이들은 청인의 남복여노(男僕女奴)의 운명을 피할 길이 없었다고 전한다. 이렇게 숨을 죽이고 살아가는 가운데 만약 청나라 관리들에게 발각이라도 되면 3일 이내 무조건 출경(出境)하라는 명령을 받는다. 이때 이들은 조선으로 돌아가지 못하고 연해주로 두 번째 이주의 길에 올랐다. 당시 연해주는 땅은 넓은데다 인구는 적고 하여 러시아정부에서는 극동 지역 개발을 서둘고 있는 터라 조선인의 이주를 환영하였다.

한편 북간도 조선 이주민은 생계 수단으로 산삼 채집과 수렵도 하였다. 정묘호란과 병자호란으로 압록강과 두만강 연안은 황폐화되었고 특히 1677년 중국 대륙을 통일한 청(淸)은 장백산(長白山, 백두산)을 청조 발상의 영산이라 하여 내대신(內大臣, 내무장관)을 보내어 제사를 올리게 하고 장백산을 중심으로 두만강, 압록강 이북의 1천여 리에 달하는 지역을 특히 용흥지지(龍興之地)로 규정하며 봉금(封禁)정책을 본격화하였다. 그러므로 이 일대에는 누구든 사람의 출입이 금지되고 산림이 울창하여 산삼과 녹용이 많이 생산되며 그외 귀중한 야생동물을 수렵하기에 좋은 지역이 되어 있었다. 조선 이주민은 이 점을 이용하여 생계수단으로 삼았던 것이다. 청조가 봉금책을 실시한 주요 원인은 만주족의 용흥지지를 보호하고 한족(漢族)의 유입을 막아 그들의 전통 무예술과 풍속 습관을 보존하며 장백산 일대에서 산출되는 산삼, 녹용 등과 귀중한 야생동물을 독점하기 위해서였다.

『숙종실록』에 의하면 "산삼 채취를 금하기 위해서는 엄하게 단속을 하지 않을 수 없으나 이 길마저 끊어지면 미천한 백성들은 살아갈 방도가 없으니 걱정스럽다."고 하였다. 물론 이 시기 산삼 채집과 수렵을 하는 것은 한때의 생계수단일 뿐 궁극적인 목표는 농경생활이었다. 이러한 이주 조선인의 절박한 사정을 고려하여 조선 조정에서는 범월자의 단속을 느슨하게 하고 청에서도 이민실변책(移民實邊策)이 실시되고 봉금령이 완화되면서 1860년대에는 서간도(남만주)에 대량이주가 있었다. 다만 집단 이주는 아니고 끊임없이 계속된 분산 이주였지만, 세월

이 쌓이면서 조선인 수는 늘어나 여러 곳에 마을이 생기고 집거구(集居區)가 형성되어 갔다.

최종범의 「강북일기」(江北日記)에 의하면 1860년대에 압록강 북쪽 대안 지역에 약 400여 호에 3,000여 명이 정착하고 있었으며 회상제(會上制)라는 자치조직체를 결성, 운영했다는 기록이 있다. 회상제에는 도회두(都會頭) 또는 대회두(大會頭)라는 최고 책임자가 있고 그 밑에 회상(會上)이라는 촌장격의 책임자가 각 부락마다 관할하고 있었다. 조선 이주민들은 총을 소지하고 있었고 각 마을끼리 연락망을 구성하여 외부의 위협에 대응하는 자구적 노력을 했다.

3_ 중국 조선족의 간도 개척 - 1

조선족의 만주 이주와 관련하여 청나라에서 몇 가지 정책이 실시되었는데 그중 첫째는 이민실변책(移民實邊策)이다. 이 정책은 중원 지역의 밀집된 인구를 변경에 이민시키고 둔전(屯田)의 방법으로 황무지를 개간함으로써 변경(邊境) 지역 수비에 필요한 인적 물적 자원을 현지에서 확보하는 정책이었다.[12] 청조는 1760년대부터 신강(新疆), 서장(西藏) 등 변경 지역에 대하여 이민실변책을 실시한 바 있으나 북간도를 비롯한 만주 지역은 청조의 발상지라는 특수성 때문에 계속 봉금책으로 일관해 왔다. 그러나 중원 지역의 급속한 인구 증가와 경작지의 부족, 민란 발생, 재정 고갈 등으로 위기 국면에 봉착하게 되자 그 타개책의 하나로 만주 지방을 개방하였다. 당시 지방관리들은 만주 지역에 대한 봉금령 폐지를 주장하고 이민실변책을 건의하였다. 이러한 상황에서 청조는 더 이상 봉금책을 고집할 수 없게 되었다.

---

12). 중원 지역의 밀집된 인구를 변경에 이민시켜 둔전(屯田)의 방법으로 황무지를 개간함으로써 변경(邊境) 지역 수비에 필요한 인적, 물적 자원을 현지에서 확보하는 정책.

조선족의 간도 개척사에서 하나의 큰 획을 그을 수 있는 것은 1880년 회령부사 홍남주(洪南周)에 의한 경진개척(庚辰開拓)이다. 홍남주는 민생고 해결책으로 월강죄를 감수하고 북간도 지역에 대한 집단개척을 시도했다. 이는 봉금책 이래 처음으로 지방 관아의 비호 하에서 진행된 집단적 월강 개간이었다. 경진개척은 초기에는 회령 대안에 있는 100여 정보의 평야를 개척할 계획이었으나 1881년부터 두만강 북안의 길이 500리, 넓이 450리에 달하는 광활한 지역으로 급속히 확장되었다. 이에 조선 관청에서는 관원을 파견하여 조선인이 개간한 토지를 조사, 등록하고 토지대장을 만들어 직접 관리하였다.

이와 같이 청조의 정책 변화와 조선인의 적극적인 북간도 개척 분위기가 고조되면서 조선인의 이주가 대폭 증가하였고, 압록강 연안에도 소집거구(小集居區)를 형성하며 정착하기 시작하였다. 이때 청 정부는 이민실변책의 일환으로 조선인들의 이주와 개간을 사실상 묵인하고 있었다. 이와 같이 서간도 일대에 조선인 이주가 급증하고 집거구가 확대되자 1889년 조선 정부에서는 평안도 관찰사로 하여금 압록강 대안지역의 조선인 집거지역에 행정구역을 설치하여 조선 정부의 관할 내로 편입

광개토대왕비 옆에 선 100년 전 조선인. 〔사진 연구가 정성길씨(경기 화성 평화공원 박물관장)가 공개한 것으로 2004년 8월 23일 동아일보에서〕

시키도록 하였다. 이때 관찰사는 이 지역에 강계, 초산, 자성, 후창 등 4개군을 설치하고 이주민들의 보호와 실태 파악 등 행정 업무를 관장하였다. 이 무렵 조선 이주민 수는 8,722호에 37,000명에 달했다.

　1902년 조선 정부는 서간도 조선인 집거구에 향약제(鄕約制)[13]라는 조선인 자치기관을 설치하고 향약장에 의정부참찬 이용태(李容泰)를 임명 파견하였다. 이때 향약은 조선 중기에 실시되었던 것과는 성격상 차이가 있었다. 교민을 보호하는 오늘날의 영사관의 성격과 상부 상조하는 자치단체의 성격 등이 합쳐진 반관반민의 성격을 띠고 있었던 것으로 추정된다.

　그러나 1894년 청·일전쟁에서 패배한 청은 대조선인 정책에서 새로운 변화를 보였다. 지금껏 조선에 대하여 누려오던 종주국의 지위를 상실하게 되자 만주에서의 일본의 영향력을 배제하기 위하여 조선인에 대한 단속을 강화하였다. 호구조사를 통하여 조선인의 실태를 파악하는 한편, 조선인 향약소를 폐지시키고 그에 따른 재산을 몰수하였다. 이에 평안도 관찰사 이도재(李道宰)는 조선 이주민을 보호하기 위해 압록강 연안의 위 사개군(四個郡)에 명하여 충의사(忠義社)를 조직하고 민병을 모집하여 청인 마적대를 경비하는 한편 새로운 자치제도를 구상하여 조선인 공동체를 보존, 발전시키려고 부단한 노력을 하였다.

　이 시기 서간도 지역 조선인 사회에 있어서 가장 큰 어려움은 청 정부가 조선인들의 토지 소유권을 인정하지 않고 이미 개간하여 경작하

---

13). 조선시대 농업중심사회에서 권선징악과 상부상조를 목적으로 만든 향촌의 자치규약. 고려시대 때부터 중국 송나라의 여씨향약을 본뜬 것임.

던 토지마저 몰수하여 조선인의 생활 기반을 하루아침에 빼앗아간 것이었다. 몰수한 토지는 새로 이주한 한족(漢族)에게 배분해 주었다.

이외에도 조선인들은 치발역복(薙髮易服)과 귀화입적(歸化入籍)을 강요당했다. 즉 청인들의 머리 모양과 복장을 하고 청족으로 귀화하는 것을 말한다. 만약 이에 불응하면 강제 추방당하는 길밖에 없었다. 청의 이와 같은 태도 변화는 경진개척으로 북간도 개척의 주력군이 된 조선인들을 청국민으로 만드는 동화정책의 일환이었다.

두 번째는 전지제도(典地制度) 또는 전민제도(佃民制度)이다. 이는 청 정부가 이민실변책 실시 시기부터 치발역복, 귀화입적한 자에 한하여 토지 소유권을 부여함으로써 생긴 제도이다. 전민제도란 비귀화 조선인들이 귀화한 조선인들의 명의를 빌어 토지를 구입하는, 일종의 위장 토지소유 형태를 말한다. 토지 대장의 주인은 귀화인으로서 그를 명의지주라 하고, 실제로 자금을 내고 토지를 소유하는 비귀화인을 전민(佃民)이라 하였다. 이와 같은 전민제도는 북간도 지방에서만 시행되던 독특한 토지소유 방식으로서, 이는 조선인들이 청 정부의 민족 동화정책에 능동적으로 대처한 결과였다. 전민제도는 조선인 사회 내에 급속히 확산되면서 북간도 지역의 중요한 토지제도로 정착되어 갔다. 이 시기 전민제도가 북간도에서 인정될 수 있었던 것은 당시 북간도 지역의 특수한 사회적 환경 때문이었다. 즉 청의 입장에서 볼 때 북간도 거주민의 과반수가 넘는 조선인들을 이용하여 북간도를 지속적으로 개발할 수 있으며 전민제도는 법률상 토지소유권이 귀화인에게 있으므로 비귀화인들의 무분별한 토지소유를 방지할 수 있는 효과가 있고, 조선인의 입장에서는 귀화하지 않고 토지를 소유할 수 있고 토지 매입자금이 부족할 때는 몇 사람이 돈을 모아 토지 구입이 가능했으며 어떤 일이 발생하면 공동대응할 수 있는 이점이 있었다. 이러한 경제적·사회적 환경에 힘입어 북간도의 조선인 이주는 대폭 늘어났다.

그러나 일본의 조선 강점 이후 전민제도의 확산은 청 정부의 대조선인 정책에 있어 새로운 국면을 맞게 하였다. 비귀화인들의 토지소유는 조선인들의 국적 문제와 더불어 단순한 경제문제 차원이 아닌 사회 문제로 확대되었기 때문이다. 일본은 조선인의 생명과 재산을 보호한다는 미명 하에 수시로 내정에 간섭하여 청·일 간의 외교 분규까지 유발하는 계기가 되기도 하였다. 이러한 상황이 전개되자 청 정부는 전민제도를 엄격히 제한하고 귀화 유민정책을 다시 강화하였다.

전민제도의 단속에도 불구하고 조선인 이주는 만주 농업 구조에 획기적인 변화를 일으켰다. 그것은 이주 조선인들에 의하여 만주에서 근대 수전(水田) 농사가 시작되었기 때문이었다.

만주의 한족이나 청족들은 예로부터 주로 밀, 콩, 옥수수 등 밭농사에 의지해 살았기 때문에 논과 수로를 만들어 벼농사를 짓는다는 것은 상상 밖이었고, 조선인들이 벼농사를 짓는 것을 보고는 감탄하였다. 조선인의 수전농사는 쌀생산으로 중국인 지주들의 환영을 받았다. 수전농사는 수익성이 높은 고부가가치를 창출할 뿐 아니라 중국인들이 방치한 저습지를 개간하여 수전으로 만들기 때문에 중국인들과 토지 문제로 마찰이 생기지 않았다. 특히 1914년 제1차세계대전을 계기로 쌀값이 뛰자 중국인 지주들은 조선이주민을 이용하여 수전 개발에 박차를 가하였다. 수전농사가 제일 먼저 시작된 곳은 1875년 통화(通化)지방이었으나, 벼농사가 성공하면서 1900년대 초에 남만주 지방의 압록강 요하 유역과 간도의 두만강, 해란강 유역, 그리고 북만주 지역 목단강, 송화강 유역까지 고루 확산되어 갔다. 많은 세월이 흐른 오늘에 와서 백두산을 찾는 한국 관광객들은 해란강 유역의 넓은 들판에 벼가 황금 물결을 이루는 것을 보면 가슴이 뭉클해짐을 느끼게 된다. 이 들판에 우리 선조들이 얼마나 많은 피땀과 그리고 눈물과 한숨의 애환이 서려 있겠는가를 생각해 보게 한다.

이 수전농사는 조선인들의 경제적 기반을 향상시키는 한편 민족 공동체 형성에 크게 기여했다. 수전농사는 조선 농민 사이의 협동 노동을 전제로 하고 있었다. 저습지를 개간하여 논으로 만들거나 수로를 만드는 일은 개인의 힘으로는 불가능하고 협동 노동을 통해서만이 가능했다. 수전농사를 매개로 형성되는 두레와 품앗이 등 협동 노동은 민족사회 내부의 연대를 끈끈하게 하는 계기를 만들었다. 수전은 수로를 내기 편리한 강유역을 따라 개간되기 때문에 도시 지역과는 비교적 떨어져 있어서 중·일의 행정력이 덜 미쳤다. 그러므로 조선인들은 민족 고유문화의 전통을 보존할 수 있었으며 사립학교를 설립하여 민족 문화와 역사에 대한 교육을 시킬 수 있었을 뿐 아니라 문화적 활동 공간을 확보할 수 있었다. 1910년 한·일합방 이후 만주로 망명한 항일독립지사들을 받아드리고 무장 항일투쟁을 뒷받침한 독립운동의 해외기지로서 역할을 하게 된 것이다. 항일 무장투쟁사에 길이 빛나는 청산리대첩도 따지고 보면 단순히 독립군만의 투쟁이 아니라 간도 지방 조선인들의 총력적 힘에 의한 승리로 역사에 기록되어야 할 것이다.

4_ 중국 조선족의 간도 개척 - 2

1900년 초에 들어오면서 중국 조선족 사회는 1905년 을사조약[14], 1909년 청·일 간의 간도협약[15], 1910년 한·일합방[16] 등의 역사적 대사건으로 인하여 여러 가지 큰 변화가 일어나게 되었다. 을사조약으로 조선의 외교권이 일본에게 빼앗기게 되자 국운이 기울어져 가는 것을 통분한 많은 사람들이 재산을 팔아 가산을 정리하고 전 가족이 만주로 이주하는 현상이 늘어나게 되고, 청·일 간도협약이 체결됨으로써 만

---

14). 1905년(광무 9)일본이 한국을 병탄하기 위한 예비적 음모로서 우리 나라의 외교권을 박탈하기 위해 친일파를 앞세워 고종황제와 우리 정부를 강압하여 체결한 조약으로, 그 원문은 다음과 같다.

韓國政府 及 日本政府는 兩 帝國을 結合하는 利害共通의 主義를 鞏固히 하고자 韓國의 富強의 實을 認할 時에 이르기까지 이 目的으로써 左의 條款을 約定함.
一. 日本政府는 在 東京 日本外務省에 依하여 今後 韓國의 外國에 對한 關係 及 事務를 統理 指揮하겠고 日本國의 外交代表者 及 領事는 外國에 있는 韓國의 臣民 及 利害를 保護할 事.
二. 日本國政府는 韓國과 他國과의 사이에 現存한 條約의 實行을 完全히 하는 任에 當하고 韓國政府는 今後 日本政府의 仲介에 不由하고 國際的 性質을 有한 何等의 條約이나 或은 約束을 아니함을 約함.

주 조선인들의 법적, 사회적, 경제적 지위에 변화가 일어났다. 그리고 특히 1910년 한·일합방 이후에는 구국 망명지사들이 만주에 집결함으로써 간도지역은 조선인 사회가 확고하게 자리잡을 수 있는 세 가지 요건을 갖추게 되었다. 즉 조선인 사회를 형성할 많은 인적 자원과 조선인들이 경제적, 사회적 활동을 할 수 있는 지역적 공간을 확보하고 조선인들의 권익을 대변, 옹호할 수 있는 자치적 기구인 간민회(墾民會)를 결성하게 된 것이다.

1910~1920년대의 조선인들의 만주 이주는 새로운 양상으로 진행

三. 日本國政府는 그 代表者로 하여금 韓國皇帝陛下 闕下에 一名의 統監을 置하되 統監은 全혀 外交에 關한 事項을 管理하기 爲하여 京城에 駐在하고 親히 韓國 皇帝陛下에 內謁하는 權利를 有함. 日本政府는 또 韓國의 各 開港場 及 其他 日本國政府의 必要로 認하는 地에 理事官을 置하는 權利를 有하며 理事官은 統監의 指揮下에서 從來 在 韓國 日本 領事에게 屬하였던 一切 職權을 執行하고 아울러 本 協約의 條款을 完全히 實行하기 爲하여 必要하다고 할 만한 一切의 事務를 處할 事.

四. 日本國과 韓國과의 사이에 現存한 條約 及 約束은 本 協約의 條項에 抵觸되지 않는 限 모두 그 效力을 繼續할 것으로 함.

五. 日本國政府는 韓國皇室의 安寧과 尊嚴을 維持함을 保證함.

　右의 證據로 下名은 各 本國 政府로부터 相當한 委任을 받아 本 協約에 記名 調印함.

　　　　　光武 九年 十一月 十七日 外務大臣　　朴齊純 印
　　　　　明治 三十八年 十一月 十七日 特命全權公使 林權助 印

15). 1909년 청·일 간의 간도협약에 대해서는 다음항에서 상세히 설명.
16). 1910년(융희 4) 8월 22일, 내각총리대신 이완용(李完用)과 일본 통감(統監) 데라우찌 마사타케(寺內正毅)사이에 조인된 대한제국과 일본의 합병조약으로 대한제국의 통치권의 양여, 황족·귀족 등의 예우 등을 골자로 8개조로 된 대한제국의 종말을 고한 조약임. 한·일합방은 한·일양국이 한나라를 구성한다는 의미로 일제가 한국을 병탄하면서 미화시킨 말. 경술국치(庚戌國恥)로 이로부터 1945년 8월 15일 해방될 때까지 36년 간 식민통치됨.

일본 군함 운양호 : 고종 12년(1875)일본 군함 운양호(雲揚丸)가 강화도에 들어와 통상을 요구, 이에 불응하자 강화도에 정박하면서 살인·방화·약탈을 자행하자 우리 해군과 총격전이 벌어지고, 일본은 이 사건의 배상과 함께 수교를 요구하면서 이듬해 1876년 강화도 조약(병자수호조규)을 맺고 조선은 개국하게 됨.

아치형 전통 건축 양식의 석조 건축물인 옛 강화도 남문 : 조선조 500년 역사의 종언을 고한 역사의 현장. 이 성문의 중앙에서 강화도 조약이 조인되었다. 여기서부터 한·일 간의 비극과 우리 민족의 오랜 고난이 시작된다.

52 잊혀진 땅 간도(間島)와 연해주(沿海州)

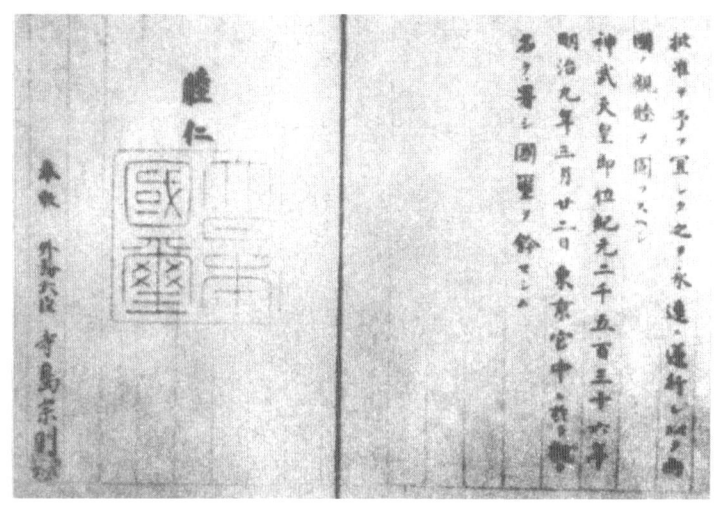

강화도 조약 문서 : 강화도 조약 비준서 말미에 기록되어 있는 명치 일왕의 서명과 일본국 국쇄

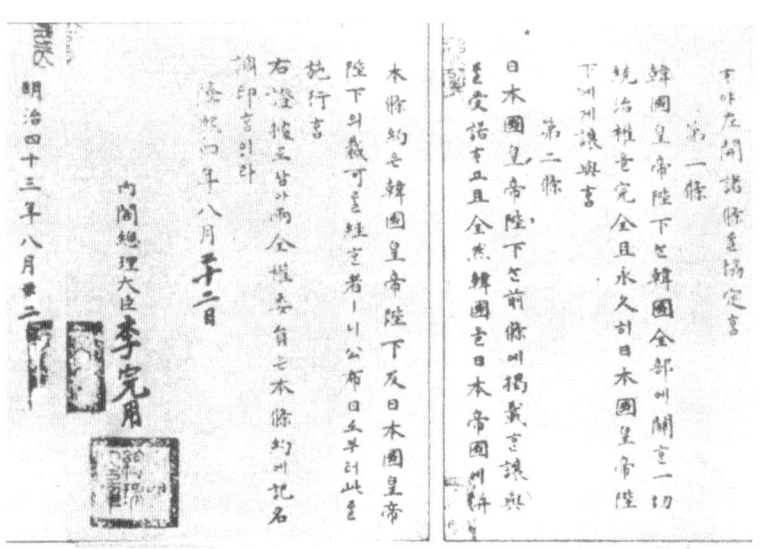

한·일합병조약 정문 : 제1조에 '한국 전부(全部)에 관한 일체의 통치권을 완전히 또 영구히 일본 황제에게 양여한다.'라고 되어 있다. 이후 한국은 세계 지도에서 소멸되었다.

제2장 간도와 조선족(朝鮮族) 53

되었다. 이 시기 이주의 특징은 대체로 세 가지 측면에서 볼 수 있다.

첫째는 이주민들의 규모가 급증한 것이고, 두 번째는 이주 지역의 중심이 서간도에서 북간도로 이동한 것이며, 세 번째는 이주 지역이 두만강과 압록강 연안 지역에 국한되지 않고 북만주 내부 지역으로 급속히 확대되어 갔다는 점이다. 이 무렵 만주 조선인의 증가 추세를 보면 간도협약 체결 1년 전인 1908년에 12만 명에 불과했는데 1910년에 20만 명, 1920년엔 46만 명, 1930년 경에는 60만 명을 상회했다. 이러한 수치가 말해주듯 간도는 이제 자치주를 형성할 만한 인적 자원과 경제적·사회적 활동 공간과 자치기구를 결성할 수 있는 여건을 갖추었던 것이다.

여기에서 우리가 주목하게 되는 것은 간도 개척과 조선인 사회의 결속과 아울러 권익 옹호에 앞장서 왔던 이른바 '간도조선인자치정부'라고까지 일컬어졌던 간민회이다. 간민회는 설립 경위와 조직 규모, 수행해왔던 소관 업무를 미루어 볼 때 북간도지역 전 조선인의 자치정부라 할 만하다. 먼저 설립배경을 살펴보면, 그 모체는 간민교육회(墾民敎育會)였다. 1900년대 초까지만 해도 간도지역 조선인들은 대체로 지연, 혈연, 종교 등을 토대로 촌락 중심의 생활 양상에서 크게 벗어나지 못하고 조선인 사회를 주도할 만한 독자적인 사회단체가 없었다. 이와 같은 상황에서 이동춘(李同春), 김약연(金躍淵) 등 조선인사회의 유지들은 간민교육회를 설립하여 조선인들의 민족의식을 고취하고 결집시키면서 조선인 자치단체의 결성을 은밀히 추진하였다.

1906년 민족지도자 이상설(李相卨)이 용정(龍井)에 세운 서전서숙(瑞甸書塾)을 효시로 1909년에는 명동학교(明東學校), 창동학교(昌東學校),

정동학교(正東學校), 광성학교(光成學校) 등 근대교육을 지향하는 조선인 사립학교가 연이어 설립되어 민족 교육의 기틀을 마련함으로써 1909년 간민교육회가 설립되었다. 이와 같이 민족 교육의 여건이 조성되어 가던 중, 1911년에 손문(孫文)이 영도하는 신해혁명(辛亥革命)이 일어나고, 1912년에는 청조(淸朝)의 전제군주제를 뒤엎고 민주공화제인 중화민국이 탄생하였다. 중화민국은 연성자치(聯省自治)[17]를 표방하였는데, 이러한 상황 전개는 북간도 조선인에게 자치단체를 건립할 수 있는 절호의 기회를 조성해 주었다. 이에 고무된 간민교육회의 중심 인물인 이동춘, 김약연, 김입 등은 조선인자치단체를 결성하기 위해 활발히 움직이기 시작했다. 1913년 2월 이들은 간민교육회를 토대로 조선족 자치기관으로서 간민회를 건립하기로 결의하고 그 청원서를 길림성 당국에 제출하였다.

청원서의 내용 요지는 조선인의 상호간의 친선 도모와 자립정신을 함양하고, 중국의 국법을 준수함은 물론 간도를 자신들의 제2고향으로 생각하며, 이제 그들은 단순한 이주민이 아니라 간도에 정착한 중화민국 공민으로서 책임과 의무를 다할 것이라고 간민회 설립의 종지(宗旨, 취지)를 천명하였다. 길림성 도독(都督)은 이를 호의적으로 받아들이고 간민회 설립을 공식적으로 허가하였다. 1913년 4월 26일 창립대회를 개최하고, 회장에 김약연, 부회장에 백옥보(白玉甫)를 선출하여 간민회

---

17). 5·4운동의 영향으로 군벌의 무력지배를 종식하려는 민주화 운동으로, 1920년대 전반 북경정부와 손문의 남방 광동정부 사이에서 첨예한 남북대립이 진행되던 중에 서남의 각 성에서 성헌법을 제정하고 자치정부를 수립하여 군벌내전을 종식하고 연방정부 형식의 통일국가를 세울 것을 목표로 하였다.

가 정식으로 발족되었다. 간민회 총본부는 연길시내 국자가(局子街)에 두고 연길현, 화룡현, 왕청현에 분회를 설치하였으며, 500~1,000호마다 지부를 두어 자치업무를 집행하였다. 업무 부서는 총무, 서기, 민적(民籍), 교육, 재정, 식산흥업, 의사(議事)과를 두어 자치업무를 수행할 수 있는 기구를 갖추었다.

간민회는 중국의 신뢰를 얻고 유대를 공고히 하기 위하여 조선인들의 귀화입적(歸化入籍)을 적극적으로 추진시켰다. 여기에서의 귀화입적은 청조의 치발역복과 같은 민족 동화가 아니라, 중화민국 공민으로서의 국적 취득을 의미하는 것이다. 일본은 1910년 한일합방 이후 만주 조선인을 일본 신민으로 주장하면서, 조선인 보호 구실을 앞세워 신분에 대한 간섭을 하였다. 이에 대한 방어책으로 중국 국적을 취득하여 일제의 간섭을 배제하려고 한 것이다.

또한 간민회는 호구조사에 착수하였다. 간도 지역에서는 약 15만의 조선인들이 거주하고 있었는데 이는 당시 간도 전체 인구의 77%에 달했다. 간민회는 조선인들에 대한 효과적인 관리를 위하여 조선 이주민의 정확한 호구수를 파악하여야만 했다. 그러나 호구조사는 지방행정당국의 권한에 속하는 일이므로 간민회 임의로는 진행할 수가 없었다. 그러므로 간민회는 행정당국에 건의서를 내어 지방 행정에 협조하는 차원에서 경찰과 함께 호구조사를 진행할 것을 요구하였다. 그리고 호구조사에 대한 시행규칙과 방법도 제출하였다. 이와 같이 간민회는 지방행정에 협조하면서 간접적으로 자기 목적을 달성하는 지혜를 발휘했다. 이에 대하여 길림성 당국에서는 "그들은 겉으로는 일을 돕고 속으로는 모든 것을 파악하여 간민을 연합하려는 것"이라고 지적했다. 그러면서도 중화민국의 행정에 방해되지 않고 사람까지 파견하여 도움이 되므로 함께 실시할 수 있도록 허락한다고 하였다.

간민회는 이와 같은 방법으로 간도 지역 조선인 실태를 파악하고 이를 근거로 모든 조선 이주민을 대상으로 의무금(회비 : 가구당 연 간 30전)을 징수하며 조직적이고 계획적인 활동을 가능케 하였다. 이외에도 간민회의 호구조사사업은 조선인 단체로서는 처음으로 직접 조선인 관리사무에 참여하였다는 의의가 있으며, 아울러 조선인들이 점차 단순한 경제 생활의 울타리에서 벗어나 민족의식과 사회참여의식이 고조됨을 상징하는 것이라 할 수 있다.

다음으로 간민회의 특기할 활동은 토지매매에 참여하는 것이었다. 간민회는 조선인들의 토지소유권 문제에 적극 개입하여 토지매매 사무에 직접 관여하려 하였다. 그것은 당시 북간도지역 조선 이주민의 80% 이상이 농민들이었으며 그들에게 제일 큰 관심사가 바로 토지문제였기 때문이다. 간민회가 토지 매매 문제에 적극 개입하게 된 것은 왕청현에서 간민회 분회 부지 구입이 거부되고 연길현 의사회(議事會)에서 조선인들의 토지매매를 금지시켰기 때문이다. 간민회장 김약연은 관계당국에 건백안(建白案)을 내어 농민에겐 토지가 생명과 같은 것인데 농민이 토지 구입을 못하게 되면 생명줄을 끊는 것과 다름이 없다며, 연길현 의사회의 부당한 결정에 강력히 항의하였다. 그리고 조선인들의 토지 문제는 간민회의 참여 하에서 해결되어야 한다는 주장과 함께 토지매매에 관한 방법, 자격, 의무 등을 작성하여 당국에 제출하였다.

첫째, 방법에 있어 간민이 토지를 사려할 때 간민회에서 그 사람의 품행을 조사하여 먼저 의사회에 담보서를 제출하고 의사회에서 허락할 때 매매계약이 성립되도록 한 점, 둘째, 자격에 있어 품행이 단정하고 중화민국 법률을 준수하며 간민회의 종지(宗旨)를 찬성하는 자, 귀화입적한 자, 비귀화입적자는 간민회의 주선으로 관계당국에 의하여 귀화입적을 인정받은 자로 정했으며, 셋째, 의무에 있어서는 일체의 행위를 중국인과 동일시하며 구매한 토지에서 10분의 1을 해당구역 교육비로 활용한다는 것이었다.

마지막으로 간민회의 교육 활동을 들 수 있다. 간민회는 민족 교육을 강화하여 항일 독립정신을 일깨우고 민족의식의 고취와 함께 민족의 연대성을 강화하였다. 그리고 봄철 단오절(5월 5일)과 가을철 시월 상달(10월 10일) 연 두 차례에 걸쳐 연변학생연합대운동회를 개최하여 조선인의 민족적 기개를 드높이고 애국애족심을 함양하며 학교 간 유대를 통해 사회활동 영역을 확대하여 조선인사회의 결집력을 향상시키고자 했다.

이처럼 간민회의 활약이 증대함에 따라 조선 이주민들은 간민회가 자신들의 권익을 대변, 옹호할 것으로 신뢰하고 의지하며 회비를 의무적으로 자진 납부하였다. 이는 조선인 자치제가 훌륭히 발전할 수 있는 징조를 보인 것이었다. 이러한 간민회의 의지가 표출되면서 중국당국의 경계가 심해졌다. 당시 중국의 실권자인 원세개(袁世凱)는 연성자치는 허용하지만 민족자치는 용납하려 하지 않았다.

간민회는 공식적으로는 1913년 4월에 설립되어 1914년 3월에 해체되는 비록 짧은 기간 존속했지만 간도지역 조선인사회의 결속과 발전 그리고 민족의식 함양에 큰 기여를 하였다.

5_ 청 · 일(淸日) 간도협약(間島協約)

간도는 누구의 땅인가?

이는 오늘의 우리들 가슴에 와닿는 절실한 물음이다. 간도는 지금 엄연히 중국 영토로 편입되어 있음에도 불구하고 새삼 이런 질문을 던지는 것은 단순한 감상적인 차원에서가 아니라, 간도문제는 지나간 역사적인 사건이 아니라 현실적인 문제이기 때문이다.

세계 어느 지역에서나 긴 역사를 거쳐오는 동안 이웃 나라 간에 영토의 변동이 있고 국경 또한 새로 그어지기도 한다. 그러나 그 변동에는 당사국의 행위, 즉 전쟁 또는 조약 등에 의한 의지가 담겨져 있다. 간도는 조선과 청나라 사이에 영유권 문제로 250여 년 동안 분쟁이 계속되었으며 조선인들에 의하여 황무지가 옥토로 개간된 땅이다. 이러한 역사적인 땅이 이해당사국인 조선의 의사는 완전히 배제된 채 청 · 일 양국 간에 체결된 간도협약에 의해 조 · 청 간의 국경이 압록강과 두만강으로 확정됨으로써 간도를 상실하게 되었다.

이 문제에 대한 이해를 돕기 위해서 간도에 대한 관련 역사를 살펴보자. 간도의 역사는 우리 민족이 고조선을 건국하면서 시작되었다. 옛날

간도지역은 백두산과 송화강 및 흑룡강을 중심으로 우리 민족의 활동 무대였다. 고조선, 고구려, 발해는 모두 만주 일대를 지배한 대국이었으며 특히 백두산을 민족의 발상지라 하여 영산으로 여겨 왔다.

고려 때만 하여도 발해가 망한 뒤 여진은 고려를 상국(上國)으로 섬겨 왔으며 특히 문화적으로 선진한 고려를 부모의 나라라고 부르며 문화적인 욕구를 충족시켜왔다. 그들 중에는 원거주지에 살면서 고려에 의탁하여 오는 향화인이 많았고 심지어는 투항하여 오는 이도 많았다. 고려는 이들에게 토지를 분배해 주어 그들의 생활근거를 마련해 주었다.

고려 예종 3년(1108)에는 윤관(尹瓘)장군이 여진족을 축출하고 설치한 동북 9성 가운데 공험진(公嶮鎭)의 외방어소(外防禦所)는 두만강 건너 북쪽 700리에 위치한 만주의 영고탑(寧古塔) 부근이라고 최근 사학자들이 주장한다.

간도영유권 문제가 시작된 것은 1627년(인조 5) 조·청 간에 강도회맹(江都會盟)[18]을 맺고 압록강, 두만강 대안지역에 공광지대(空曠地帶)를 설치하면서부터이다. 이 공광지대란 오늘날의 개념으로는 완충지대이다. 1616년 만주에 여진족의 누루하치가 여러 부족을 통합, 후금(後金)국(뒤에 그 아들 태종이 국호를 청으로 고침)을 세운 후 나라의 기틀이 다져지지 않은 상태에서 조선인의 유입이 빈번하고 이로 인해 양국 간에 군사적 외교적 마찰이 일어났다. 이때만 해도 명확한 국경선이 그어

---

18). 1616년에 후금국을 세운 여진족은 자신들의 건국신화에 나오는 부족 발원지인 백두산을 장백산이라 부르며 압록강, 두만강 이북의 일정 지대를 성지로 신성시하고 이 성지를 드나드는 것을 봉금 합의하였다.

져 있지 않았고, 주민들도 국경을 크게 의식하지 않은 채 생활의 편의에 따라 유동하는 실정이었다. 이러한 시각에서 보면 공광지대는 엄격히 말해 어느 나라에도 속하지 않는 무인공한(無人空閑)지역이었다. 청이 완충지역으로 설정해 두었던 땅에 관심을 갖게 된 것은 러시아의 흑룡강연안 진출로 분쟁이 야기되었기 때문이다. 1689년 청·러 간에 국경에 관한 조약이 체결되어 흑룡강 상류지대가 청·러간의 국경이 되었다. 그후 1709년부터 청은 백두산 일대의 산세와 지형을 조사하며 중립지역으로 방치했던 땅에 대하여 비상한 관심을 보였다. 더욱 촉매제가 된 것은 1710년 이만건(李萬建) 외 8명이 월경하여 청인 5명을 살해하고 재물을 약탈한 사건이 발생하였고, 그 이후도 빈번한 월경사건으로 조·청 간의 외교관계가 매우 어려운 상황으로 진행되었다.

이에 두 나라는 국경을 확연하게 할 필요성을 느끼고, 조선조 숙종 38년(1712) 청의 목극등(穆克登)과 조선의 박권(朴權)으로 하여금 변계(邊界)를 함께 심사토록 하고 국경을 명시하는 정계비(定界碑)를 토문강 발원지이며 백두산의 해발 2200미터 지점에 세웠다. 비문 내용은 '서위압록(西爲鴨綠) 동위토문(東爲土門) 고어분수령상(故於分水嶺上) 륵석위기(勒石爲記)'로 되어 있는데 '서편으로는 압록강이고, 동편으로는 토문강으로 그 분수령 위 돌에 새겨 이를 기록한다.'로 되어 있다. 1881년(고종 18) 서북경략사(經略使) 어윤중(魚允中)은 토문강(土門江)은 송화강 상류로 이 송화강을 거쳐 흑룡강으로 이어지는 강임을 지적하고 봉금을 해제, 간도영유권을 주장하였으며 1864년 경 함경도민이 사실상 월경 농경을 하고 있었다. 후일 토문강(土門江)의 위치를 송화강 상류 지류로 보는 조선과, 토문강이 두만강이라고 주장하는 청 사이

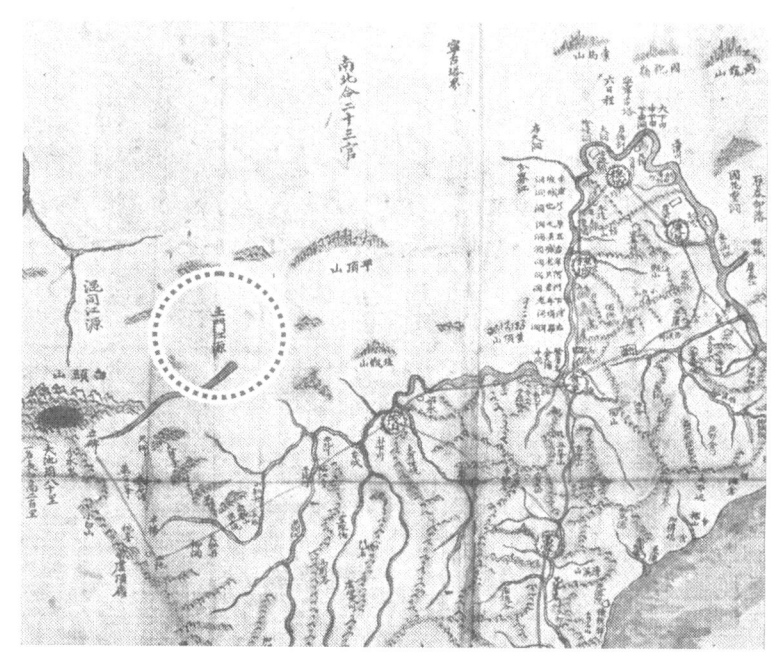

위) 두만강 너머 간도지역을 우리 영토로 그린 18세기의 「도성팔도지도」 함경도편. '토문강'(점선 안)과 '두만강'을 각각 별개의 강으로 명기하고 있다.(연합제공, 2004년 9월 10일, 조선일보에서)

왼쪽) 프랑스 지도제작자 당빌의 「조선왕국전도」(1737년)를 바탕으로 프랑스 수학자 R 본이 그린 「만주지도」(1771년).한국의 국경선이 압록강과 두만강을 넘어 북간도와 서간도 일대로 설정돼 있다. (서울역사박물관제공, 2004년 9월 1일, 동아일보에서)

1907년, 조선통감부 간도파출소에서 제작한 「백두산부근약도」 : 백두산 정계비에서 나오는 압록강-토문강의 조선·청나라 국경 중 토문강이 두만강과 별개로 표시돼 있어 간도가 조선 땅임을 입증하고 있다. 토문강과 백두산정계비 글자 사이에 홍토수(紅土水), 석을수(石乙水), 홍단수(紅丹水), 서두수(西豆水)가 보인다. (백산학회 간도 자료집에서)

에 분쟁이 일어났다. 1885년(고종 22)과 1887년(고종 24) 조·청 간에 감계회담(勘界會談)이 두 차례 청의 요청으로 열렸다. 청은 옛 종주국 행세와 오만한 태도로 정계비 남쪽 석을수(石乙水)로, 조선은 정계비 북쪽으로 홍토수(紅土水)를 주장하며 경계회담은 결렬되었다. 이때 조선측 토문감계사(土門勘界事) 이중하(李重夏)는 "내 목은 자를 수 있어도 우리 국토는 한 치도 줄일 수 없다."(此頭斷 國土不可縮)고 강하게 항변하였다. 또 1898년(고종 35) 종성(鐘城)사람 오삼갑(吳三甲)이 간도 문제 상소를 제기, 관리의 파견과 월강농민의 보호를 요청하였으며

1902년(고종 39) 이범윤(李範允)을 간도시찰사(視察使)로 임명, 현지를 시찰한 바 있었다(한국인 2만 7,400호에 10여만 명 거주).

토문강을 송화강 상류로 보느냐 두만강으로 보느냐에 따라 북간도 일대가 조선 영토가 되느냐 청의 영토가 되느냐 하는 엄청난 결과를 낳는다. 청은 토문강(土門江)-도문강(圖們江)-두만강(豆滿江)은 같은 발음임을 예시하며 동일한 강이라고 주장하였다. 이에 대하여 조선측은 토문강은 중국의 여러 지도에 송화강 상류로 표시되어 있어 두만강과는 엄연히 다른 별개의 강이라고 맞섰다. 중국 「전요지」(全遼志)에 토문강 명을 토문하(土門河)로 기재하고 있으며 토문강은 송화강의 원류라고 밝혔고, 정약용의 「조선강역지」(朝鮮疆域誌)에도 토문강이 송화강의 상류로 표기되어 있고, 규장각(奎章閣)에서 찾아낸 「백두산정계비도」(定界碑圖)에 토문강원(源)이 송화강으로 이어지고 있다고 표시되어 있다. 지금 한국학계와 중국학계는 서로 다른 견해를 가지고 있으며 앞으로 해결해야 할 현안의 문제로 부상하고 있다.

일본은 간도협약 체결 직전까지 간도는 조선의 영토임을 주장하였다. 중국의 간도영유권 주장에 대하여 일본의 반론은 이러했다. "역사상 두만강북은 조선의 발상지이며 일찍이 이 지방 일대는 조선에 내부(內附)하였고 지금도 조선의 유적이 많으며 주민의 거주 시기도 청국민보다 빨랐을 뿐 아니라 거주민 수도 청국민보다 훨씬 많다. 이 지방은 청국 통치권 밖에 있었다. 그리고 정계비를 세운 후에 청국인이 두만강북 연안에 집을 짓고 땅을 개간할 때는 조선으로부터 항의를 받았으며 청은 이를 받아들여 철거한 예가 있다."

또한 일본의 국제법학자였던 조전치책(條田治策)은 간도문제의 연구에 대한 결론으로서 "간도는 조·청 양국의 어느 한쪽에도 속하지 않는 자연적으로 형성된 무인의 중립지대였다. 이미 압록강 대안을 청의 영토로 한 이상 두만강 대안은 조선영토로 하는 것이 공평하다."라고 하였다. 일본은 을사조약 이후, 초기에는 간도가 조선의 영토임을 분명히 하면서, 1907년 8월 간도지방 중심지인 용정(龍井)에 한국통감부 간도임시파출소를 개설하는 등 간도가 대한제국의 영토라는 점을 분명히 하는 입장이였지만, 이후 이러한 주장을 해오던 일본 정부는 1908년 4월 간도문제에 대하여 정책의 변화를 보이기 시작했다.

일본이 대륙진출을 하기 위해서는 간도문제를 희생했어라도 만주 내에서의 이권을 확보하는, 즉 경제적 실익을 챙기는 것이 더욱 유리하다고 판단했기 때문이었다. 일본은 간도를 포기하는 대신 만주 전역에 대한 이권을 확보하기 위해 1909년 2월 6일 동삼성 육안(東三省六案)[19] 이란 것을 내놓았다. 이것은 중국의 동북 삼성인 흑룡강성, 갈림성, 봉천성(요녕성)에 관한 6개의 안으로 만주철도의 부설권 문제, 탄광의 채굴권 문제 등을 전(前) 5안과 후(後) 1안으로 구분되어 있었다. 후(後) 1안이 여섯 번째 의 간도 귀속문제였다.

청나라는 이를 받아들여 1909년 9월 4일 전자에 대하여는 만주협약으로, 후자는 간도협약으로 분리해 청·일 간 간도협약이 체결되었다.

---

19). 동삼성 육안의 1안은 만주철도의 병행선인 신법철도(新法鐵道, 新民屯~法庫門간)부지권 문제이며, 2안은 대석교(大石橋)~영구(營口)간 지선설치 문제이며, 3안은 경봉철도(京奉鐵道)를 봉천성까지 연장하는 문제이며, 4안은 무순(撫順)및 연대(煙臺) 탄광 채굴권 문제이며, 5안은 안봉선(安奉線)연안의 광무(鑛務) 문제이며, 마지막 6안이 간도(間島) 귀속 문제로, 전 5안까지는 일본의 뜻대로이고, 후1 안은 청의 주장대로 되었다.

제2장 간도와 조선족(朝鮮族) 65

간도협약은 전문 7조로 되어 있는데 조·청 간의 국경을 확정한 것은 제1조이다.[20]

"일·청 양국정부는 도문강(圖們江)을 조·청 양국의 국경으로 하고 상류 강원(江源)지방에 있어서는 정계비를 기점으로 하여 석을수(石乙水)[21]를 양국의 경계로 한다."이다.

조선은 한마디 발언권도 행사하지 못하고 일본에 의해 간도를 잃게 되었다. 일본은 처음 교섭과정에서부터 조선의 간도영유권을 끝까지

---

20). 大日本國政府와 大淸國政府는 善隣交誼에 비추어 圖們江이 淸韓兩國 國境임을 상호 確認하고 더불어 安協의 精神으로 모든 變法을 上程하여 이로서 淸韓兩國의 邊民이 영구히 治安의 慶福을 享有토록 하기 위하여 여기에 아래와 같이 條款을 定한다.

第一條 日淸兩國政府는 圖們江을 淸韓兩國의 國境으로 하고 江源地方에 있어서는 定界碑를 起點으로 하여 石乙水로 兩國의 경계로 할 것을 聲明한다.

第二條 淸國政府는 本協約 調印 後 가능한 빨리 下記의 各地域을 外國人의 居住 및 貿易을 위하여 開放하고 日本政府는 이들 地域에 領事館 分館을 配置한다. 開放 期日은 별도로 定한다.

龍井村. 局子街. 頭道강. 百草강.

第三條 淸國은 從來와 같이 圖們江 北方의 開墾地에 韓民의 居住를 承認하고 그 地域의 境界는 別途의 地圖에서 提示한다.

第四條 圖們江 以北 地方의 雜居地 區域 내의 開墾地 居住 韓民은 淸國의 法權에 服從하고 淸國 地方官의 管轄裁判에 服從한다. 淸國 官憲은 아래 韓民을 淸國民과 同一하게 待遇하고 納稅 그외의 行政處分도 淸國民과 同一하게 할 것.

아래 韓民에 關係하는 모든 民事 刑事 訴訟事件은 淸國官憲에 의해서 淸國 法律에 按照한다. 日本國 領事館 혹은 그 위임을 받은 官吏는 自由로이 法廷에 입회할 수 있다. 但 人命에 관한 重案에 관해서는 먼저 잠시 日本國 領事館에서 淸國이 法律에 準하지 않고 判斷하는 부분이 있다고 생각이 될 때는 公正한 裁判을 기하기 위해서 別途로 官吏를 派遣하여 再審査할 것을 淸國政府에 請求할 수 있다.

第五條 圖們江 以北 雜居地域 내에 韓民 所有의 土地家屋은 淸國政府가 淸國 人民의 財産과 同等하게 完全히 保護해 주고, 또 江 沿岸에는 場所를 定하여 渡船을 設置하고 雙方

고수할 의사는 없었다. 다만 경제적 실익을 챙기고 대륙진출을 위하여 간도문제를 교섭대상으로 삼아 희생양으로 활용한 것이었다.

중국이 '간도가 중국 땅'이라고 하는 기본적 근거가 바로 이 간도협약이다. 최근 고구려사 왜곡이 물의를 빚고 있지만, 중국이 장기적으로 대비코저 하는 것은 장래의 땅과 사람, 즉 간도의 귀속문제와 중국 조선족에 대한 지배문제이다. 그것은 곧바로 한반도의 통일문제와도 직간접적으로 얽혀 있다. 간도문제가 동북공정과는 무관하게 우리 정부가 일찍부터 제기하여야 할 당연한 문제이다. 왜냐하면 간도는 우리 땅

人民의 往來를 自由로이 한다. 但 兵器를 携帶한 者는 公文 또는 護照없이 國境을 넘을 수 없다. 雜居地域 내에서 生産한 米穀은 韓民의 販賣와 輸送을 許諾한다. 그러나 凶年에는 臨時 禁止措置를 취할 수 있다. 땔감은 舊例에 의거해서 照辧한다.

第六條 淸國政府는 將來 吉長鐵道를 延吉 南京에 연장하여 韓國 會寧에서 韓國 鐵道와 연결한다. 모든 辨法은 吉長鐵道와 一律的으로 한다. 開辦의 時期는 淸國政府가 衡平을 살펴서 日本政府와 相議하여 決定한다.

第七條 本協約은 調印 후 바로 效力이 發生하고 統監府 派出所 文武要人은 최대한 빨리 撤退를 開始하여 2개월 이내에 完了한다. 日本國政府는 2개월 이내에 第二條에 定한 通商地에 領事館을 開設한다.

위의 事實을 證明하기 위하여 下名은 각각 本國政府로부터 相當한 委任을 받아 日本文과 韓文으로 작성한 각 2통의 本協約에 記名 調印하는 것으로 한다.

明治 42年 9월 4일
宣統 元年 7월 20일 北京에서
大日本特命全權公使 伊集院彦吉 (官印)
大淸國欽命外務部尙會辨書大臣 梁敦彦 (花押)
(*이 내용은 일본측 자료를 참고한 것임)

21). 간도협약에 나타난 석을수(石乙水)는 두만강 지류이다. 백두산으로부터 발원하는 두만강 지류는 4개이다. 가장 북에 위치한 지류가 홍토수(紅土水), 그 다음이 남으로 석을수이다. 그 밑으로 홍단수(紅丹水), 서두수(西豆水)가 흐르고 있다.

이기 때문이다. 그것은 국제법적으로 볼 때 간도협약은 당연히 무효라는 것에 근거한다.

간도협약은 을사조약과 불가분의 관계이다. 일본이 강압적으로 을사조약을 체결하여 조선의 외교권을 빼앗고 이를 근거로 조선을 대신하여 간도협약을 맺었기 때문이다. 그러므로 을사조약의 체결과정과 그 진위(眞僞)를 역사 앞에 명쾌하게 가리고 간도협약의 유효 여부를 밝혀야 할 필요가 있다. 만약 을사조약 체결과정에 명백한 하자가 있어 무효가 된다면 이 조약에 근거하여 체결한 간도협약은 원천적으로 무효일 수밖에 없다.

그리고 간도협약에 의하여 상실한 간도영유권 문제 역시 재론되어야 한다. 국제조약은 체결 후 하자가 발견되었을 때 100년 이내에는 문제를 제기하고 무효화시킬 수 있다. 간도문제를 이슈화하는 것이 너무 늦었다고 보는 시각도 있다. 국제법상 영토문제의 시효만기가 100년인 것을 감안하면 시간이 얼마 없다. 간도협약이 체결된 1909년으로부터 100년이 되는 2009년 이전에 간도영유권에 대한 우리 정부의 의견을 국제적으로 적극 천명해야 한다.

전문가들은 2차대전 후 제국주의가 청산된 뒤에도 원래대로 환원되지 않는 거의 유일한 조약이라는 것이다. 국제법상 이 문제를 해결하려면 양측이 모두 동의하여야 한다는 점이 걸림돌이다. 영토분쟁문제를 국제사법재판소에서 해결한 사례가 있기는 하지만 그러기 위해서는 양측 정부가 공식적으로 문제를 제기하지 않으면 안된다. 현재 언론과 학계 등 민간 차원에서 제기된 문제여서 공식적인 분쟁지역조차 아니기 때문에 앞으로 우리 정부가 이 문제에 대해 적극적으로 문제제기를 하는 등 정부의 역할이 매우 중요하다.

　국제법상 국제조약 체결요건은 두 가지를 든다. 첫째는 반드시 나라를 대표하는 조약체결권자 또는 조약체결권자의 위임권을 가진 자가 조약에 서명해야 하며, 둘째 위협과 강압 상태가 아닌 자유의지에 의하여 체결되어야 한다. 위협과 강압 하에서 서명날인한 경우는 형식상 그 조약이 체결되었다 하더라도 무효이다.

　을사조약은 위 두 가지 요건을 하나도 갖추지 못하였다. 일본 총리대신 이등박문이 고종황제를 배알하고 황실을 보존한다는 조건으로 보호조약의 뜻을 비치자 고종황제는 완강히 거부하였다. 조약체결이 쉽지 않음을 인식한 일본은 군대를 동원하여 궁궐 안팎을 포위하여 삼엄한 분위기를 조성하고 새벽 2시 30분 심야에 강제로 내각회의를 소집하여 갖은 위협과 강압적인 방법과 당시 을사 오적〔乙巳五賊, 학부대신 이완용(李完用), 외무대신 박제순(朴齊純), 내무대신 이지용(李址鎔), 군부대신 이근택(李根澤), 농상공부대신 권중현(權重顯)〕의 간교에 의해 가결시켰다. 그리고 고종황제의 서명날인을 받아내려고 회유와 위협적 수단으로 온갖 노력을 하였으나 고종황제는 일언지하에 거절하였다. 일본은 대한제국 고종황제의 서명날인을 받는 것을 포기하고, 일방적으로 전 세계에 황제와 정부의 승인을 받았으며 합법적인 절차를 밟아 대한제국의 외교권과 통감부의 인정 등 모든 권한을 일본이 접수한다고 발표했다. 이에 격분한 고종황제는 1907년 헤이그 밀사 파견 등 각종 외교 채널을 동원하여 세계 각국에 일본의 부당한 처사를 호소하였다. 그러나 약소국의 목소리는 제대로 전달되지도 못한 채 묵살되었다. 19세기 말에서 20세기 초 열강들이 다투어 식민지 팽창에 혈안이 되었던 국제정세 하에서 강대국의 논리만이 국제사회의 정의로 통하였다. 이후 한민족은 자기 운명을 스스로 결정짓지 못하고 강대국의 이해와 흥정의 대상이 되어 역사 주체의 지위에서 역사 객체의 위치로 전락했다.

을사조약에 대한 해외의 반응을 보면 1926년 미국 하바드대학 국제법학회에서 이 조약은 국제조약 체결요건이 결여되어 있으므로 무효라고 의견이 일치되었고, 1963년 유엔 국제법위원회 보고서에서도 을사조약은 강압에 의한 것이므로 무효라는 결론을 내렸다. 위에서 검토해 본 바와 같이 국내외의 많은 학자들이 "당시 우리 정부에 대한 강압과 대한제국 고종황제의 비준이 없는 조약은 정식 외교협정이 될 수 없다."고 주장한다. 따라서 을사조약은 당연히 무효이고 이 조약에 근거하여 조선의 외교권을 박탈하여 체결한 간도협약도 무효인 것이다.

한·일관계는 지정학적으로 인접해 있음으로 인해 교류, 호혜, 상극 관계로 점철되었다. 고대에는 상대적으로 우수했던 우리 문화가 일본으로 유입되었고, 또 한시기에는 백제와 선린우호관계를 유지했었다. 그러나 임진왜란 이후는 상호 적대관계만이 존속하여 한국은 일방적으로 치욕을 당해 왔다. 국권침탈과 식민지배를 위시하여 경제적 수탈, 창씨개명 강요, 강제징용, 정신대와 군위안부 징발, 한국인 생체실험 등 이루 헤아릴 수 없는 굴욕과 수모의 참상을 당했다. 그 중에서도 돌이킬 수 없는 최대의 해악을 끼친 것은 간도를 중국에 팔아 넘김으로써 국토를 상실케 한 일이다.

일본이 저지른 다른 죄상들은 시간이 흐르면서 다소 원상회복이 가능하다. 그러나 우리 조상들이 피와 땀으로 개간하여 숨결과 얼이 깃들어 있는 간도를 상실케 한 죄악은 현실적으로 원상회복이 거의 불가능한 상황으로 되어 가고 있다. 이는 한일관계사에서 통한을 금할 수 없는 최악의 사건이었다.

중국은 이른바 동북공정(東北工程)을 획책하여 역사를 왜곡하고 향후 문제가 제기될 소지가 있는 간도협약에 대하여 논의조차 못하게 봉쇄하려는 야심을 노증하고 있다. 그럼에도 불구하고 한국 정부는 해방 후 60년이 흐르도록 을사조약과 간도협약의 무효를 주장하지 못하고 있는 현실이 안타깝다. 1952년 4월 28일에 체결한 중·일평화조약 제4조에는 "1941년 12월 9일 이전에 일본과 중국 사이에 체결된 모든 조약, 협약 및 협정은 전쟁의 결과로서 무효로 한다."고 규정하고 있다. 따라서 1909년에 체결된 청·일 간 간도협약은 자연히 무효가 된다.

우리 정부 지도자들은 이점을 유의하여 모든 과거사 문제 해결의 최우선 과제로 조속한 시일 안에 을사조약의 무효와 함께 간도협약의 무효임을 전세계에 알려 간도지방 조선족들의 한과 염원을 해결해 주어야 할 것이다.

일찍이 서애(西厓) 유성룡(柳成龍)은 임진왜란(壬辰倭亂)이 끝난 후 참담한 전란의 기록 『징비록』(懲毖錄)을 남기면서,

"내 지난 일을 징계(懲戒)하여 훗날 근심이 있을까 삼가한다." (予其懲而毖後患)고 하면서, 임진난 중에 일어난 일을 회고 반성하여 뒷날 나라와 백성에게 다시는 이런 낭패지사가 없도록 미리 경계하고 조심하라는 뜻을 그의 자서(自序)에서 밝히고 있다. 400여 년이 지난 오늘, 우리는 그 뜻을 아무리 되새겨 보고 강조하여도 지나치지 않을 것이다.

6_ 독립운동기지 건설과 독립군 양성

　일본이 간도협약을 체결한 본래의 목적은 중국대륙을 침략하기 위한 만주기지화의 전략이었다. 1894년 청·일전쟁과 1905년 러·일전쟁에서 승리한 일본은 그 여세를 몰아 한국을 병합하고 이른바 부국강병책을 강화하면서 중국대륙까지 넘보는 야심을 노정시켰다. 당시 산업근대화를 지향하던 국가들이 제일 필요로 한 것이 철강과 석탄이었다. 간도협약을 체결함으로써 세계 굴지의 만주 무순탄광 채굴권을 확보한 것은 더할 나위 없는 성과였고 철도부설권까지 확보하게 되어 만주에서의 일본의 활동영역은 더욱 넓어져 갔다. 만주를 조직적으로 공략, 지배하기 위하여 조선인을 계획적으로 대거 이주시키고 조선인이 많이 집거하는 곳이면 영사관을 설치하였다. 그리고 감시체제를 강화하였다. 이처럼 일제의 만주지배 야욕이 노골화되어가는 가운데 만주에서는 상대적으로 조선인 사회에 새로운 변화가 일어났다. 그것은 독립운동기지 건설과 독립군 양성이었다.

　1910년 일본이 조선을 강점하게 되자 조국의 앞날을 걱정하는 애국지사들이 비밀리에 모여 회의를 거듭하면서 국내에서 미온적인 방법으로 국권을 회복한다는 것은 거의 불가능한 일이므로 해외에 독립운동기지를 건설하고 독립군을 양성하여 독립전쟁을 해야 한다는 의견이 모아졌다. 여기서 독립전쟁론이란 근왕순절(勤王殉節)의 애국주의, 무저항주의의 만세시위 또는 외교 채널을 통한 독립청원만으로는 독립을 쟁취할 수 없다는 인식에서 독립전쟁을 해야 한다는 것이다. 그리고 이를 위해서는 민족정신이 투철한 인사들을 집단적으로 해외에 이주시켜 독립운동기지를 건설해야 한다는 것이다. 이러한 계획은 신민회(新民會)에 의하여 구체화되었다. 신민회는 1907년 양기탁, 안창호, 전덕기, 이동휘, 이동녕, 이회영, 이상재, 신채호, 주진수, 이승훈, 노백린, 조성환, 유동열 등이 중심이 되어 조직한 비밀결사로서, 언론, 교육, 민족산업, 독립군양성 등 국내외에서 독립운동에 선도적 역할을 한 단체이다. 1910년 9월 신민회 회원인 이회영, 이동녕, 장유순, 이관직 등 4명은 백지(白紙) 장수로 가장, 만주에 잠입하여 독립운동기지를 물색하였다. 이들이 선정한 곳은 요녕성 유하현 삼원보(柳河縣 三源堡)였다. 그러나 이 계획은 처음부터 험난한 일이었다. 이를 탐지한 일본은 '105인 사건'을 조작하여 600여 명의 애국지사들을 체포 투옥하였고 또한 만주 토착민과 군벌들의 배타적 압력이 심한데다 재정궁핍으로 어려움을 겪어야 했다.

이회영은 독립운동기지를 물색하고 귀국하자 그의 형제들과 의논하여 전가족이 만주로 이주망명할 것을 결의하고 6형제가 모두 전재산을 팔아 망명자금을 마련하였다. 그중에서도 특히 이석영은 일찍이 의정대신 이유원의 양자로 출계(出系)하였는데 상속받은 수만 석의 재산을 독립운동기지 건설과 독립군 양성을 위해 쾌척하였다. 이회영은 자기

네 집안과 뜻을 같이 하여 가산을 정리하고 전가족이 망명해 온 이상용, 주진수, 김창환, 장도순, 장한순 등과 함께 1911년 여름에 요녕성 유하현 삼원보 추가가(鄒家街)에 자치기관의 성격을 띤 경학사(耕學社)를 조직하여 농업장려와 민족교육을 실시하며 독립운동기지를 다져나갔다. 경학사 사장에는 이상룡, 농무부장 장유순, 재무부장 이동녕, 교무부장 유인식 등이 담당했으며 이회영은 내무부장을 맡아 조선인사회의 행정 및 치안유지에 주력하였다.

한편 이들은 경학사 산하에 교육기관으로 신흥강습소를 설치하였다. 이것이 신민회가 창건한 최초의 독립군 기지였다. 교명을 신흥(新興)이라고 한 것은 신민회(新民會)의 신(新)자와 다시 일어난다는 흥(興)자를 딴 것이었다. 처음부터 신흥무관학교라 하지 않고 학교 명칭을 강습소라고 한 것은 만주토착민들의 주목과 만주군벌들의 의혹을 피하기 위해서였다. 신흥강습소는 교육과정을 본과와 특별과로 나누어 본과는 중학교 과정을 실시하고 특별과는 속성과로서 사관 양성 교육을 실시하였다. 신흥강습소의 재정은 양기탁 등의 국내모금과 이석영의 지원에 의하여 운영될 계획이었으나, 105인 사건으로 국내모금이 중단되었기 때문에 전적으로 이석영에게 의존하게 되었다. 그러나 이석영의 재산은 머지않아 바닥이 드러나고 신흥강습소의 유지는 만주조선인들의 기부금에 의존하였다. 이 점은 특기할 만한 사실이다. 이는 일찍이 만주로 이주한 조선인들이 온갖 고난을 극복하여 경제적·사회적 형편이 나아져서 그들 가슴에 민족사랑과 조국독립의 절실함을 인식했기 때문이었다. 그리하여 독립군이 항일 무력투쟁을 할 때 인적·물적 그리고 정신적 뒷받침을 하였다.

신흥강습소는 성공을 거두었다. 제1회 특기생 40여 명의 애국청년전사를 배출하여 후일 이들이 독립전쟁 수행에 크게 이바지하게 되었다. 그러나 한가지 불행했던 일은 많은 사람들이 기대를 걸었던 경학사가 오래 지속되지 못한 점이다. 수토병(水土病)이란 괴질이 유행하여 많은 이주민들의 생명을 앗아간 데다 1911년에는 큰 흉년이 들어 심각한 생활고에 시달려 경학사는 해체되었다. 그 후신으로 1912년 가을에 민단(民團)으로서 부민단(扶民團)을 결성하여 경학사의 정신을 이어갔다. 부민단의 뜻은 부여의 옛 영토를 부여의 후손들이 다시 일으킨다는 것이었다. 이석영, 이회영, 여준, 김동삼, 윤기섭 등은 1913년 봄에 부민단의 본부를 경학사가 있던 유하현 삼원보 추가가로부터 동남쪽 90리 떨어진 통화현 합니하(通化縣 哈泥河)로 옮겼다. 이것이 제2독립군기지가 된 것이었다. 신흥강습소도 통화현 합니하로 옮겨서 1913년 이른 봄부터 교사를 신축하여 5월에 낙성하고 교명도 신흥중학으로 했다가 뒤에 신흥무관학교로 고쳤다. 새로운 교사는 대병영사(大兵營舍)여서 널찍한 강당과 학년별 교실이 마련되고 각종 부속실과 수만평의 연병장까지 구비되었다.

  한편 북만주 지역의 독립운동기지로 밀산부 한흥동(密山府 韓興洞)을 들 수 있다. 이 기지는 이상설, 김학만, 정순만, 이승희 등 시베리아 특히 블라디보스토크 지역으로 망명했던 지사들에 의해 추진되었다. 이승희는 이곳에 4년 동안 머물면서 독립운동기지 건설에 전력을 다했으며 여러 곳으로부터 재정적인 지원을 받았다. 미국에서 조직된 박용만 등의 국민회에서는 1910년 미국 한인회에 태동실업주식회사를 설립하여 모금운동을 전개, 한흥동 독립운동기지의 재정에 기여하였으며 중국 청도에서 열린 신민회 주요간부회의에서도 이 기지에 대한 원조를 결의한 바 있다. 안창호, 신채호, 조성환, 이종호, 이강 등 신민회 간부들은 여러 방도로 자금을 모아 밀산부 봉밀산 부근의 미개간지 10만평을 구입할 것을 결의하였다. 이와 같이 각지에서 지원을 해옴으로써 한흥동 독립운동기지는 크게 활기를 띠었고, 국내에서 의병전쟁을 전개하던 의병장들도 중국 동북지역으로 망명하여 독립운동기지를 건설하고 국내외적 구축작전을 수행하였다.

1919년 국내에서 3·1운동이 일어나 전국으로 확산되자, 만주지역에서는 독립전쟁론이 활기를 띠며 만주조선인사회의 절대적인 지지를 받아 많은 독립운동단체들이 결성되었다. 서간도지역의 대한독립단과 서로군정서(西路軍政署)[22], 북간도지역의 대한독립군과 북로군정서[23] 등이 그 대표적인 것이다. 이들 독립군은 그동안 연마하여 축적된 전투력으로 정예화되어 있었다. 1919년과 1920년에 걸쳐 국내로 진격하여 혜산진, 갑산, 회령, 화진포 등을 점령하여 큰 성과를 올렸다. 이처럼 독립군에 의해 일본군이 크게 피해를 입고 독립군의 활동이 활발해지자 일본은 대규모의 병력을 만주에 출병시켜 독립군을 섬멸하고 근거지를 초토화하려고 하였다. 그러나 중국에는 국제법상 출병이 불가능했다. 이에 일본은 훈춘대학살사건을 조작하여 일본인의 생명과 재산

---

22). 1919년 5월, 남만주 서간도의 무장항일운동단체가 결성한 군정서(軍政署).
23). 1919년, 만주 왕청현(汪淸縣)에서 결성된 무장항일독립군 단체. 북간도에 있던 대종교인들 중심의 중광단(重光團)은 3·1운동 이후 정의단(正義團)으로 확대개편하고 무장 독립운동을 수행하기 위하여 대한군정서(大韓軍政署), 일명 군정회(軍政會)를 조직하였다. 이 대한군정서는 1919년 12월 임시정부의 지시로 북로군정서로 개편되었다.

을 보호한다는 구실로 만주출병을 결행하였다. 독립군은 처음에는 병력과 화력의 열세를 고려하여 일단 전쟁을 피하려고 하였으나 일본군이 독립군을 추격하면서 조선인 촌락에 불을 지르고 동포들을 학살하므로 이에 독립군은 정면대결키로 결정하고 반격전을 전개하였다. 그 대표적 전투가 봉오동(鳳梧洞)전투와 청산리(靑山里)전투이다. 봉오동 전투는 1920년 6월 7일 홍범도(洪範圖)가 이끄는 대한독립군이 독립군 토벌을 위해 만주에 출병한 일본 정규군을 봉오동의 험준한 산세와 깊은 골짜기로 유인하여 일본군 주력부대가 독립군이 잠복한 포위망에 들어설 때 일제히 집중사격하여 큰 전과를 올린 전투를 말한다. 이때 일본군 157명이 사살되고 200여 명의 부상자를 냈으며 아군은 장교 1명, 병졸 3명이 전사하고 약간의 부상자를 내었다. 청산리대첩은 1920년 10월 21일부터 26일 사이 청산리 골짜기인 백운평과 어랑촌 완루구 등지에서 독립군과 일본군 사이에 10여 차례의 전투 끝에 적의 연대장을 포함한 1,200여 명을 사살함으로써 대전과를 거둔 전투이다. 청산리계곡은 동서로 25km에 달하는 긴 계곡으로서 계곡의 좌우는 인마(人馬)의 통행이 어려울 정도로 울창한 산림지대였다. 김좌진(金佐鎭)이 지휘하는 북로군정서군과 홍범도가 이끄는 대한독립군을 주력으로 한 독립군 부대가 청산리계곡 양편에 매복하였다가 일본 추격부대가 계곡의 좁은 길을 따라 매복지점에 들어서자 일제히 사격을 가하여 일거에 일본군을 전멸시켰다. 이 청산리대첩은 대일 무력항쟁 사상 청사에 빛나는 전투였다.

  이와 같은 독립군의 승리로 만주조선사회는 물론 상해 망명정부와 조선민족 전체의 사기를 진작시켰고 독립을 쟁취할 수 있다는 자신감

청산리항일대첩기념비를 참배한 뒤 간도땅을 살펴보고 있는 필자.

을 심어 주었다. 한가지 간과해서 안될 것은 이 승리는 독립군 단독의 힘에 의해서 가능했던 것이 아니라, 만주조선인들의 적극적인 인적 물적 정신적 지원에 힘입어 이루어졌다는 점이다. 청산리대첩을 이룩한 지 80년이 지난 뒤에서야 2001년 10월에 이 전투에서 조국의 독립을 위하여 장렬히 전사한 영혼들을 위로하고 그 숭고한 뜻을 기리기 위하여 청산리에 기념탑을 세웠다. 우리는 다시 옷깃을 여미고 경건한 마음으로 그들의 명복을 빈다.

7_ 만주 개척의 선구자의 마을 명동촌(明東村)

연변을 여행하는 관광객이면 으레 연길에서 1박을 하고 백두산 등정 길에 오르게 되는데, 그 길목에 조선족의 애환이 어린 용정(龍井)시가 있고 이를 관통하는 해란강이 흐르며, 그 옆 비암산의 일송정을 보게 된다.

    일송정 푸른 솔은 늙어 늙어 갔어도
    한줄기 해란강은 천 년 두고 흐른다
    지난 날 강가에서 말달리던 선구자
    지금은 어느 곳에 거친 꿈이 깊었나

많이 알려진 위 '선구자' 노래 가사에 일송정과 해란강이 나오는데 바로 여기에서 연유된 것이다. 이 기회에 한 가지 밝혀둘 것은 한국에서는 노래 제목이 '선구자'로 알려져 있지만 원명은 '용정의 노래'이다. 가사 내용도 몇 군데 다른 점이 있다. 한국에서는 "일송정 푸른 솔은 늙어 늙어 갔어도"라고 부르지만, 원작에는 "홀로 늙어 갔어도"라고 되어 있다. 그리고 용정의 유래는 조선족이 이 곳에 정착하면서 우물을 팠는데 우물에 서기(瑞氣)가 어리더니 용이 승천하므로 상서로운 일로 여기고 이 우물을 용정(龍井)이라고 했다는 것이다. 이처럼 용정은 조선족과 특수한 인연이 있다. 지금은 연길(延吉)이 연변 조선족자치주의 주도(州都)가 되어 있지만 조선족 이주 초기는 용정이 북간도의 중심이었다. 그러므로 일본 통감부 간도파출소도 용정에 두었고 후일 영사관도 용정에 설치하였다.

이 용정에서 삼합(三合, 북한의 회령과 두만강을 사이에 두고 마주 보는 도시)을 향해 자동차로 약 20분 거리에 자연부락 명동마을(明東村)이 자리잡고 있다. 만주 삼성(三省) 여러 곳에 조선족만 수백 호씩 집거하고 있는 마을이 많다. 심양 근교의 만융촌(滿融村)에는 조선족만 1,000여 호가 집거하고, 연길 주변 또는 목단강 주변에도 수백 호씩 집거하고 있는 마을이 많다. 여기에 비하여 명동촌은 규모가 작고 지금은 불과 몇 가구가 살고 있을 뿐이다. 그럼에도 불구하고 특별히 명동촌을 소개하려고 하는 데는 그럴 만한 이유가 있다. 명동촌은 애국지사들이 집단으로 이주하여 학교와 교회를 세우고 민족의식을 고취, 결집하며 많은 인재를 양성하여 독립운동에 헌신케 한 역사적인 마을이기 때문이다. 이 마을의 내력을 알게 되면 당시 북간도 조선인의 역사와 생활상을 알 수 있게 된다.

마을이란 본래 자연발생적으로 생겨난다. 지세와 물이 좋고 들이 넓으면 더할 나위 없이 마을이 생길 수 있는 좋은 조건이다. 한집 두집 자리를 잡다가 가구 수가 늘어나면 마을이 형성된다. 그러나 명동마을의 경우는 전혀 그렇지 않고 인위적으로 한꺼번에 마을이 된 점이 특징이다. 1899년 2월 18일 두만강변의 도시 회령, 종성 등에 거주하던 학자들 네 가문의 대소가 22가구가 다함께 고향을 떠나 두만강을 건넜다. 종성의 문명규를 위시한 남평문씨 가문 40명, 김약연 가문 31명, 남도천 가문 7명과 회령의 김하규 가문 63명이 합류하여 집단이주한 것이다. 윤동주의 조부 윤하현 집안 18명은 그 다음해에 합류하였다. 회령에서 두만강을 건너 한나절 열심히 걸으면 명동마을에 닿게 되는데, 이 마을이 들어선 주변은 비산비야(非山非野)로 논이나 밭이 일구어지지 않았었다. 이 곳은 동한(董閑)이라는 청국인 대지주의 땅이었다. 이민단이 미리 돈을 모아 선발대를 보내 정착할 땅을 사놓은 후 들어간 것이다. 한 가지 주목할 것은 이들은 공동부담으로 학전(學田, 교육전)을 먼저 확보해 놓고 각자 돈 낸 비율에 따라 땅을 분배했다. 학전은 물론 교육기금을 마련하기 위해서였다.

이 학자들은 집단이민의 동기를 다음과 같이 밝히고 있다. 첫째, 조선의 척박하고 비싼 땅을 팔아 기름진 땅을 많이 사서 좀 잘 살아 보자. 둘째, 집단으로 이주하여 삶으로써 간도땅을 우리 땅으로 만들자. 셋째, 기울어가는 나라의 운명을 바로 세울 인재를 기르자. 이렇듯 목적의식이 뚜렷했기에 우선적으로 학전을 마련하고 교육에 진력하여 인재를 배양할 수 있었다. 실로 민족의 선각자요 선구자로서의 모습이 극명하게 드러나고 있다. 이들의 둘째 목적인 간도땅을 우리 땅으로 만들자는 것은 냉엄한 국제정치의 역학관계를 고려할 때 지나치게 이상적이었다고 할 수 있으나, 실제로 청국 내에 조선 땅을 만들어냈다. 북간도의 통치 체제가 청조에서 중화민국으로 그리고 다시 중공으로 바뀌어 온 지난 100여 년 간에도 그들은 한결같이 그 땅을 지켜왔다. 그리하여

1993년 5월 동아일보와 해외한민족연구소가 공동으로 용정중학교 교정에 이곳 동포들의 숙원인 윤동주 시비를 건립하였다. 이를 통해 윤동주의 항일정신과 그의 문학적 업적을 기려 후학들의 민족정기 함양의 계기를 마련하게 되었다.

윤동주는 1917년 12월 30일 지금의 용정시 지신향 명동촌에서 출생하였다. 지금의 생가는 새로 복원한 것이다.

그 결과는 '연변조선족자치주'라는 모습으로 드러나고 있는 것이다.

　명동마을에 관하여 특기할 사항은 명동학교이다. 조그마한 마을에 학교가 선다는 것은 오늘날 우리 상식으로는 생각조차 할 수 없다. 그러나 마을 형성 전에 학전(學田)을 준비한 학자들의 선비정신으로 보아 규모와 형식은 어찌되었든 교육기관이 서는 것은 기정사실이었다. 북간도 최초의 신학문 교육기관은 1906년 10월 이상설에 의해 세워진 서전서숙(瑞甸書塾)이다. 이상설이 사재로 교원 봉급, 교재대, 학용품 등 모든 경비를 충당하였다. 그러나 서전서숙은 1907년 이상설이 고종황제의 밀사로 네덜란드 헤이그에서 열리는 만국평화회의에 파견되는 바람에 오래 가지 못하고 문을 닫게 되었다. 이 무렵 명동촌에서도 신학문에 대한 열의가 강렬하게 일어나던 중 서전서숙이 문을 닫게 되자 그 이듬해인 1908년 4월 27일 명동마을에 명동서숙을 설립하고 나중에 현대적 감각을 살려 명동학교로 개명하였다. 일찍이 명동촌으로 집단이주, 개화에 눈뜬 학자네 집안들은 청·일전쟁과 러·일전쟁에서 조그마한 섬나라 일본이 대국을 상대하여 연전연승하는 것을 보고 충격을 받았다. 미개했던 일본의 그 가공할 힘이 어디에서 나오는 것일까. 그들이 전과 다른 것은 서양문명을 받아들인 것밖에 없지 않는가. 이러한 생각을 하면서 그들은 지금까지 숭상해 오던 한학을 구학(舊學)이란 카데고리 속에 집어넣고 신학문을 향해 가슴을 활짝 열었다.

학교 설립 초기에는 시설과 교사진이 빈약하여 애로를 겪던 중 약관 22세 정재면(鄭載冕)선생을 영입하여 제대로 학교 체제를 갖추었다. 정재면은 신민회의 젊은 회원으로서 이동휘, 안창호의 권고에 의하여 이상설이 하던 교육사업을 재건하기 위하여 용정에 왔으나, 여러 가지 여건이 좋지 않아 고심하던 차 명동학교에서 영입해 갔다. 정재면은 한가지 조건을 제시했다. 학생들에게 정규과목의 하나로 성경을 가르치고 예배를 드릴 수 있어야 한다는 것이었다. 이것은 유학자들의 마을로서는 가히 혁명적인 요구조건이었다. 며칠간 논의 끝에 좋은 선생을 모시기 위해서는 수락해야 한다는 결론을 내렸다.

1909년 정재면이 부임하면서 학교 조직이 바뀌었다. 교장 김약연, 교감 정재면 체제로 편성하면서 국내외에서 저명한 학자들을 초빙하였다. 황의돈, 장지영, 주시경, 김철 등 학식과 덕망 높은 분들이 모여들었다. 모두가 애국지사로서 기상이 대단한 분들이었다. 1910년에는 중학과정을 신설하고 사방 여러 곳에서 학생들이 몰려들었다. 그리고 명동학교는 여자교육을 위해 따로 여학교를 세우고 일반과목 외에 재봉, 음악, 가정교양 등의 교과목을 배정했다. 이 역시 당시 유가의 풍습에 비추어볼 때 획기적인 사고의 전환이며 선각자의 예지가 돋보이는 일이었다. 이렇게 하여 명동학교는 신학문교육기관으로서 면모를 갖추었고 아울러 명동마을은 기독교마저 받아들여 북간도 개척의 전진기지로 큰 몫을 했으며, 또한 명동학교 출신들이 독립전선에 투신함으로써 독립운동의 요람으로서의 역할을 하였다.

명동마을을 이야기할 때 특별히 두 사람이 떠오르게 된다. 김약연(金躍淵)과 윤동주(尹東柱)이다. 이 두사람은 외숙질 간으로서 김약연이 외삼촌이 된다. 김약연 없는 명동촌은 상상할 수 없다. 뿐만 아니라 북간도 조선족자치정부라고 일컫던 간민회(墾民會)의 창건자였다. 그는 본래 유가의 후예로서 한학자였다. 명동마을과 명동학교와 간민회를 이끌면서 기독교에 귀의하여 늦게 평양장로교 신학교에서 수학하고 목사가 되었다. 그가 기독교인이 된 것은 새 시대의 문물을 받아들이는 선각자적 일면이 있는가 하면 한편으로는 항일독립운동의 한 방편으로 기독교에 귀의한 것이 아닌가 생각된다.

아무튼 북간도 조선인사회에서 그의 위상은 누구도 따르지 못할 만큼 우뚝하다. 지금 명동마을에는 그의 기념비가 서있고 명동촌 옆마을

양재촌에는 그의 묘소가 있어 많은 사람들의 발길을 멈추게 하며 북간도 개척사를 일러주고 있다.

다음으로 이곳은 민족시인 윤동주의 '별 헤는 밤'의 무대이다.

계절이 지나가는 하늘에는
가을로 가득 차 있습니다.

나는 아무 걱정도 없이
가을 속의 별들을 다 헤일 듯합니다.

가슴 속에 하나 둘 새겨지는 별을
이제 다 못 헤는 것은
쉬이 아침이 오는 까닭이요,
내일 밤이 남은 까닭이요,
아직 나의 청춘이 다하지 않은 까닭입니다.

별 하나에 추억과
별 하나에 사랑과
별 하나에 쓸쓸함과
별 하나에 동경(憧憬)과
별 하나에 시와
별 하나에 어머니, 어머니

어머님, 나는 별 하나에 아름다운 말 한마디씩 불러 봅니다.
소학교 때 책상을 같이 했던 아이들의 이름과,
패, 경, 옥 이런 이국 소녀들의 이름과,

벌써 아기 어머니된 계집애들의 이름과,
가난한 이웃 사람들의 이름과,
비둘기, 강아지, 토끼, 노새, 노루, '프랑시스 잠', 라이너 마리아
릴케, 이런 시인의 이름을 불러 봅니다.

이네들은 너무나 멀리 있습니다.
별이 아스라이 멀듯이.

어머님,
그리고, 당신은 북간도에 계십니다.

나는 무엇인지 그리워서
이 많은 별빛이 내린 언덕 위에
내 이름자를 써 보고,
흙으로 덮어 버리었습니다.

딴은 밤을 세워 우는 벌레는
부끄러운 이름을 슬퍼하는 까닭입니다.

그러나, 겨울이 지나고 나의 별에도 봄이 오면,
무덤 위에 파란 잔디가 피어나듯이
내 이름자 묻힌 언덕 위에도
자랑처럼 풀이 무성할 거외다.

이 시는 과거의 추억, 현재의 고뇌, 미래의 희망을 노래한 나라 잃은 백성의 부끄러운 이름을 슬퍼하고 있다.

사실 윤동주에 관해서는 너무도 잘 알려져 있다. 그는 1917년 윤영석과 김약연의 누이동생 김용의 사이에서 태어났다. 두 가문은 다 명문으로서 명동마을 사람들의 존경과 신뢰를 받았다. 윤동주는 큰 기와집 손자로 불리며 비교적 부유한 집안에서 자랐다. 그는 8세에 명동소학교 입학, 14세에 졸업하고 중학과정은 은진중학, 평양숭실중학, 광명중학교에 전입학을 거듭하면서 수학했다. 은진중학은 대성중학으로 합쳤다가 지금의 용정중학으로 맥이 이어지고 있다. 그후 연희전문 문과에 입학하여 24세에 졸업하고 25세 때 일본 동지사대학 영문과에 전입학하였다. 26세에 독립운동 혐의로 검거되어 후쿠오카(福岡)감옥에서 복역중 8·15해방을 불과 4~5개월을 앞두고 28세에 옥사했다. 사인은 지금껏 불분명하다. 윤동주의 사망통지를 받고 윤영석이 일본에 가서 윤동주의 고종사촌 송몽규(한 감옥에서 같은 혐의로 복역중이었다)를 면회했는데 송몽규는 자신들이 이름모를 주사를 강제로 맞고 있으며 윤동주가 주사 때문에 죽었다는 증언을 들었다. 이로 미루어 인체실험 대상이 되었을 것이라고 추측된다.

윤동주는 학창시절 문예지에 투고하여 탁월한 문인의 자질을 보였고 방학 때면 명동에 돌아와 하늘을 보고 별을 세면서 불후의 명시들을 남겼다. 그는 민족시인으로서 연변조선사회에서는 상징적인 인물이다. 그의 시세계와 사인불명의 죽음은 오늘날 우리들의 가슴에 감동과 애잔함을 느끼게 한다. 해외한민족연구소에서는 서울 (주)원신상사(元信商社)의 이우혁(李愚奕) 회장의 지원을 받아 연길에서 윤동주문학상을 제정하고 해마다 4월 10일에 시상식을 하고 있다. 시상부문은 소설·시·산문·평론 등 4개 분야인데 각 부문마다 당선작과 신인작을 시상

함으로써 중국조선족 문인들의 문학 활동에 큰 활력소가 되고 있다.

명동마을은 이렇듯 북간도 전역을 통틀어 제일 역사적 의의가 컸음에도 불구하고, 해방 전후 여러 가지 우여곡절을 겪으며 지금은 사실상 폐허로 변했다. 필자가 1990년대 초 명동촌을 찾았을 때 명동학교는 흔적도 없고 명동교회는 방앗간으로 변해 있었으며 윤동주 생가도 자취를 감춘 채 담배밭으로 되어 있었다. 참으로 안타까운 마음을 금할 수 없다. 필자는 이 마을을 복원하여 역사현장을 재현시켜야겠다고 결심했다. 그러나 당면한 두 가지 문제에 봉착했다.

첫째는 중국당국으로부터 마을 복원 허가를 받는 문제이고, 둘째는 복원 자금을 조달하는 문제였다. 허가를 담당하는 용정시 이준일 부시장을 만나 명동마을의 역사적 의의를 설명하고 복원허가를 간곡히 부탁하였다. 마침 이준일 부시장이 조선족이어서 쉽게 이해하였다. 그러나 공산당 치하에 연변조선족을 경계하는 상황에서 허가를 얻는 것은 쉬운 일이 아니었다. 왜 지금에 와서 폐허가 된 마을을 막대한 경비를 들여 복원하려고 하느냐 하는 의문을 가지며 혹시 한국에서 문화침투를 하려는 의도가 아니냐 하며 경계심을 보였다. 필자는 명동마을을 복원하면 관광명소가 되어 외화를 벌 수 있을 것이며 반일투쟁의 요람이므로 중국의 항일정신과 동질성이 있어 역사유물로 복원하는 것이 중국에도 하등 불리할 것이 없다고 역설하였다. 다행히 허가를 받게 되었다. 단 교회에서 예배를 보지 않는다는 조건이 붙었다. 자금문제로 고심하던 중 본 해외한민족연구소 김성규(金聖圭) 이사의 주선으로 한국전력공사에서 지원을 받아 제일차로 명동교회와 명동마을의 상징성을 갖는 윤동주생가를 전통한옥 원형 그대로 복원하였다. 문헌과 이웃 옛

어른들의 증언을 통해 철저한 고증을 받았다.

그러나 여러 가지 사정으로 인해 복원낙성식을 하지 못해 못내 아쉬운 마음을 금할 수 없다. 집을 짓거나 복원하면 낙성식을 하는 것은 당연한 상식임에도 그곳 당국에서 허락하지 않았었다. 아마도 조선족의 민족의식을 자극하지 않을까 하는 우려였던 것 같았다. 낙성식에 따르는 모든 준비를 갖추고 현지에 도착한 일행은 낙심이 이만저만이 아니었다. 마침 날씨도 화창하여 이웃 마을의 많은 사람들이 민족적인 행사에 설레이는 마음으로 모여들었다. 아낙네들은 고운 한복을 차려입고 오랜만에 거행되는 역사적인 행사에 참석하려다가 무산되는 광경을 보고 참으로 허탈하며 의아해 하는 눈빛이었다. 필자 일행은 낙성식을 못하게 된 경위조차도 설명할 수 없이 다만 그들을 위로하기 위하여 낙성식은 못하더라도 이왕 모였으니 잔치나 열고 하루를 즐겁게 지내라면서 상당액의 경비를 건네주고 돌아왔다.

윤동주 생가 복원비를 세웠었는데 이 비석마저 부서져 없어졌다. 필자는 착잡한 심정을 억누를 길 없어 먼 산만 응시하다가 힘없는 민족의 슬픔을 다시 한번 뼈저리게 뇌이면서 치솟는 눈물을 감출 수 없었다. 우리들의 주변에는 정체 불명의 사람들이 계속 감시하고 있는 느낌을 받았다. 행사취재를 위해 동행했던 동아일보 기자는 어디론가 연행되어갔고 카메라에 담았던 필름은 압수당했다.

이러한 분위기 속에서도 필자에게 한 가닥 희망을 주는 조선인이 있었다. 문학을 한다는 김재권(金在權, 현 용정시 한글 독서사 회장)씨가 돌아오는 차 안에서 귀띔을 해주었다. 그는 "이박사님. 너무 서운해 하지 마십시오. 윤동주 생가 복원기념비는 당국에서 부셔버리라 하는 것을 아무리 생각해도 그럴 수가 없어서 밤중에 윤동주 생가 마당 한쪽에 파묻어 놓았습니다. 세월이 흘러 여론이 잠잠해지면 다시 파내어 비를 세울 것입니다."라고 하였다. 그리고 그는 "이렇게 하는 것이 여기 사는 사람들의 지혜입니다."라는 말도 덧붙였다. 필자는 그 순간 눈이 번쩍 뜨이면서 그게 사실이냐고 물으며 후일 비를 복원할 수 있겠느냐고 반복하여 물었다. 그는 틀림없이 그리하겠노라고 결의에 찬 약속을 해 주었다. 필자는 당시 중국의 정황으로 봐서 과연 가능할 것인가 반신반의했다.

그로부터 5년 여 세월이 흐른 어느날 용정으로부터 두툼한 우편물이 배달되었다. 내용물을 열어보니 자상한 편지와 함께 그 비를 복원하는 작업현장 사진이 들어있었다. 감동스러운 일이었다. 눈물이 핑 돌았다. 땅속에 묻혔던 비가 영원히 땅속에서 잠자지 아니하고 다시 햇빛을 보게 된 감격스러움과 그곳 중국의 특수한 정황 속에서도 약속을 지켜준 김재권씨에 대한 고마움에서였다.

지금 명동마을은 관광명소가 되었고 교회와 윤동주 생가에는 그 보존관리를 위한 성금함이 놓여 있어 이곳을 찾는 한국관광객은 그냥 지나치지 않는다. 한가지 안타까운 것은 어려운 자금사정으로 아직껏 그 유서 깊은 명동학교를 복원하지 못하고 있는 점이다. 명동촌의 역사와 의의를 이해하는 독지가가 있어 명동학교를 복원하면 대단히 보람된 일이며 자손대대로 명예로울 것이다. 우리 인간은 역사와 더불어 삶으로써 생의 참된 의의를 갖게 되는 것이다. 언젠가 명동학교를 복원하여 명동마을 전체가 옛 모습으로 복원되기를 기대해 마지 않는다.

8_ 용정 3·13봉기와 15만 원 탈취사건

1920년 1월 3일 밤 8시. 용정에서 명동촌으로 가는 길목, 고요한 선바위골에서 겨울밤의 정적을 깨뜨리는 요란한 총소리가 울렸다. 이 총소리는 조선족 철혈광복단이 일본인의 심장을 꿰뚫는 총소리였다. 그 총소리에는 분명 조국의 독립을 쟁취하려는 의지와 원한과 복수의 충정이 담겨져 있어 더욱 큰소리로 북간도 대지에 울려퍼졌으리라. 선구자의 노래가사와 같이 이역땅에서 조국을 찾겠노라 맹세하던 선구자의 정신의 발현이었다. 이 사건이 이른바 독립군 자금을 조달하기 위한 15만 원 탈취사건이다. 간도에서 전개된 독립운동 중에는 군사행동과 시민의 봉기, 군자금 조달 등 수없이 많은 사건들이 일어났었다. 그중 군사행동으로는 봉오동전투와 청산리전투가 대표적이며 민간차원의 시위와 군자금 조달 사건으로는 용정 3·13시민봉기와 15만 원 탈취사건이 대표적이다.

  1919년 한국에서 3·1운동이 일어나자 그 여파는 즉시 간도 조선인 사회에 파급되었다. 이 소식이 전해지자 명동중학 교사 최봉익은 서울에 올라가 조선독립선언서를 가져왔다. 3월 8일부터 용정과 연길에서는 지도급 인사들이 연일 비밀회의를 거듭하고 한국에서의 3·1정신을 이어받아 북간도에서도 독립운동을 전개할 것을 결의하였다. 그들은 독립선언서를 대량 인쇄하여 유포하는 한편 조선족 집거지역에 사람을 보내어 시위준비 소식을 알리고 거사일을 3월 13일로 정했다. 이때 중국측에서는 각기 다른 기관에서 두 가지 입장을 취했다. 연길도윤공서에서는 3월 9일 조선인 시위에 대한 대책회의를 열고 다음과 같은 전망과 태도를 취하였다. 첫째, 조선에서 일어난 3·1운동은 필연적으로 연변에 파급되어 군중 시위가 일어날 것이다. 둘째, 이러한 경우 연길도윤공서는 수수방관자적 입장을 취하고 만일 일본이 이 집회에 개입하면 조선인들과 연합하여 반일의 입장을 견지한다.

당시 중국인들은 만주가 일본에 의해 침략당하고 위축되어 가는 것에 대하여 강한 적개심을 품고 있었다. 그러므로 다같은 약자의 위치에 있는 조선인에 대해서 다분히 동정적인 생각을 하고 있었다. 그런가 하면 만주 3성을 사실상 지배하고 있던 군벌 장작림(張作霖)은 친일적 태도를 취하면서 조선인봉기를 사전에 봉쇄하고 만일 연변에서 조선독립운동시위가 발생할 때는 일본과 연합하여 이를 단호히 진압한다는 입장을 견지하고 있었다. 장작림은 연길도윤공서에 밀령을 내려서 조선인 시위군중을 진압하도록 지시하고 조선인 집거지역에 위협적인 지령을 띄워 반일시위를 하지 못하도록 경고하였다. 이처럼 장작림과 중국 행정당국은 상반되는 결정을 내리게 되어 상호간 입장이 난처했다. 양측은 논의를 거듭한 끝에 결국 연길도윤공서가 군벌의 힘에 밀려 후퇴하였다. 장작림은 연길에 주둔하고 있던 맹부덕(孟富德)부대에 명하여 일본영사관을 보위하기 위해 용정으로 출동케 하였다.

3월 13일 이른 새벽부터 아침 찬바람을 가르고 연변 각지에서 조선인들이 떼를 지어 용정으로 모여들기 시작했다. 이 군중집회를 사전에 탐지한 일본영사관측과 장작림 소속부대는 용정으로 통하는 요로를 차단하고 조선인 진입을 막으려 하였으나 중과부적이었다. 무려 3만여 명이 모였다. 12시 정오 예배당 종소리를 신호로 항일군중집회가 개최되었다. 김약연, 구춘광, 이하영, 남인상 등 17명은 간도거류 조선민족을 대표하여 독립선언 포고문과 공약 3장을 낭독하였다.

　　我 朝鮮民族은 민족의 독립을 선언하고 민족의 자유를 선언하며 민족의 정의를 선언하고 민족의 인도를 선언하노라. 〈이하 중략〉

　　공약 3장
　　一. 吾人의 此擧는 정의 인도 생존 존영을 위한 민족적 요구이니 배타적 감정에 광분하지 말라.
　　一. 최후 일인까지 최후의 일각까지 민족의 정당한 의사를 발표하라.
　　一. 일체의 행동은 가장 질서를 존중하며 吾人의 주장과 태도로 하여금 어디까지나 광명정대하게 하라.

　독립선언포고문과 공약3장이 낭독되자 군중들은 일제히 대한독립만세를 부르며 억눌려 있던 감정을 폭발시켰다. 그리고 일본제국주의를 타도하자는 구호가 선창되자 군중은 노도로 변하여 시가행진에 나섰다. 선두에는 명동중학을 위시한 여러 학교의 교사와 학생으로 조직된 충렬대가 깃발을 앞세우고 북을 치고 나팔을 불면서 전진하였다. 마침내 진압부대와 대치하였으나 군중들은 그대로 돌진하였다. 그 순간 맹부덕 부대장의 사격명령에 따라 총성이 울리면서 거리는 삽시간에 피로 물들고 13명이 그 자리에서 숨을 거두며 300여 명이 체포되었다. 이 운동은 그후 4월 22일까지 한달 이상 각 지역별로 수백에서 수천 명씩 계속되었다. 실로 조선인의 의지와 기개를 드높였고 이 소식은 국내로 전해졌다. 이것이 간도 독립운동사상 그 유례를 찾을 수 없는 용정 3·13사건이다. 오랜 세월 일제하에서 역사의 뒤편으로 밀려나 있었고 중국 치하에서도 제대로 조명되지 않고 있던 역사적 사건이, 중국이 개방되고 한국사람들의 출입이 잦아지면서 사료가 발굴되고 관심이 모아져 희생된 영혼을 위로하기 위하여 한 곳에 묘역을 마련하고 위령비를 세워 숭고한 애국정신을 기리게 되었다.

이 3·13운동은 간도 조선인독립운동가에게 큰 교훈을 주었다. 즉 무장한 적과 싸우면서 맨주먹으로 대항한다는 것이 얼마나 무모하고 어리석은 짓인가를 깨닫게 해주었다. 이후 조선인사회에 독립전쟁론이 다시 일어나게 되었고 무장투쟁으로써만이 독립을 쟁취할 수 있다는 것을 절감하고 모든 수단과 방법을 동원하여 무기 구입을 서둘렀다. 이러한 분위기가 고조되면서 무기 구입을 위한 자금조달의 한 방편으로 발생한 것이 이 글의 모두에 언급한 15만 원 탈취사건이다. 용정 3·13 독립운동시위가 일제의 무력진압에 힘없이 무너진 광경을 목격한 철혈광복단(대일 무장항쟁을 주장하던 명동중학 중심의 청년단체)은 무기구입을 위해 여러 가지 구체적 방안들을 강구하였다. 처음에는 연변조선인으로부터 의연금을 모아 무기구입을 시도해보았으나 경제적으로 어려운 조선인 처지에 모금을 한다는 것이 결코 쉬운 일이 아니었으며 오랜 시간을 요할 뿐 아니라 보안 유지 문제도 대단히 어려운 일이었다.

철혈광복단원들은 다른 방안을 모색하기 위해 고심하던 중 놀라운 정보를 입수하게 되었다. 1919년 11월 초 조선은행 회령지점에 지하비밀단원으로 입행하여 활동하고 있던 전홍섭이 보내온 정보에 의하면, 조선은행 회령지점에서 용정 일본영사관에 반일시위 진압을 위한 경비 15만 원을 송금한다는 것이었다. 송금일자는 아직 확인되지 않았으나 추후 알려줄 것이라는 내용이 덧붙여 있었다. 철혈광복단원 윤준희, 박웅세, 임국정, 한상호, 최봉설, 김준 등 6명은 하늘이 준 기회라 생각하고 15만원 탈취계획을 면밀히 짰다. 일단 이들은 명동에 있는 최봉설의 장인 김하규 집에 은신하면서 전홍섭의 다음 연락을 기다렸다. 12월 31일 전홍섭으로부터 2차 통보가 전해 왔다.

통지 내용은 "놈들은 새해 초사흘날에 이곳 회령에서 용정으로 떠나오. 만일 내가 동행하게 되면 일행을 습격할 때 나의 넙적다리에도 총을 쏘아 부상을 입게 하오. 이후 이곳에서 계속 사업하기 위해서요." 전홍섭이 자신의 몸에도 총상을 입히라는 구절에 모두 감동하였다.

1월 3일 이른 새벽 윤준희 등 다섯 명은 눈덮힌 벌판의 보호색인 흰옷으로 변장하고 발목이 빠지는 눈길을 헤치며 동량(東良, 명동에서 용정으로 가는 지명)을 향해 달렸다. 여기서 이들은 2개조로 나뉘어 한 조는 동양 버들방천에 매복하고 한 조는 거기서 10리쯤 떨어진 선바위 밑에 매복해서 경비호송대가 오기를 기다렸다. 그들은 추운 날씨에 간이식사로 요기를 하고 언제 닥칠지 모르는 경비호송대를 기다리는 것이 매우 초조했다. 이윽고 해가 지고 버들방천과 선바위골에 어둠의 장막이 내려졌다. 밤 8시 경에 호송대가 선바위골로 들어섰다. 돈을 실은 마차의 앞뒤로 호송경관이 호위하고 있었고 전홍섭이 함께 오지 않음을 확인하였다. 경비호송대가 버들방천에 들어섰을 때 철혈광복단은 일제히 사격을 가하여 단숨에 해치웠다. 그들은 노획한 철궤를 열어 돈을 확인한 후 세 개의 마대로 나누어 메고 밤길을 달려 연길 교외 와룡동 최봉설의 집에 집결하였다가 이어 날이 밝기 전에 농부로 가장하여 소달구지에 돈을 싣고 러시아 블라디보스토크를 향해 국경을 넘었다. 1월 4일 일본영사관은 수백명의 경찰을 동원하여 수색작전을 펴고 명동마을에 들이닥쳐 조선인들을 마구잡이로 체포 연행하고 학살하였다.

윤준희 일행은 블라디보스토크에 도착하자 조선족 마을인 신한촌(新韓村)에 은신하며 무기구입을 위한 정보를 탐색하였다. 당시 연해주 사정은 사회주의 혁명을 위한 내전이 계속되고 있었고 일본은 러시아계 백군(白軍, 반혁명세력)과 야합하여 블라디보스토크에 대하여 통제력을 견지하고 있었다. 일본정부는 조선인특무(첩자)를 블라디보스토크에 잠입시켜 그곳의 조선인 반일인사들을 은밀히 내사케 하였다. 한편 유럽에서 백군을 돕기 위해 체코군이 블라디보스토크에 파견되어 있었는데 내전 양상이 홍군(혁명군)의 승리로 기울어지자 철군을 서두르면서 무기를 팔려고 하였다. 이에 윤준희 등은 체코군과 러시아 백군파의 무기상과 비밀 무기거래협상을 추진하여 총 3만 자루를 구입하려고 하였다. 이 협상이 성사되면 원동지역(遠東地域, 연해주)에 머물고 있던 500여 명 항일전사와 연변의 반일전사들을 완전히 무장시켜 대일본 무력투쟁을 활발히 전개할 수 있을 것으로 확신하고 있었다.

그러나 불행히도 뜻밖의 일이 터졌다. 윤준희가 무기구입 알선을 위해 내세웠던 사람이 바로 블라디보스토크 조선인 항일투쟁단체에 위장하여 들어와 있던 일본의 첩자 엄인섭이었다. 엄인섭으로부터 무기

우리 민족에게 핍박과 고통을 안겨 줄 일본 군수물자를 지게로 저나르고 있는 우리 할아버지의 옛 모습에서 오늘 우리들은 무엇을 생각해 볼 수 있을까.(일본 매일신문 자료에서)

구입협상 사실을 보고 받은 일본은 즉시 조선 나진항의 해군함을 블라디보스토크에 급파하고 윤준희 등이 투숙한 여관을 완전히 포위하였다. 사태가 위급함을 알고 탈출을 기도했으나 불가항력이었다. 최봉석은 "제가 먼저 뒷문으로 뛰어나가겠어요. 놈들의 사격이 저에게 집중되면 그때 모두들 틈을 타서 도망치시오. 제가 죽으면 집에 전해줘요."라는 말을 남기고 뒷고방으로 달려가 문을 내찼다. 여관 뒷고방문이 열리자 일본군의 제지를 받았다. 그는 날렵한 솜씨로 일본군 두 명을 끌어당겨 맞부딪치게 하고 담장을 향해 쏜살같이 뛰었다. 담장은 그의 키보다 높았으나 나는 듯이 뛰어넘어 앞으로 내달렸다. 일본군은 최봉설에게 집중사격하여 오른쪽 어깨와 왼쪽 발꿈치에 부상을 입혔다. 그는 결사적으로 달려 산기슭에 자리잡고 있던 조선족 반일 비밀공작원의 집으로 찾아들었다. 그러나 윤준희와 다른 동지들은 현장에서 체포되고 500여명의 조선인 반일전사도 일망타진되어 일본군함에 실려 청진 감옥으로 압송되었다. 윤준희, 임국정, 방웅세, 한상호 등은 서울 서대문형무소로 이송되어 처형되었다.

  군자금 조달을 위한 15만 원 탈취사건은 비록 실패로 끝났지만 사건의 전말을 분석해 보면 1920년대 만주 조선인사회에서 조국독립 쟁취 열망과 특히 독립전쟁을 통해서 국권을 회복해야 한다는 의지가 확고했음을 새삼 인식하게 된다. 이러한 분위기와 정신이 이어져 홍범도, 김좌진 장군에 의한 봉오동과 청산리전쟁의 대승을 거두게 된 것이다.

9_ 중국 조선족의 민족교육

　어떠한 민족이든 그 장래의 운명을 결정짓는 것은 두말할 것도 없이 교육에 달려있다. 그러므로 그 교육의 기본 방향을 어떻게 설정하느냐에 따라 민족의 진로가 좌우된다 할 것이다. 본래 교육의 보편적 목표와 참뜻은 자라나는 2세들로 하여금 인격도야와 시민의 자질을 기르는 데 있다. 그러나 시대적 또는 정치적·사회적 상황에 따라서는 당면한 문제들을 극복하기 위하여 특별히 강조되어야 할 부분이 있기 마련이다. 하물며 조국은 외세에 의해 강점당하고 있고 이역(異域)땅 하늘아래에서 스스로의 운명을 개척하며 조국광복을 위한 의지를 불태우고 있던 중국 조선족으로서는 무엇보다 제일 중시할 수밖에 없는 것은 바로 민족교육이었다.

　옛부터 한민족은 자녀 교육열이 높은 것으로 세계적 정평이 나있다. 부모들은 자신의 모든 것을 희생하면서까지 자녀교육에 열중한다. 이국 땅에 신천지 개척자로 나선 명동마을 사람들이 제일 먼저 학전(學田)을 확보하여 자녀교육에 차질이 없도록 배려한 점은 이를 뒷받침한다. 초기 이주민들조차도 불과 몇십 가구의 집거촌이 형성되면 열악한

환경 속에서도 자식교육을 위해 전통적인 서당을 차리고 한학자를 초빙하여 한문을 가르쳤다. 그리고 그 주위 인근 조선인들은 가급적 서당이 가까운 곳으로 옮겨가려고 애를 썼다. 심지어 연해주에서 북간도로 유학을 보낸 학부모가 있는가 하면 이주해 간 사례도 있다. 이러한 정성들이 쌓여 교육열은 더욱 높아지고 새시대의 변화에 따라 신교육의 필요성을 절감하였다. 이러한 시대적 조류에 따라 신학문기관으로 세워진 것이 용정의 서전서숙을 비롯한 명동학교, 창동학교, 광동학교, 정동학교, 은진중학, 광명학교 등이다.

이 학교들은 종전의 서당식 교육에서 완전히 탈피하여 현대적 교과과정을 도입하였다. 이 학교들은 초창기 운영을 개인의 사재에 의존하게 되어 재정적으로 어려웠고 학생수도 불과 몇십 명 정도로 소규모였다. 시간이 흐르면서 의연금을 내는 독지가들이 늘어나 재정사정이 나아져가고 집단 이주민의 수가 늘어남에 따라 학생 수도 증가하여 학교의 규모가 제대로 모습을 갖추게 되었다. 처음엔 소학교부터 시작하여 중학과정을 증설함으로써 초등교육과 중등교육을 겸해서 실시하는 것이 당시의 일반적인 실정이었다. 그리고 여성교육에도 남자교육 못지않게 열의를 보였다. 화룡현에 신명한성여학교, 용정에 영신여학교와 명신여학교, 연길에 길신여학교 등이 세워졌으며 명동학교에는 여학생부를 병설하여 남녀공학을 실시하였다.

1900년대 초 한반도에서도 몇 개 대도시 외에는 여학교가 설립되지 않았던 실정에 비추어 보면 당시 중국 조선족의 새시대에 적응하는 놀라운 진취성을 엿볼 수 있다. 그리고 이 학교들의 교과과목에서 중점적으로 강화하고 있는 공통점을 발견할 수 있다. 그것은 민족정신 함양과

한민족의 계몽과 교육을 위해 책과 교육자료를 편집, 제작하던 우리 할아버지들.

민족수난 극복을 위한 강좌를 특별히 많이 설정한 점이다. 그리하여 일본에 대한 적개심을 고취하고 반일사상을 강화하여 독립쟁취의 의지를 심었다. 이를 위한 교과서는 조선인 선각자들에 의해 집필되었는데 역사교육에 치중하였고, 교양강좌 책으로는 『유년필독(幼年必讀)』(애국정신과 독립정신을 함양하는 내용), 『오구불망(吾仇不忘)』(우리의 원수를 잊지 말라는 뜻으로 삼국시대부터 연대별로 일본과의 충돌을 기술함으로써 일본의 침략행위와 식민지정책을 폭로한 내용), 『최신동국사(最新東國史)』(조선역사상 대외투쟁, 일제침략에 대한 조선인의 영웅적 투쟁 내용), 『월남망국사(越南亡國史)』(월남이 망한 원인, 프랑스의 월남 침략행위, 애국인물전기 내용), 『이순신전(李舜臣傳)』, 『안중근전(安重根傳)』 등이 많이 읽혀졌다.

고등학교 국어책의 「고향」이란 제목의 내용에는,

"오인의 고향은 원수의 수라장이 되어 오인의 자유행동을 허락하지 않는다. … 우리 조국광복의 대지를 품은 남아들은 몸을 던져 조국광복의 희생으로 바쳐야 한다. 유골이 어찌 무덤 속에만 묻힐소냐 남아에겐 어디에나 다 청산이 있도다."

라는 구절이 있다. 이 얼마나 젊은이로 하여금 피끓게 하고 역동적인 행위를 유도하는 가사인가. 이뿐만이 아니다. 조선족 각급학교에서는 노래가 감상적인 청소년들에게 애국심을 기르는데 효과가 큼을 인식하고, 민족정신을 고양하는 가사에다 곡을 지어 부르게 했다. 그리고 각 학교의 교가와 응원가에도 유사한 가사와 곡을 붙여 젊은이의 애국투혼을 용솟음치게 하였으며 체육교육에 있어서도 병영체조와 군사훈련에 상당한 시간을 할애했다. 학교마다 군사교원을 두어 손자병법, 전략 전술 등 군사학을 가르치고, 사격과 격투훈련도 시켰다. 여기에서 더 나아가 단오절과 추석 때 학교별 또는 연합운동회를 열어 단합심과 투혼을 기르며 광복가, 전진가를 불러 민족적 울분을 터뜨리고 독립쟁취의 결의를 다지곤 했다. 연호를 사용함에 있어서도 서기 외에 단기와 국치(國恥) 연기를 의식적으로 사용하며 매년 8월 29일(한일합방일)에는 국치일 행사를 거행했다. 이러한 행사는 이스라엘민족도 거행하고 있다. 이들은 경사스런 국경일은 별다른 행사를 하지 않고 국치일에 지난날 그들이 당했던 치욕과 슬픔을 새기며 기념행사를 한다. 형식적인 행사뿐 아니라 그날의 식탁에는 쓴 나물을 올려 쓴맛을 맛보며 유태민족의 고난사를 되씹어본다.

이처럼 조선족학교는 반일사상으로 무장하고 독립투쟁정신으로 강화되어 사실상 독립군양성소와 다름이 없었다. 조선족학교 교명에는 동(東)자가 거의 공통으로 들어있다. 예를 들면 명동, 광동, 정동, 창동,

홍동학교 등이 있는데 이는 우연한 일치가 아니다. 동(東)자는 해동(海東 또는 동국(東國 - 옛날 우리나라를 다르게 부르는 말)을 뜻하는 것으로 해석되는데, 동국이란 이칭(異稱)은 고구려·신라·백제·고려·조선 등의 시대를 초월한 통시적(通時的)으로 통용되는 국호이다. 명동학교의 경우를 설명하면 동쪽을 밝힌다 함은 곧 독립운동과 유관한 것이라고 추정된다. 이렇듯 학교명까지도 조국독립과 관련되게 지었음을 볼 때 학교설립자들의 독립정신을 헤아릴 만하다. 일제는 이를 간과하지 않았다. 막대한 자금을 들여 연변 각 지역에 일본학교를 설립하여 친일교육을 강화하는 한편 가난한 조선학생들에게 학비와 기숙사비를 면제하고 학용품과 용돈을 대주면서 졸업 후에는 좋은 직장까지 마련해 준다는 유인책을 폈다.

　그러나 민족정신이 확고한 조선인들은 이를 외면하였고 오히려 조선족학교가 더욱 결속하고 운영이 충실해졌다. 혹 일본학교에 다니는 조선학생에게는 일본의 주구라 하여 경멸하고 상대하지 않으려 했다. 일제는 일본학교 설립과 유인책이 효과를 거두지 못하자 조선인 학교에 대하여 감시와 견제와 탄압정책을 썼다. 일제는 조선족학교에 상인으로 가장한 밀정을 파견하여 정탐하고 배일주의란 딱지를 붙여 놓았다. 그리고 이러한 학교의 교장과 진보적 교원과 학생들을 체포 구류하고 고문을 하며 반인도적 만행을 자행하였다. 이러한 탄압은 1920년 경신년 대토벌에 이어 더욱 악랄해졌다. 경신년 대토벌이란 봉오동전투와 청산리전투에서 일본 정규군이 참패하자 이를 보복하기 위해 1920년 11월 연변 일대에 대규모의 병력을 투입하여 많은 양민을 학살·강간하고 가옥과 조선족학교와 식량 31,205섬을 불태운 사건을 말한다. 훈춘, 연길, 화룡, 왕청현 등지에서 5,058명이 체포되고 3,500여 명이 피살되었으며 2,500여 가구와 30여 개 조선족학교가 불에 탔다. 명동학교, 창동학교, 정동학교, 신동학교, 길동학교 등은 이때 소실되어 버렸다. 명동학교를 수색하고 불을 지를 때 저항하던 교사들을 즉석에서 참혹하게 총살하고 창동학교 교사 정기선을 죽인 다음 껍질을 벗기는 참극까지 벌였다. 그러나 일제의 이런 잔혹하고 야만적인 탄압이 가해지면 가해질수록 그 반동작용으로 조선인의 일제에 대한 적개심은 더욱 굳어지고 민족사상교육은 강화되어 물리적 탄압수단으로는 억제할 수 없었다.

조선족학교 출신들은 국민회, 군정서, 독립단체 등에서 중견간부로서 활동을 하고 각 학교에서 교편을 잡아 후배양성에 큰 역할을 하였다. 용정 3·13운동 때 충렬대의 활동과 군자금 15만 원 탈취사건의 주동자들은 모두 조선인 사립학교의 출신들이었으며 1919년 6월 노령의 추풍에서 조직한 결사대 3,000명 가운데 600여 명은 명동, 정동, 광성, 창동학교 학생들이었다. 그후로도 조선인학교에서 계속 모집해 갔고 그들은 모두 홍범도부대, 국민회, 한민회, 도독부, 그리고 신민단과 북로군정서 부대에 배치되어 반일무장부대의 골간으로 봉오동, 청산리 등의 전투에 참가하여 혁혁한 공을 세웠다. 결론적으로 20세기 초 중국에 세워진 조선족 사립학교에서 시행한 반일교육과 대중적 계몽운동은 항일독립투쟁으로 전개되었고, 조선족 집거지역에서 폭넓은 민족적 기반을 구축하는데 큰 공헌을 하였다. 한민족 교육사상 그리고 독립운동사상 획기적 기록으로 장식된다.

10_ 중국 조선족의 교육 현황 - 1

　일제의 지배 하에서 고난을 겪고 있던 조선족 교육은 1945년 8월 15일 제2차 세계대전의 종식과 더불어 새로운 전기를 맞이했다. 교육 내용의 질적 변화와 양적 확장, 그리고 새로운 환경의 변화가 그것이다. 지금껏 일본의 압제 하에서 조선족 교육은 시대적, 정치사회적 특수상황 때문에 반일사상 강화와 독립투쟁정신 함양에 역점을 두어 왔으나, 일제가 물러가면서 교육 목표의 방향을 새로 설정한 것이다. 변화하는 시대에 적응할 수 있는 지적 소양과 기능적 자질향상과 그리고 인격 형성에 맞는 교과목을 짜야 하기 때문이다. 양적 측면에서는 취학아동 수와 학교 수가 많이 늘어났다. 일본의 압제 하에서 사람들의 생활은 극도로 가난하여 노동자 농민의 자녀 대부분은 학교에 갈 수 없었다.

　1945년 이전에는 조선인 자녀 50% 정도가 소학교에 다녔다. 해방을 맞으면서 자녀교육열이 높아져 학령아동들의 거의 80%가 소학교에 들어가고 소학교 졸업생의 70%가 중학교에 진학하였다. 이 수치는 중국 내 56개 소수민족 가운데 최고를 기록하였으며 한족(漢族)과 비교하면 현격한 차이가 있었다. 새로운 환경의 변화란 일제가 규율하던 자리에 중국 당국이 들어섰음을 의미한다. 중국의 교육시책과 소수민족 정책, 언어정책 등에 의해 조선족 교육이 좌우되었으며 국공(國共)내전과 문화대혁명의 영향도 받을 수밖에 없었다.

1945년 8월 러시아 붉은 군대와 동북항일연군(東北抗日聯軍)[24]이 연변에 들어왔을 때 조선인은 혼란과 딜레머에 빠져 있었다. 통치의 공백현상이었다. 국공내전이 치열한 가운데 군벌까지 영향력을 행사하게 되어 안전적 지배세력의 결여로 사실상 행정의 공백 상태가 계속되었다. 1948년에 이르러서야 중국동부지방에서 공산당의 승리가 확실해지자 동북인민행동위원회는 교육제도와 교과내용을 통합관리하는 일련의 조치를 채택했다. 1949년 연변에는 647개의 소학교가 있었는데 그중 561개가 사립학교였고 소학생 129,000명 중 94,110명(약 74.8%)이 조선족이었다. 일제의 지배시대와 비교하면 약 34% 증가했다. 그리고 중학교의 경우 31개 교 중 28개 교가 조선인학교이고 중학생 수는 13,797명 중 92%가 조선인이었다. 1944년과 비교하면 학교수는 72%, 학생 수는 89% 증가했다. 교원은 4,596명이었고 76.3%가 조선인이었다. 이러한 교육인구의 증가는 조선인 밀집지역인 연변뿐 아니라 요녕성 흑룡강성에도 같은 현상이었다.

조선족 교육문제는 1950년에 또 하나의 변화를 맞게 되었다. 조선인 사립학교를 공립학교로 바꾸었고 조선인 학교 수를 규제했으며 5학년

---

24). 1935년 중국 공산당 중앙위는 전중국적 항일연군을 조직하는 것을 골자로 하는 8·1선언에 따라 만주지방의 동북인민혁명군과 그 밖의 모든 반일무장대가 연합하여 만든 부대

이상의 모든 학생에게 중국어로 학습할 것을 결정했다. 소수민족 교육의 앞날에 먹구름이 끼었다. 이에 조선족을 비롯한 다른 소수민족의 격렬한 반대여론이 일어나자 1951년 9월 주은래(周恩來)의 제창으로 북경에서 제1회 전국 소수민족 교육회의가 열렸다. 이 회의에서 소수민족 학생들은 그 민족언어로 학습할 것과 민족교육의 방법은 각 소수민족의 역사적 상황과 부합되어야 한다고 주장하였다. 같은 해 11월 마서륜(馬敍倫) 교육부장은 중앙인민정부에 이 회의에 관한 보고를 하면서 조선족의 경우를 소수민족교육의 선구적 본보기로 들어 조선족 사기가 앙양되었다.

소수민족 교육문제가 새로이 주목을 받으면서 소수민족 자치제도가 대두되었고 1952년 연변조선족자치주가 성립되었다. 초대 주장에 주덕해(朱德海)가 선임되었고 그는 연변조선인들의 신뢰를 받았으며 특히 조선족 교육에 열성적이었다. 조선족 자치제가 실시됨에 따라 연변인민정부는 모든 공문서는 조선어와 중국어 두 가지로 작성케 하고 공공장소의 표지도 두 개 언어를 함께 쓰도록 했다. 이러한 결정과 아울러 학교 교과서와 학습을 조선어로 하며 역사와 문화교육에 역점을 두었다. 1952년 연변인민정부는 제1차 5개년계획(1953~1957)을 세우고 연간 예산 35%를 교육에 투자했다. 조선족 학령아동의 소학교 취학율은 100%에 이르고 소학교 졸업생의 거의 100%가 중학교에 진학하며 조선족은 조선족이라는 사실에 긍지를 느낄 수 있도록 민족정체성을 강력히 내세웠다. 조선족은 단일민족학교를 유지하는 일의 중요성을 강조하면서 조선족학교를 중국인학교와 분리하였다. 조선족과 한족의 혼합 민족학교에서조차도 두 민족의 학생들은 각각 딴 교실에서 수업했다. 조선족 자녀들은 그들의 학교가 중국인 학교보다 좋다고 생각했고 우리 민족은 모든 다른 민족보다 지적으로 문화적으로 우수하다고 자부했다. 중국 조선족의 교육과 문화환경은 밝은 앞날을 예고했다. 한글로 쓴 소설, 평론, 시는 독특한 민족적 색채를 띠었다. 조선 민족의 항일투쟁의 영웅적인 전기를 쓰고 민족의 독립심과 동질성을 찬양했으며 그 사회적 가치와 관습의 보존을 장려했다. 이때를 가리켜 연변조선족들은 소수민족교육의 황금기라고 하고 있다.

여기서 일화 하나를 소개한다. 용정지역의 조선족 6개 사립학교가 일제의 탄압과 재정난을 겪다가 대성(大成)중학으로 통폐합되었고 그 맥이 오늘의 용정중학으로 이어져 왔다. 이 학교는 여러 분야에서 많은 인재를 배출했는데 그 중에서 우리들에게 가장 잘 알려진 인물은 민족시인 윤동주이다. 그는 불후의 시문학 작품과 애절한 죽음으로 인해 지금 중국 조선족 200만의 상징적인 인물이 되어 있다. 사람들은 대체로 어느 학교에서 특출한 인물을 낳게 되면 그 학교에 대한 관심이 높아지게 마련이다. 필자는 1989년 학술회의에 참가하기 위해 처음으로 연변에 가게 되었는데 용정중학을 방문하였다. 필자도 교직에 몸담고 있었기 때문에 학교를 방문하면 으레 학교현황과 시설에 관심이 쏠리게 된다. 필자는 교실에 들러 칠판을 보는 순간 참으로 놀라움과 감동을 받았다. 벽에 붙어있는 칠판이 우리가 상상할 수 있는 칠판이 아니었다. 벽에 부드러운 시멘트를 바르고(장독대처럼) 검은 색칠을 하여 칠판으로 사용하고 있었다. 분필을 잡아 글씨를 써보니 칠판은 거칠고 분필은 잘 부러지며 가루가 많이 날렸다. 이렇게 열악한 시설 가운데서 그 많은 인재를 배출했던가. 가슴이 뭉클해지는 충격을 받았다. 필자는 돌아서면서 최소한 칠판과 분필을 바꾸어주어야겠다고 마음 속으로 다짐했다. 막상 한국으로 돌아와보니 돈을 마련하기가 쉽지 않았다. 이 사실을 알게 된 조동춘박사(한국밝은가정교육협의회장)가 회원들과 상의하여 서울, 부산, 대구, 인천 등지에서 일일찻집을 열어 그 수입금으로 칠판 45개를 특별히 제작하고 분필 5궤짝과 지우개 1궤짝을 사서 용정중학에 보내주었다. 칠판과 분필을 사용해 본 교사와 학생들은 그 품질에 놀라고 뜨거운 동포애에 감격했다. 이 소문이 널리 퍼져 연변의 여러 학교에서 구경하러 왔었다.

미담을 하나 더 소개해보면 용정중학 교정에 본 해외한민족연구소와 동아일보사는 공동으로 윤동주 시비를 세워 후학들로 하여금 윤동주의 애국정신을 기리고 민족의식을 고취하게 하였고 또한 대성중학교의 목조건물이 80개 성상의 세월 속에 낡아서 무너지게 되었는데 본 연구소 이사인 금성출판사 김낙준 회장이 거금을 쾌척하여 복원하였다. 이 건물에는 역사적 자료와 윤동주의 사진이 전시되어 있어 사실상 윤동주 기념관처럼 통용되고 있는데 연간 5~6만 명의 한국 관광객이 들르고 있다. 여기 들른 관광객들은 그냥 지나치는 사람이 거의 없고 비치된 성금함에 성의를 표하므로 연간 막대한 수익금을 올리고 있다.

1966년에 시작된 중국의 문화대혁명은 조선족 민족교육에 또다시 결정적인 타격을 주었다. 민족주의 자체가 반사회주의 반혁명적이라는 이유로 민족교육을 거부했다. 조선어로 된 책, 신문, 잡지 등의 출판을 중지 또는 제한하였다. 교과서의 경우는 특히 심했으며 도서관의 조선어 책은 폐기되거나 열람할 수 없게 되었다. 조선어 교과서에는 원래 조선어로 쓰인 작품들을 싣는 것은 금지되고 중국어로 쓰인 전국 공통의 교과서에서 번역한 것을 싣게 했다. 그러므로 새 교과서는 조선족의 독특한 문화적 배경, 사회적 관습, 언어의 특성을 반영하지 못했다. 민족에 근거를 둔 교육의 본질적인 가치는 완전히 무시, 배제되었다. 조선족 교원은 대량 해고, 강등당하는 박해를 받았다. 이들은 정치 재교육과 노동 개조를 위해 농촌과 공장으로 보내졌다. 연변대학의 지도급 인사들은 '5·7간부학교'에서 3년 이상을 보내야 했다. 뿐만 아니라 연변의학원과 연변농학원은 폐쇄되었고 연변대학은 일부만 개강하였으며 수업 연한도 3년으로 단축되었다. 그리고 이른바 입학개방 정책을 채택하여 수능실력보다는 정치적 경력이나 계급적 배경에 따라 군인, 노동자, 농민들의 입학을 허가했다. 이는 거의 당의 심사와 결정에 따랐다. 조선족 학생의 비율은 30%이하로 떨어져 연변대학은 조선족 고등교육기관으로서의 성격을 사실상 상실했다.

10년 간의 문화혁명이 지난 후 민족정체성의 보전을 강조하는 민족정책이 다시 부활되었고 소수민족은 그 민족의 언어를 상용하고 자기 민족역사를 교과과목으로 채택할 수 있게 되었다. 중앙정부의 교육당국은 소수민족의 대학입학 비율을 늘리기 위해 각 민족의 언어로 대학입학시험을 치를 수 있도록 할 뿐 아니라 소수민족의 응시자가 한족 응시자보다 낮은 점수를 받아도 소수민족 응시자를 합격시켰다. 1981년 2월에 개최된 전국 소수민족 교육회의에서 중국의 중요 10개 대학인 북경대학, 청화대학, 복단대학, 중산대학과 그밖의 21개 대학에 5년 과정의 소수민족 과정(민족반)을 개설할 것을 결정했다. 이 프로그램에 따라 수백명의 소수민족 학생들이 합격점 이하의 성적으로도 해마다 최고의 대학에 입학할 수 있는 길이 열렸다.

11_ 중국 조선족의 교육 현황(민족교육을 중심으로) - 2

　민족교육이란 어떤 민족이 특수한 상황하에서 그 민족의 생존을 위한 교육에 역점을 둘 때 상용되는 용어이다. 그러므로 그 교육의 내용은 자연히 그 민족의 언어, 역사, 문화 등에 중점을 두게 마련이다. 이러한 체험이 있는 민족은 아마도 중국 조선족일 것이다. 중국 조선족은 그곳으로 이주한 이래 한시도 민족교육이 요구되는 상황을 벗어나지 못했다. 일제가 만주를 지배하고 있을 때는 항일독립투쟁을 위해서, 중국치하에서는 소수민족으로서 민족 생존과 정체성을 유지하기 위해 민족교육에 주안점을 둘 수밖에 없는 것이 현실이다.

　1945년 해방부터 중국 문화대혁명기(1966~1976)를 거쳐 오늘에 이르기까지 조선족의 교육 실태는 중국의 소수민족정책에 따라 때로는 박해도 받고 때로는 시혜도 받는, 그래서 교육의 자율성은 거의 없었다. 여기에 소수민족의 민족교육의 어려움이 따른다.

　연변지역에서는 소학교, 중등학교가 조선어로 학습하며 교과과정에서 민족정서를 기르기 위해 여러 가지 측면에서 노력을 기울이고 있다. 그리하여 지금까지는 조선족의 집거지역이란 환경에 힘입어 민족교육의 노력이 비교적 성공하고 있는 편이다. 지금은 조선족 교육의 자율성이 보장되어 있고 조선족의 우수한 학교와 우수한 학생이 양성되고 있다. 예컨대, 연변 최고의 조선족 중학으로 인정받고 있는 연변 제1중학교는 해마다 졸업생의 80%가 대학에 진학하고 더욱 뛰어난 학생은 북경대학, 청화대학, 복단대학과 그밖의 유명한 대학에 입학한다. 중앙인민정부의 교육부는 연변 제1중학교를 전국 소학교 및 중학교의 중점학교 20개 교 안에 포함시켰다. 이러한 명예를 얻은 소수민족학교는 전 중국에서 이 학교뿐이다. 이 학교는 연변지역 조선족에게는 선망의 대상으로서 학부모나 학생들은 연변 제1중학교에 입학하는 것을 큰 영예임과 동시에 출세의 길로 생각하고 있다. 이러한 점이 조선족 민족교육의 견인차적 역할을 하고 있다.

그러나 근래에 와서는 사정이 많이 달라지고 있다. 한족(漢族)이라는 대가족(전체 한족을 뜻함) 속에 살고 있는 소수민족으로서는 한어(漢語 - 중국어)의 생활 환경에 포위되어 있어 시간이 흐르면서 언어동화의 벽을 깨고 넘기가 거의 불가능한 현실이다. 연변지역 외에서는 조선족 학교 가운데 이미 완전히 한어로 학습하고 있는 곳이 많고 그 숫자도 계속 늘어나고 있다. 가령 길림성의 성도인 장춘에서는 모든 조선족 학교가 조선어시간 외에는 전적으로 한어로 학습하고 있다. 그 이유는 조선어가 이들 조선족 자녀들의 출세에 도움을 주지 못하는데 있다. 그리고 한어 사용에 대한 상황적 압력도 커지고 있다. 농촌에도 텔레비전이 보급되었고 텔레비전 프로그램이 한어로 되어있기 때문에 조선족은 늘 한어와 접하게 된다. 최근 조선족 가운데 자녀를 한족학교에 보내거나 보내려는 부모가 상당히 늘고 있다. 1990년도 통계에 의하면 자녀를 조선족학교와 한족학교 중 어디로 보내기를 원하는가 하는 질문에 조선족학교와 한족학교의 희망 비율이 66% 대 34%로 나타났고 일부 도시에서 50% 대 50%로 나타나기도 했다. 그 주된 이유는 한족학교에 다녀야 한어가 능통하게 되고 졸업 후 사회생활에서 능력을 인정받을 수 있으며 출세의 전망도 밝다는 것이다. 1960년대 들어서면서 조선족 학생이 70%나 차지하고 있는 연변대학에서 조선족 학생들의 요청에 의하여 조선어와 조선역사 시간을 제외한 모든 분야에서 한어로 교습하기 시작했다.

조선족 고급중학교 졸업생은 대학에 입학한 후 특히 연변지역을 벗어날 경우 최소한 1년 이상을 한어 때문에 공부에 지장을 받는다고 한다. 이러한 맥락에서 볼 때 대학교육에 대한 열망이 커지면서 중학교 이하에서도 한족학교를 선호하는 경향이 커진다는 것은 불가피한 결과라고 할 것이다. 이렇게 볼 때 조선어가 앞으로 계속 조선족의 제1언어로서 위치를 지킬 수 있을지에 대해 많은 사람들이 우려하고 있다. 모국어 유지의 위기감은 한걸음 더 나아가 조선족의 정체성의 유지에 위협적인 상황으로 전개된다. 언어는 문화의 핵이다. 언어가 쇠퇴하면 문화는 시든다. 문화가 시들어 말살되면 그 민족은 정체성을 상실하고 끝내는 민족도 멸망하게 된다. 이러한 점을 감안할 때 중국 조선족의 조선어 교육과 함께 민족교육이 얼마나 중요한가를 재인식하게 된다.

연변조선족자치주의 2000년 10월 통계에 의하면 조선족과 한족 간의 학교 수와 학생 수의 대비에 있어서 조선족의 열세가 나타났다. 1990년대 초까지만 해도 조선족 학교와 학생 수가 60% 대 40%로 앞서고 있었는데 10년이 흐른 지금은 40% 대 60%로서 역비현상이 되었다. 연변대학교의 경우 조선족과 한족의 비율이 70% 대 30%이던 것이 지금은 50% 대 50%가 되었다. 이러한 주된 원인은 연변조선족자치주의 인구변동에 기인한다. 즉 1970년대까지만 해도 조선족과 한족의 구성비가 60% 대 40%이었는데 근간에는 역으로 40% 대 60%가 되었다. 조선족은 많은 수가 대도시로 진출하는 반면 한족은 오히려 연변지역으로 유입해 오기 때문이다.

지금까지 기술한 중국 조선족 교육의 모든 문제들과 관련하여 연변대학교의 현 주소를 검토함으로써 결론을 맺을 필요가 있다. 왜냐하면 소학교, 중등학교의 교육도 중요하지만 이른바 민족대학이라고 일컫는 연변대학의 실태를 점검해 보면 거기서 민족교육의 좌표를 가늠할 수 있기 때문이다. 연변대학은 1949년 4월 동북조선인민대학으로 발족했다. 당시 200만 명에 가까운 조선족의 최고교육기관으로서 대학설립이 절실히 요청되었다. 주덕해, 임민호, 박규찬, 김유훈 등의 헌신적 노력으로 대학이 설립되고 주덕해가 초대 교장에 선임되었다. 설립 당시 학생은 490명이었고 교수는 60명이었다. 조선족은 그들의 앞날에 번영을 약속할 것이라는 꿈과 기대에 부풀었다. 중국 소수민족으로서는 조선족이 제일 먼저 설립한 대학이기에 기대를 갖는 것은 당연한 바람이었다.

1999년 개교 50주년을 맞은 연변대학은 장족의 발전을 거듭하여 교직원 900여 명 학부학생 8,000명, 대학원생 500명, 외국유학생 350명, 방송통신대학(성인교육반)과 야간대학생을 포함하여 1만 5천 명의 대규모 가족을 이루고 있다. 그동안 독립되어 있던 연변의학원과 연변농학원을 병합하고 모든 학과와 시설을 겸비한 종합대학교로서의 면모를

중국 연변일보와 해외한민족연구소가 해마다 개최하고 있는 중국 조선족 학생백일장의 모습. 어린이들에게 문화의 생명인 우리말과 글을 장려하여 민족긍지를 심어 주고 있다.

갖추었다. 또한 대학 내에 조선문제연구소, 민족연구소, 조선언어문화연구소, 동북아정치연구소, 동북아경제연구소, 고적연구소 등을 설치하여 각 분야별로 심도있는 연구를 하고 있다. 뿐만아니라 중국의 개혁·개방정책에 따라 한국, 미국, 일본, 유럽 등 여러 나라의 대학들과 자매결연을 맺고 교수, 학생교환과 학술교류를 활발히 추진하고 있다.

연변대학은 단순히 학문의 전당으로서만이 아니라 민족사적 의의가 대단히 크다. 연변대학은 조선어, 조선역사, 조선문화 등을 가르치며 민족의식을 고취하고 연변조선족을 결속하는 구심점 역할을 수행해 왔다. 오늘날 연변조선족이 모국어를 사용하고 민족문화를 계승하며 민족정체성을 견지할 수 있는 것은 연변대학이 건재하기 때문이다. 다시 말하면 연변대학이 있었기에 조선족 학생을 수용할 수 있었고 대학캠퍼스가 집거지 기능을 함으로써 조선족의 마음을 결속할 수 있었다.

역으로 만약 연변대학이 없었더라면 오늘날 연변조선족의 문화, 사회적 환경과 위상이 어떠할 것인가를 가상해 보면 연변대학의 소중함을 재인식하게 된다. 이러한 맥락에서 볼 때 연변대학은 더욱 발전하여 민족대학으로서 내실을 다지고 그 기능을 충분히 발휘해야 한다.

지금 중국 교육부에서는 전 중국을 통하여 우수대학 100개를 선정하는 작업을 하고 있다. 그 선정기준은 좋은 교수진 확보와 현대적 시설을 구비하느냐이다. 연변대학은 1996년 일차 예비심사에서는 통과되었고 2002년에 중간평가를 거쳐 2010년에 확정이 된다. 100개 대학 안에 선정되면 첫째 중앙정부로부터 직접 재정지원을 받을 수 있게 되어 대학수준이 더욱 향상될 것이며, 둘째 대외적으로 학교명성이 높아져 연변조선족 학생들이 외지로 빠져나가는 일이 줄어듬으로써 조선족의 학비 부담이 줄고 또한 인구분산을 막을 수 있을 것이다. 학교 당국자의 말에 의하면 100개 대학의 선정기준을 갖추려면 미화 약 2,500만불의 자금이 소요된다고 한다. 중국 내에서는 이 거금을 조달하기란 거의 불가능하고 해외에서 지원을 받는 길밖에 없는데 발전기금 조성을 위하여 연변대학에서는 후원회를 조직하여 모금을 추진하고 있으나 대단히 어려움을 겪고 있는 실정이다.

앞으로 국경의 벽을 넘어 문화주권, 문화영토가 출현할 것을 상정할 때, 조선족 집거지역과 연변대학. 이는 불가분의 관계이다. 민족문화와 정체성 유지를 위하여 연변대학은 반드시 100개 대학 내에 선정되고 집중육성해야 한다. 이는 민족사적 과제이다. 2010년까지는 아직 10년이 남아 있다. 뜻이 있는 곳에 길이 있다 하거늘 진한 민족사랑의 뜻이 결집되었으면 하는 바람 간절하다.

12_ 중국 조선족의 민족의식 – 족보(族譜)도서관의 건립

중국의 조선족 200만 명. 그들은 무엇을 생각하고 지향하며 어떻게 살아가고 있는가. 그들의 국가의식과 민족의식 사이에 어떠한 갈등과 조화가 병존하는가. 그리고 이들의 위상은 어떠하며 앞으로 어떤 진로를 모색하며 그 결과는 어떻게 될 것인가. 이 많은 물음은 중국 조선족이 지니고 있는 숙명이자 당면한 과제이다. 그리고 이러한 문제들은 그들만의 문제가 아니라 동시에 우리의 문제이다. 앞으로 이들이 어떤 사고정향(思考定向)을 갖느냐 하는 것은 우리의 관심사로 대두되기 때문이다.

150여 년의 이주사에서 온갖 고난과 수모와 박해를 겪고도 끈질긴 생명력으로 중국 땅에 뿌리를 내리고 56개 소수민족 가운데 교육과 문화, 경제, 사회적으로 가장 우수한 민족으로 인정받고 있다. 이들은 중국 어디에서나 또는 어떤 경우에서나 조선족임을 자부하고 민족정체성을 견지하며 당당히 살아가고 있다. 오랜 세월 중국이라는 거대한 가족 속에 파묻혀 살면서도 오늘의 조선족 그 자신을 지킬 수 있는 힘의 원천은 무엇인가. 세계 여러 민족들의 유민사를 보면 대개 2, 3세대가 내려가면 동화되는 것이 일반적인 현상인데 중국 조선족은 4, 5세대 이상이 내려가도 신기하리만치 정체성을 유지하고 있다. 거기에는 다음 몇 가지 요인을 지적할 수 있다.

첫째, 일정한 집거지를 형성하고 있었기 때문이다. 이주 초기부터 조선족 마을을 이루고 살았기 때문에 그 속에서 우리말과 글, 문화, 관습, 예절을 몸에 익히고 있어 민족동질성이 계속 유지될 수 있었다. 이때 조선족 마을은 지리적으로는 비록 중국 땅에 형성되어 있었지만 실제 생활양태는 조선의 한 마을을 옮겨 놓은 것과 다를 바 없었다. 해방 후에는 민족자치주가 성립되었고 그 아래 단위로는 자치현(縣)과 자치향(鄕)까지 행정적으로 인정되고 있어 조선족의 문화적 토양은 큰 변화 없이 그대로 유지되고 있다. 이러한 환경에서 성장하는 조선족 후세대의 행동정향은 이질화될 수 없는 것이다.

둘째, 이들은 다른 민족과는 혼인을 하지 않아 피의 순수성을 간직하며 민족동질성을 보존하고 있다. 지금 모든 분야에서 국제화되어 가는 조류 속에서 다른 행동양식과 사고는 국제화의 흐름에 동조하면서도 혼인만은 동족간의 혼인을 고수하고 있다. 이것은 한민족의 특성인 듯하다. 부모와 웃어른들의 권유에서가 아니라 젊은이들이 스스로 지켜가고 있다.

셋째, 타민족의 박해를 받음으로써 민족결속이 더욱 공고해졌다. 초기 이주 시에는 청나라의 핍박에 시달렸고 일제 하에서는 일본의 잔혹한 박해를 받았으며 중국 치하에서는 소수민족정책으로 인해 곤혹을 치르기도 했었다. 이러한 곤경을 겪으면서 조선족의 결속은 다져지고 민족의식은 더욱 고양되었다.

넷째, 꾸준한 민족교육의 결실이다. 소학교부터 중등교육 과정을 거쳐 대학에 이르기까지 조선족은 그들이 처한 특수한 상황을 극복하기 위해 후세대들에게 철저한 민족교육을 시켰고 정체성을 유지할 수 있는 문화적 환경을 조성해 주었다. 다섯째, 모국이 인접해 있어 부지불식 간에 직간접적으로 영향을 받았다. 바로 국경이 맞닿아 있는 모국이 건재하다는 것은 심리적으로 의지가 될 뿐 아니라 인적·물적 교류와 학술 교류 등을 통하여 민족의식이 교감되기 마련이다. 모국에서 중대한 사건이 발생할 때는 이를 자신들의 일처럼 관심을 보였다. 1950년 한국전쟁이 일어났을 때 강 건너 불처럼 보지 않았다. 중국 조선족들은 이른바 항미원조(抗美援朝, 미국에 대항하여 조선을 원조하다)운동을 격렬하게 일으켰다. 연변의 청년 8,000명이 중국인민지원군에 입대했고 3,600여 명의 민간인이 정치공작, 통역, 병참지원을 하면서 한국전쟁에 참전했다. 당시 중국 조선족, 특히 학생들은 북한에 대한 강한 연대감을 가지고 있었다. 정치적으로는 형제국, 민족적으로는 모국으로 생각했었다. 이러한 관계와 유대의식이 지속되는 한 중국 조선족의 민족의식은 시들지 않는다.

조선족은 중국이 한국과 적대관계에 있고 북한과 긴밀한 동맹관계를 유지하던 1980년대 중반까지만 해도 북한만을 모국으로 생각했다. 중국이 1980년대 개방정책을 채택한 이후 한국과 경제교류가 시작되고 친척방문의 길이 열리면서 남한에 대한 모국의식이 싹텄다. 시간이 흐르면서 인적·물적 교류가 확대되고 각종 문화적 접촉이 빈번해지면서 두 개의 모국을 의식하게 되었다. 그들의 표현을 빌리면 잘 사는 모국(남한)과 가난한 모국(북한)으로 부르고 있다. 특히 남한에 대해서 새로운 인식의 변화를 갖게 된 것은 중국이 4개 현대화정책을 추진하면서 남한의 경제 발전을 하나의 모델로 인정하여 이에 관심을 기울이기 시작하면서부터이다. 남한이 중국에서 조선족의 위상을 크게 높이는 계기를 만들어 줌으로써 그들이 민족적 긍지를 느낄 수 있게 되었다는 것이다. 남한에 대한 과거의 적대적인 인식을 불식하고 호의적인 감정을 갖도록 한 가장 중요한 사건은 1986년 아시안게임과 1988년 서울올림픽의 개최이다. 아시안게임은 남한의 발전상을 중국에 충격적으로 보여 주었고 올림픽은 남한의 발전을 재확인시키며 지금까지의 부정적 이미지를 일소하는 계기를 마련하였으며 1990년 북경에서 개최된 아시안게임 때 한국이 물적, 기술적 지원을 해줌으로써 한·중 간에 우호관계를 증진케 하였다. 이러한 일련의 계기들은 조선족으로 하여금 잘 사는 모국에 대하여 앞으로의 기대와 희망을 갖게 하였다.

현재 중국 조선족들은 북한을 매우 폐쇄적이고 낙후된 국가로 생각하며 북한에 대한 모국의식이 급격히 약화되고 있는 실정이다. 중국이 경제적으로 개방되기 이전까지만 해도 북한은 일상생활에 있어서 중국보다 나은 수준으로 평가되었다. 많은 사람이 북한에 유학했으며 문화교류와 변경지에서의 물물교역이 성행했었다. 그러나 한국과의 문호가 개방되고 잘사는 모국의 모습을 보게 되면서 남한에 대한 호감과 긍정적인 평가가 더 급속히 확산되었다. 남한에 대한 호감은 주로 경제발전에 대한 평가에서 비롯되었다. 그들은 경제발전은 묵시적으로 체제의 우월성에서 비롯된 것으로 평가하며 남한과 자신들을 동일시함으로써 민족자부심을 갖는다. 한국 기업의 연변 진출을 크게 환영하며 이들 회사에 취업하는 것을 그들의 꿈을 실현시킬 수 있는 기회로 생각한다.

다만 애석하게 생각하는 것은 한반도의 분단이다. 모국의 분단은 그들의 지위에 부정적 영향을 미친다고 믿고 있다. 한반도가 통일되면 정치적으로 강해지는 것은 물론, 경제적으로도 지금의 남한보다 훨씬 더 잘 살게 될 것이고 따라서 그들의 위상도 올라가고 여러 가지 기회가 열릴 것으로 생각한다. 이러한 인식과 함께 조선족 지식인들은 연변이 남북한의 중립지대에 위치하고 있어 모국 통일의 중재자로서 역할을 수행할 수 있다고 생각한다. 이러한 발상과 희망은 뜨거운 민족애의 발로이며 강한 민족의식의 표출일 것이다.

중국 조선족이 민족의식을 강하게 간직하고 있다는 것을 다른 측면에서도 관찰할 수 있다. 필자가 처음 연길을 방문했을 때 그들은 자신들의 뿌리에 대해 큰 관심을 보였다. 호적과 족보에 관한 관심이었다. 조부모의 고향이 남한이라는 젊은이들이 한국에 나가면 조상들의 호적을 비롯한 여러 가지 흔적을 찾을 수 있겠는가, 만약 호적을 찾게 되면 다시 살려서 자신들과 연결하는 등제가 가능할 것인가 하는 질문들이었다. 그리고 아울러 족보에 관한 질문도 많이 해 왔다. 조부모로부터 본관(本貫)에 관한 이야기는 많이 들어서 단지 본관만은 알고 있으나 그 외의 것은 전혀 모르고 있다는 것이다. 본관만 알면 일가를 찾고 끊어졌던 족보를 다시 연결시킬 수 있겠는가, 그리고 그들의 본관과 같은 족보를 구할 수 있겠는가 하는 간절한 희망을 표했다.

그들이 전하는 바에 의하면 조상들이 이주해 갈 때 모두 족보를 가져가서 소중히 간직했었다는 것이다. 그런데 문화혁명이 일어나자 족보에 집착하는 것은 봉건잔재의식을 버리지 못한 탓이라는 비판이 일기 시작하여 신변보호를 위해 족보를 버렸다고 하였다. 한국과 문호가 개방되면서 조선족들이 자신들의 뿌리에 관한 새로운 인식과 관심이 높아지자 이에 부응하여 연변대학교 박문일(朴文一)교장은 족보 수집과 대학 내에 족보도서관 건립을 추진하고 있다. 박 교장은 1990년 필자와 만났을 때 족보 수집과 도서관 건립에 관한 의논을 하면서 한국에서 적극 협조해 줄 것을 요청하였다. 이에 본 해외한민족연구소에서는 전국의 각 문중에 이 취지를 알리고 족보 기증에 관한 협조의뢰공문을 발송하는 한편 대전의 회상사(回想社-국내 최고의 족보출판사)에 협조를 요청하며 그외 여러 방면으로 족보 수집을 추진하고 있으나 생각보다 쉬운 일이 아니었다.

중국 조선족들이 그들 조상의 호적과 족보에 관심을 갖는 것 이상의 민족의식의 표출은 없을 것이다. 많은 국민의 정성이 모아져서 중국에 조선족 족보도서관이 세워졌으면 하는 마음 간절하다. 이 사업은 단순한 족보도서관 하나 건립하는 것이 아니라, 향후 조선족의 진로와 불가분의 관계를 맺게 될 것이다.

13_ 중국 조선족의 조국관(祖國觀)

 오늘날 중국 조선족은 그들이 살고 있는 조국인 중국과 그들의 뿌리이며 조상들의 나라인 모국과의 사이, 또는 국민의식과 민족의식 사이에서 자신들의 정체성에 대하여 다소 모호한 듯 하나마 입장정리를 해가고 있다. 그들은 스스로를 중국 한족(漢族)과도 다르고 모국의 동포와도 다른 중국 조선족이라는 특수한 위치에 있다고 설명한다. 그들이 말하는 특수한 위치에 대해 명확한 정의를 내리기는 막연한 것 같으면서도 한편 생각해보면 그러한 설명이 가능할 것 같다는 생각이 든다.
 그들과의 대화에서 '우리 나라'라고 할 때는 거의 예외없이 중국을 의미하며 '우리 중국'이라는 용어를 많이 사용하는 것을 본다. 그리고 중국 국민으로서의 긍지를 가지고 있다. 한반도와의 관계를 정서적 측면에서 물으면 스스럼없이 모국이라고 대답한다. 그들은 조국과 모국을 엄격히 구별하여 중국은 조국이고 한반도는 모국이라고 한다. 조국과 모국은 어떻게 다르며 왜 중국은 조국이고 한반도는 모국이냐고 물으면, 명확한 개념 정리는 못하면서도 그저 막연하게 중국은 우리가 살고 있는 어버이의 나라이고 한반도는 옛날 그들의 조상들이 이주해 오기 전에 태어나서 살던 나라라고 묘한 설명을 덧붙인다. 다소 애매하나마 그들의 뜻이 전달되는 듯한 감을 받게 된다. 지금까지의 말들을 종합해 보면 그들은 국적상으로는 중국 국민이고 민족적으로는 조선족이며 중국 국민으로서 자부심과 조선족으로서의 민족의식을 갖고 있기 때문에 중국 한족과도 다르고 모국 동포와도 다른 중국 조선족이라는 특수한 입장임을 설명하는 것이다. 한마디로 민족관은 그 어느 한국인보다 투철하나 국가관은 더 투철한 중국인이다.

이러한 정서는 노인층과 젊은층 간에 극명하게 다르게 나타나고 있다. 대체로 50대 중반 이상은 민족적 정서가 강하고 젊은층으로 내려갈수록 중국 국민으로서의 의식이 강한 것을 볼 수 있다. 중국여행 중이던 어느 날 한·중 축구경기가 있었는데 텔레비전 앞에 할아버지, 아버지, 손자 3대가 함께 구경을 하고 있었다. 필자도 동석했었다. 경기를 관전하면서 3대는 각각 다른 관심과 반응을 표출시켰다. 70대 할아버지는 한국이 이기기를 은근히 바라고 20대 손자는 중국 쪽에 열렬히 응원을 했으며 50대 아버지는 어느 편이 꼭 이겼으면 하는 분명한 태도를 보이지 않았다. 이 경기를 관전하는 태도에서 중국 조선족의 국가의식과 민족의식의 변화현상을 엿볼 수 있다. 중국 조선족이 거의 대부분 조선어를 사용하고 조선족끼리 모여 살면서도 중국을 자기 나라로 생각한다는 것은 정체의식(正體意識)에 있어서 대단히 중요한 변화가 아닐 수 없다.

이와 같은 중국 국가에의 귀속의식은 1949년 10월 중화인민공화국 수립 이후 생긴 관념이다. 그 이전, 그들이 청나라의 지배 하에 있을 때나 일본의 지배 하에 있을 때는 청나라 또는 일본의 국민의식을 전혀 갖지 않았었다. 중국 조선족은 한반도에서 이미 근대민족으로 형성된 후 중국으로 이주한 사람들이므로 거주지를 중국에 옮겨왔을 뿐 한반도에 사는 조선족과 하등 다를 바 없다고 생각하였다. 그러던 조선족이 신생 중국이 탄생된 후 불과 50년 사이에 중국 국민의식으로 변화하기 시작한 것이다.

이렇게 의식의 변화를 일으키게 된 데에는 몇 가지 과정과 요인이 있다. 1956년 이른바 백가쟁명운동이 일어나 연변 조선족 사이에는 많은 학자와 문화인들이 한글로 쓴 학술, 소설, 평론, 시 등을 통해 독특한 민족적 색채를 띠면서 조선족의 중국 한족에 대한 지적 수준과 문화적 측면에 있어서 상대적 우수성과 독창성을 과시하며 1949년 후 중국 사회주의 건설 과정에서 나타난 문제점들을 비판했다. 이 당시 조선족 소학교와 중학교의 교과서에는 모택동과 김일성의 사진이 나란히 실려 있었고 연변대학의 교과서는 김일성대학에서 많이 가져다 이용했다. 심지어 연변을 조선의 연속으로 생각하고 고구려의 고토 운운하면서 중국당국을 극도로 자극하였다. 그런데 사실 백가쟁명의 분위기가 조성된 것은 중국당국이 사회주의 건설 과정에서 야기된 문제점에 대한 여론을 수렴한다는 명분으로 통제의 고삐를 늦추었기 때문이었다. 2년여 시간이 흐르면서 자본주의 우파의 목소리와 지방 민족주의의 주장이 통제의 한계를 넘어섰다. 이에 공산당은 소위 민족정풍운동을 일으켜 백화제방(百花齊放)[25]에 대하여 비판의 화살을 퍼부어 더 이상 고개

---

25). 많은 꽃들이 일제히 핀다는 뜻으로 온갖 학문, 예술, 사상이 일제히 자가 주장을 펴는 한 때 고창되던 중국의 예술 정책, 백가쟁명(百家爭鳴).

를 들지 못하게 철퇴를 가하였다. 주로 반당 편향주의자와 반사회주의자, 그리고 반한족(反漢族) 민족주의자가 비판의 표적이었다. 특히 연변 조선족에게는 복수조국론(중국과 조선)자로 규탄하면서 이들로 하여금 중국 조국관을 강요하였다. 중국 조선족은 이와 같은 백화제방과 민족정풍운동의 과정을 겪으면서 중국을 조국으로 인식하게 되었고 시간이 흐르면서 중국 조국관이 심화되어 갔다.

다음으로 지적할 수 있는 요인은 중국 조선족들은 스스로를 중국 개척자인 동시에 국가 보위자이며 경제 건설자로 생각하고 있다는 점이다. 여기서 개척자라고 함은 중국으로 이주하여 황무지를 옥토로 일구고 수전(水田)을 개척한 농경의 선구자적 역할을 의미한다. 사람은 누구나 자신과 인연이 깊은 땅에 대해서는 향수가 어리고 정이 있게 마련이다. 조상들이 이주해 와서 온갖 고난을 겪으면서 일구어 놓은 만주벌에 대해 애착이 있으며 내 삶의 고장이란 정감이 생기는 것은 인지상정이다. 또 한가지 자신들을 국가 보위자로 생각하는 것은 항일전쟁과 인민해방전쟁(國共內戰) 때 참전하여 국내외 적을 물리치고 혁혁한 공을 세우며 공동의 나라를 건설하는 과정에서 중국정부의 두터운 신임을 받았음을 의미한다. 중국 조선족은 독립운동의 일환으로 공산주의 운동에 참여하였고 일제 패망 후 중국 내전기에 공산주의 세력을 도와 싸웠다. 국공내전 때 연변에서 5만2천 명이 인민해방군에 참전했는데 그 중 85%가 조선족이었고 그밖에 10만 명이 비전투요원으로 복무했다. 그리고 자신들을 건설자로 자부하는 것도 결코 무리한 논리가 아니다. 이주 초기부터 지금에 이르기까지 중국 경제 건설에 역할을 한 것도 사실이다. 이러한 과정을 거치면서 중국을 이국(異國)으로 보던 인식이 바뀌고 앞으로 대를 이어 살아갈 고장, 자신들의 운명과 같이 할 나라 조국(祖國)으로 의식의 변화를 가져오게 된 것이다.

또다른 하나의 요인은 중국의 소수민족정책의 성공적인 결실이다. 중국의 민족정책은 소수민족을 중국사회에 통합시키고 국가의식을 심어주는 데 중요한 공헌을 하였다. 중국은 소수민족에게 평등하게 또는 그 이상으로 대접하여 소외감을 불식시키고 호감을 샀다. 소수민족에게 자치제를 실시하여 그들의 문화적 전통과 유산을 보전할 수 있게 하고 소수민족 언어에 의한 민족교육을 실시할 수 있도록 용인하였다. 뿐만 아니라 소수민족의 중국어 장애로 인한 불이익을 받지 않도록 하기 위하여 소수민족 언어로 대학입학시험을 치를 수 있게 했으며, 더 나아가 명문대학 진학에 있어 소수민족 학생에게 가산점수(5점)를 주어 입학 혜택을 주고 있다. 산아제한정책에 있어서 한족(漢族)은 자녀 하나만을 갖게 하고 있으나 소수민족에게는 두 자녀를 가질 수 있도록 혜택을 주고 있다. 정치적으로는 자치지역에 대해서 같은 급의 일반행정단위에 비해 보다 강한 정치적 권력과 경제적 혜택을 부여하였다. 이러한 소수민족정책은 한족과 소수민족 간에 공동운명체적인 의식을 고취하였으며 조선족은 중국당국에 고마워하는 감정을 가지게 되어 국민적 일체감을 조성했다. 중국의 민족정책은 민족의식이 국가의식에 결코 부정적인 영향을 주지 않는다는 전제에 입각하여 수립되었다. 오히려 높은 민족의식은 중국에 대한 국가의식을 높이는 데 도움이 된다는 가정을 하고 있다. 이러한 정책적 발상은 조선족사회에서 매우 성공적인 것으로 평가된다.

조선족은 중국의 미래에 대하여 매우 밝고 희망에 찬 장미빛 청사진을 그리고 있다. 넓은 영토, 풍부한 자원, 많은 인구 등 강대국으로서 갖출 요소는 다 지니고 있다고 자랑한다. 지금은 비록 경제적으로 다소 낙후되어 있지만 개혁·개방정책 후 급성장하고 있고 군사적으로도 어떤 나라와도 필적할 수 있는 막강한 군사력을 보유하고 있으며 국제정치, 사회에 있어서도 강력한 발언권을 행사할 수 있어 불원 미국과도 어깨를 겨룰 수 있는 초강대국의 위치를 확보할 것이라는 전망을 한다. 조선족 젊은이들은 이와 같은 중국의 희망찬 미래에 자신의 꿈을 실현시킬 수 있을 것이라는 기대를 가지면서 자연스럽게 중국 국민으로서의 귀속의식을 갖는다. 다시 말하면 중국의 밝은 미래를 자랑스럽게 생각하면서 이곳이 그들의 삶의 고장이며 조국이라는 관념이 굳어져 가고 있다. 끝으로 한 가지 간과할 수 없는 것은 조선족 집거구가 점차 해체되어 가고 인구가 감소되며 민족교육과 민족출판사업과 문화사업들이 쇠퇴되면서, 그리고 조선어 사용의 생활공간이 좁혀지면서, 중국에로의 귀속의식이 가속도를 더해가고 있다는 사실이다. 어차피 중국에서 살아갈 바엔 지나친 민족의식에 집착하기보다는 중국사회에 적응하려는 사고정향을 갖게 되는 것이다. 그러나, 다행스러운 것은 민족적으로는 자랑스런 조선족이라는 확고한 의식을 갖고 있는 점이다. 중국 조선족의 이러한 민족의식은 다른 나라에 거주하고 있는 동포들과는 확연히 다른 점이다.

14_ 중국 조선족의 의식 변화

　1989년 8월 그러니까 지금으로부터 12년 전, 필자가 제일 처음으로 연길에 가서 백산호텔에 여장을 풀었다. 당시 백산호텔은 규모와 시설 면에서 연길 제1의 호텔로서 중국 개혁과 개방의 흐름에 편승하여 지은 호텔이었다. 필자는 거의 습관화되다시피한 행동으로 호텔 한 코너에 있는 식당을 겸한 듯한 찻집에 들러서 커피 한 잔을 주문했다. 한복을 곱게 차려입은 조선족 아가씨가 눈을 동그랗게 뜨면서 "커피가 뭐야요?"하고 반문하였다. 순간 놀라움을 금할 수 없었다. 세계도처 어디에서나 커피는 일반화되어 있는 음료인데 연길 제일의 호텔 종업원이 커피를 모르다니 별천지에 온 것 같은 느낌이 들었다. 나중에 안 일이지만 중국에서는 커피를 가패(咖啡)라고 표기발음하고 대중에게는 별로 알려지지 않는 상품이었다. 그도 그럴 것이 중국의 개혁과 개방정책은 1976년 문화혁명의 막이 내리고 4대 현대화노선을 지향하면서 실시되었으니 그 여파가 변경인 연길에서 체감되기까지에는 적어도 7~8년이 걸릴 것이니까. 이렇듯 10여 년 전까지만 해도 개화의 물결에서 밀려나 있는 듯하던 연길 조선족은 이제 확실히 개혁·개방정책의 흐름의 앞자리에 서 있다. 북한 김정일 국방위원장이 상하이 푸둥 (浦東)지구의 발전상을 보고 '천지개벽' 이란 감탄사를 썼듯이 중국 조선족의 생활상의 변화도 10여 년 사이에 상하이 푸둥에 비견될만큼 발전하고 있다.

학자들 간에 또는 중국 조선족 스스로 평가하듯이 그들은 지난 20세기는 전쟁과 혁명의 소용돌이 속에서 살아왔다. 이국(異國)에서의 서러움, 일제의 핍박, 항일전쟁과 민족해방전쟁, 문화혁명 등을 거치는 동안 소수민족으로서 한때도 영일이 없는 고난의 세월 속에서도 그들은 흡사 동물세계의 보호색마냥 어려운 상황의 변화에서 슬기롭게 적응하면서 자신을 지켜 왔다. 그러한 선천적 지혜와 생명력이 오늘의 조선족 사회의 버팀목이 되어 있고 밝은 앞날을 예고케한다.

어느 나라이든 대중시장에 가 보면 그 나라의 숨결과 실체를 알게 된다. 연길에서 그와 같은 숨결을 접할 수 있는 곳은 조선족이 자랑하는 서시장(西市場)이다. 서시장의 분위기는 흡사 서울의 남대문시장과 동대문시장을 연상케 하였다. 많은 조선족이 북적대고 상거래가 활발하며 활기가 넘쳤다. 시장 규모도 매우 크며 모든 생필품이 진열되어 있다. 점포의 규격은 약 2평 정도인데 개인에게 임대되어 각기 운영하고 있으며 상당한 수입을 올리고 있었다. 지나는 사람들에게 손짓을 하며 적극적으로 호객을 하고 값을 흥정할 때 깎아주기도 하였다. 자본주의 시장의 냄새가 물씬 풍겼다. 국가가 경영하는 백화점 같은 데서는 점원(복무원)이 손님이 지나가도 본체만체하고 물건을 팔아보려는 의욕을 보이지 않는 태도와는 매우 대조적이었다.

처음 서시장이 개설되어 점포를 임대할 때 누구도 선뜻 투자하여 장사를 해 볼 생각을 내지 못하였다. 처음 시험해보는 자영(自營)시장체제인지라 과연 그렇게 하여 장사가 잘 될 것인가 하는 의아심을 갖지 않을 수 없기 때문이었다. 그러나 시간이 흐르면서 시장의 짜임새가 견실하고 장사가 잘 되기 시작하자 점포 임대 희망자가 쇄도하고 점포값이 급등하며 서울 남대문시장에서의 현상이 그대로 나타났다. 필자가 처음 중국에 갔던 때의 물가를 기준으로 시장 상황을 소개하면 당시 중국의 월 평균 임금은 약 100~150원 정도인데 조그마한 점포에서 올리는 수입은 약 1,500~2,000원 정도였다. 조선족들은 서시장에서 가게 하나 얻는 것이 큰 소망이었고 모두들 기회를 노리고 있었다. 따라서 점포는 프리미엄이 크게 붙고 점포를 하나 얻기 위해 권력층을 동원하는가 하면 엄청난 프리미엄을 내고서도 가게를 얻기 위하여 혈안이 되어 있었다. 시장개설 당시 점포임대가격이 약 2,000원 정도였는데 불과 3~4년 사이에 프리미엄이 붙어서 약 2만원을 호가했었는데 그래도 점포 얻기가 하늘의 별따기처럼 어렵고 힘들었다.

　이 시장에서 느낄 수 있었던 것은 사회주의체제에서 자본주의로 옮겨가는 과정에 있는 중국을 실감할 수 있었던 점이다. 중국 사회주의의 폐쇄적이고 엄격한 통제 하에 있던 시민들이 새로운 체제의 변화로 막 숨통이 트인 듯한, 그래서 그 새로운 공기를 호흡하면서 새 생명력의 활력소를 얻은 듯한 인상을 주었다. 이제 시민들은 시장경제를 체험하면서 돈을 알고 자유를 깨달으면서 자신의 개체를 인식하고 있었다. 국가우선 당우선의 가치관 사회에서 국가와 당에의 의존심에서 벗어나 자신이 스스로를 정립하는 새로운 가치체제에 몸을 던져야 한다는 사고의 혁명을 초래하게 된 것이었다. 이러한 생소한 환경에 성공적으로 적응하기 위해서는 지금까지의 고정된 관념에서 탈피하여 의식의 대변화가 수반되어야 한다. 중국 조선족은 이것을 깨닫고 변화의 조류에 능동적으로 적응해 가는 모습들이 여러 면에서 보이고 있다. 이러한 현상은 한국과 물적 인적 교류가 활발해지면서 더욱 두드러지게 나타났다. 우물 안의 개구리가 외계를 접하면 더 멀리 뛰기를 시도하듯이 중국 조선족은 지금까지의 폐쇄되고 침체되었던 사회에서 벗어나 새로운 세계를 호흡하면서 도약을 시도하는 역동적인 행동을 보이고 있다. 이러한 의식의 변화는 오랜 질곡으로부터의 탈출을 의미하며 중국사회의 구조적인 측면에서 평가한다면 형이하학적 하부구조(경제적, 사회적 구조)의 변화가 형이상학적 상부구조(정신적 체계)의 변화를 가져온 것이다.

　필자는 조선족의 이러한 의식변화를 확인하면서 한가지 획기적인 일을 추진하였다. 한국 총각과 연변 처녀의 혼인을 주선하였다. 이 혼인을 추진한 것은 단순히 한 처녀, 총각의 중매가 아니라 반세기 동안 단절되었던 민족사를 복원한다는 역사적인 의의를 담고 있었다. 민족사를 복원하는 길은 혼인을 통해서 피를 복원하는 길이 첩경이라고 생각했었다. 한·중 간에 수교도 안된 상황에서 출입마저 자유롭지 못한 실정인데 혼인을 주선하겠다는 발상 자체가 당시로 보아서는 가히 기상천외한 일이었다. 당사자 간에 맞선을 보는 것조차도 보통 어려운 일이 아니며 설혹 당사자끼리는 좋다 하더라도 양측 부모의 허락을 받는다는 것도 쉬운 일이 아니었다. 그러나 꼭 우선 한 쌍을 성사시켜야겠다는 결심을 했다. 필자에게는 민족적 사명감같은 심정이었다. 때마침 한국에서는 농촌 총각이 혼기를 넘기면서도 시골로 시집올 처녀가 없어 장가를 가지 못해 사회문제화되어 있는 실정이었다. 그리고 일본에서도 산업화 과정에서 농촌 청년들이 결혼상대를 구하지 못해 사회문제화되었을 때 말레이시아, 필리핀, 인도네시아 등, 언어와 풍습이 다른 외국여성들과 혼인하여 별문제없이 잘 살고 있는 예가 많았다. 이런 경우에 비하면 연변 처녀와 한국 총각은 같은 뿌리의 한 핏줄인데 혼인만 성사되면 하등의 문제될 것이 없지 않겠는가. 문제는 혼인을 주선하는 방법이었다. 우선 가능성 여부를 타진하기 위하여 농촌 몇 곳을 찾아갔다. 그들의 반응은 언어의 불편이 없고 문화가 같은 민족끼리의 혼인인데 별 문제가 있겠느냐였다. 문제는 신부측에 있었다. 산설고 물설고 체제마저 다른 이국땅에 누구를 믿고 어떻게 딸을 보낼 수 있겠느냐였다. 막상 부딪혀보니 결코 쉽지 않았다. 이웃집 처녀 총각 한 쌍을 짝지우는 데도 쉽지 않은데 멀리 생면부지의 타국 간의 처녀 총각을 중매한다는 것이 어려운 것은 당연한 일이었다.

여러 가지 방법을 궁리하던 중, 경기도 파주에서 좋은 신랑감을 골랐다. 서울고등학교를 졸업하고 영농후계자를 자원한 28세의 이용섭(李龍燮)군이었다. 신상명세와 주택환경과 자신의 사진을 첨부한 일건서류를 작성하여 이군에 걸맞는 처녀를 물색하여 펜팔을 하도록 권장하였다. 연길에서 물색한 처녀는 22세의 정성실(鄭聖實)양이었다. 약 8개월 지나면서 애정이 싹트기 시작하였다. 1990년 이용섭군을 데리고 연길에 들어갔다. 연길에 도착했다는 통보를 한지 이틀이 지나도 아무런 회신이 없었다. 나중에 안 일이지만 이틀 동안 어떻게 할 것이냐 하는 가족·친족회의를 거듭했었다고 들었다. 3일만에 신부집으로 오라는 연락이 왔다. 이군을 데리고 정양집에 들어서니 신랑감을 흘깃 보고는 필자에 대하여 의심의 눈초리를 보였다. 그도 그럴 것이 신랑은 얼굴이 잘생겼으니 일단 외모는 합격인데 데려온 당신(필자)은 도대체 뭣하는 사람이냐 하는 시선이었다. 부형도 아닌 사람이 왜 이런 일을 하고 다니느냐 하는 의구심인 것이다. 20여 명의 가족, 친지들과 무려 7시간을 토론하고 설득시켜 그 자리에서 약혼기념사진을 찍는데 성공하였다. 혼사를 성립시키는 과정에서 인신매매꾼이 아니냐는 오해와 수모도 받았다. 많은 어려움을 겪었지만 그것 정도는 문제시하지 않았고 어떻게 해서라도 빨리 한 쌍만 성사시키면 이를 본보기로 많은 혼사가 이루어질 것으로 생각했다. 이 예측은 적중하여 그 동안 수천 쌍의 혼인이 이루어져 피의 결연을 통한 민족사 복원의 길을 열었다. 수천 쌍의 혼인이 이루어지는 과정에서 혹 이중혼인 또는 사기성 혼인 같은 예측지 못한 불미스런 사례가 있기도 하였으나 그동안 단절되었던 민족사의 한 부분을 복원한다는 대의(大義) 앞에 가슴 뿌듯해지는 일이라 하지 않을 수 없다. 가상한 일은 스무살 갓넘은 처녀가 오직 신랑 한사람을 믿고 모든 것이 낯선 곳으로 시집오겠다는 결단이었다.

  이 이상의 의식의 변화가 또 있겠는가. 정양은 민족사 복원의 선구자적 역할을 하였고 그들은 지금 파주에서 행복하게 잘 살고 있다. 우리나라를 반도국가라고 하는데 실제로는 휴전선이 가로 막혀 섬나라 마찬가지이다. 한국과 북한 지역을 뛰어 넘어 옛 우리 땅 간도지방을 연결해주는 상징성은 그 이상의 의미를 오늘 우리에게 던져 주고 있다.

15_ 연길은 서울을 닮아간다

　연길은 서울을 닮아간다. 1980년대 중반, 한·중 간에 문호가 개방되면서 제일 두드러진 현상은 인적 교류이다. 반세기 동안 굳게 닫혀져 있던 문이 열리게 되자 양측은 서로 간에 상대방에 대한 호기심에서 조심스런 노크를 하기 시작하였다. 그 다음에는 핏줄을 찾아서, 학문연구와 사업을 위해서, 그리고는 관광을 하기 위하여 많은 인적교류가 이루어졌다. 이념과 체제를 초월하여 지극히 자연스럽게 많은 사람들이 오고가곤 했다. 인위적인 이념과 체제, 이것을 지키기 위해 쌓여진 장벽은 같은 핏줄을 찾는 인간 본연의 갈구와 위력 앞에 허물어질 수밖에 없는 것이 당연한 귀결이었다. 본래 이념과 체제는 어떤 사회가 당면하고 있는 모순과 갈등을 해소하고 보다 나은 사회를 창출하기 위하여 정립되는 것이다. 이것이 이념의 본질이다. 이념이 인간생활을 속박하거나 저해하면 이는 역기능이며 이 모순을 해결하기 위해 또 새로운 이념이 태동하게 된다. 그러므로 이념은 가변적이다. 이처럼 가변적인 이념에 인간이 노예가 되어 기속될 수는 없는 것이다. 그리고 어떠한 지고지선(至高至善)의 이념도 동족 간의 피를 언제까지나 갈라놓을 수 없으며 장벽은 한시적인 것에 불과하다.

최근 한 통계에 의하면 한·중 간 문호개방 이후 한국에서 연평균 5만여 명의 관광인이 연변을 찾았고 중국 조선족은 약 30만 명이 한국을 방문하였다. 지금은 그 숫자가 훨씬 늘어났을 것이다. 참으로 놀라운 현상이다. 불과 10여 년 사이에 이처럼 많은 한민족(韓民族)이 서로 오고가고 만나고 확인했다. 그들은 이 과정에서 무엇을 느끼고 생각했을까. 그들은 서로 간에 언어가 통하고 생활풍습이 같으며 뿌리가 같다는 것을 체감하면서 결코 남이 아니구나 하는 것을 깨달았다. 한국측에서는 중국 조선족에 대하여 오랜 세월 모진 풍상을 겪으면서도 민족정체성을 잘 지켜온 것에 무한히 감동하며 또한 중국 조선족은 모국이 양단되고 한국전쟁으로 국토가 초토화된 폐허에서 이처럼 발전된 고국을 건설한 데 대하여 감탄하지 않았겠는가. 서로가 상대를 칭송하고 위로, 격려하며 수많은 대화가 쌓여가는 가운데, 그리고 물적 교류가 증폭해가면서 연길은 서울을 닮아가고 있다. 여기서 닮는다 함은 연길 조선족의 서울 지향적 의식의 변화와 생활상의 변화를 의미한다.

사회구조상 또는 경제적 사정으로 국내 여행마저 자유롭지 못하던 연변 조선족이 처음 비행기를 타고 김포공항에 내렸을 때 그들 앞에 전개되는 양상은 별천지를 보는 감회에 젖게 하였다. 서울 시내에 숲을 이루고 있는 고층빌딩, 홍수처럼 흐르는 자동차 물결, 화려하게 진열된 백화점 상품, 그리고 가정마다 갖추어져 있는 가전제품과 풍요로운 생활상, 이 모든 것들은 그들을 황홀하게 했다. 한국을 처음 다녀간 조선족들은 모두가 한마디로 감탄했었다는 똑같은 반응을 보였다. 사람이 산다는 것이 무엇이며 지금껏 우리는 어떻게 살아왔는가, 이 물음 앞에 그들은 지금까지의 생활방식에 대한 사고의 변화를 일으키기 시작하였으며 자신의 모습을 되돌아보게 되었다.

규격화되고 등질화되며 인위적 평등이 강요되는 폐쇄적인 사회에서 창의력이 존중되고 능력과 노력에 따라 삶의 질을 향상시킬 수 있는 다른 세계를 접할 때 사람은 누구나 새로운 것을 추구하려는 욕망이 생기게 마련이다. 그들의 뇌리에는 다음과 같은 생각을 정리하게 된다. "그 일차적 욕망은 물질을 추구하는 것이다. 물질적 욕구를 충족하기 위해서는 돈을 벌어야 한다. 따라서 돈을 벌기 위해 온갖 노력을 다하며 수단과 방법을 강구해야 한다." 그들은 서울에서 듣고 보고 배운 것을 연길에 옮겨보려고 한다. 서울식 식당을 차리고 노래방을 열고 사우나 목욕탕을 개업한다. 그리고 재력이 있고 수완이 좋은 사람은 한국기업과 합작하여 현지에서 법인을 설립하고 자본주의식 기업활동을 매우 의욕적으로 해나가고 있다. 이른바 한강의 기적을 이루었다는 한국의 경제발전 모델을 세계 여러 후진국에서 특히 중국당국에서마저 채택하고 있는 정황인데, 중국 조선족이 한국의 발전상을 거울로 삼아 배우고 본따려 하는 것은 당연한 현상이다.

대중문화면에 있어서는 한국의 KBS 텔레비전을 직접 시청하여 한국의 모든 분야에 걸쳐서 상세한 관찰을 할 수 있으며 대중가수 현철과 주현미 등의 노래를 선호하고 핑클의 노래에도 익숙해있다. 뿐만 아니라 서울에서 유행하는 패션과 가요는 불과 몇 달 후면 연길에서 그대로 모방되고 유행한다. 오늘날 중국에서의 한류 열풍의 시작이었던 셈이다. 연변에서 제법 활동을 한다는 사람은 1년에 한 두 차례 한국을 다녀가고 서울과 연길 간에 가교를 놓아 한국의 변화상을 그대로 연길에 옮겨 놓는다. 특히 관광철에는 서울~연길 간에 직항로가 개설되어 더욱 시간적 거리를 좁히면서 연길은 서울을 더욱 닮아가고 있다.

　이와 같이 자본주의의 시장원리에 적응하면서 그들의 사고는 개인주의적, 자유주의적 성향을 띠고 지금까지의 당의 통제하에서의 집단적, 획일적 행동양식은 회피하려 한다. 젊은 세대들은 구세대들이 공산당 가입을 적극 희망하던 때와는 달리 당을 외면하거나 거부한다. 젊은이들은 농촌에서는 도시로, 도시에서는 해외진출을 열망하며 국가기관에서 일하기보다는 외국상사에 취업하는 것을 선호한다. 연길에서 10여 년 전까지만 해도 노년층과 장년층이 사회적 모든 영역에서 정치적 힘에 의한 지도력으로 조선족 사회를 주도해 왔으나, 지금은 젊은층이 경제력에 의한 사회적 주도세력으로 등장하고 있다. 이같은 현상은 조선족사회의 계층구조의 변화와 권력지향에서 금전지향의 가치관 변화를 의미한다. 당이나 행정기관의 고위직에 있었던 노령층은 지난날의 향수에 젖어 급변하는 사회적 양태에 대하여 우려하는 소리가 있다. 문호개방으로 야기되는 자본주의 속성의 사회적 병리현상을 어떻게 치유할 것이냐 하는 우려이다. 이에 대하여 젊은층은 등소평의 설화(說話)를 예로 들어, 창문을 열면 파리와 모기가 들어오고 먼지도 따라서 들어오기 마련이다. 파리와 먼지가 두려워 개방하지 못하면 후진성을 탈피하지 못한다. 검은 고양이든 흰 고양이든 쥐를 잡는 것이 급선무가 아니냐고 반문한다. 이것이 중국의 개혁과 개방이론이며 지향 노선임을 조선족은 잘 알고 있다. 그 실험을 한국을 모델로 연길에서 시도하고 있는 것이다.

　해를 거듭하면서 연길은 많이 발전했다. 다른 소수민족에 비하면 경제적, 문화적 생활수준이 월등하게 향상되었다. 이것은 잘사는 모국이 인접해있기 때문이라고 평가하고 있다. 그리고 아울러 다행스런 것은 과감한 의식개혁 중에서도 한민족의 전통과 문화는 여전히 존속하고 민족정체성을 그대로 유지하고 있는 점이다. 부모에게 효도하는 유교적 사상과, 이웃 간 경조사를 서로 돕고 지내는 아름다운 풍속과, 형제들과 친지들 간에 돈독히 지내는 모습과, 아무 혈통과 잡혼(雜婚)을 하지 않는 점, 민족교육에 열성적이고 체면치레를 중시하는 점까지도 잘 보존하고 있다. 몇 년 전 필자 일행이 어느 조선족 가정에 초대되어 저녁식사를 하게 되었는데 30대 중반의 아들이 손님에게 참으로 예의바른 자세를 보였다. 무릎을 꿇고 인사하는 태도라든가 반쯤 돌아앉아 술을 마시는 태도가 인상적이었다. 한국의 어느 학자가 한민족의 문화 원형을 찾으려면 연변을 가보라고 하는 말이 실감이 났다.

  그러나 중국 조선족에겐 경제를 빨리 발전시키고 전통문화를 보존하고 있는 긍정적 좋은 면만 있는 것은 아니다. 거기에는 연길이 서울을 닮아가는 과정에서 야기되는 부정적 측면도 많이 있음을 간과할 수 없다. 가령 서울에서 만연되고 있는 과소비와 퇴폐적 풍조, 한탕주의와 향락지향적 풍조 등이 연길에서도 일어나고 있다. 더구나 연길을 관광하는 한국 여행객들에 의해 이러한 풍조가 조장되는 측면도 없지 않다. 지각없는 여행객 중엔 해외여행이라는 들뜬 기분과 자기도취적인 졸부의 작태를 나타낸 사례들이 많았다. 돈이면 다 되는 양 생각하고 술집에서 미화 100불짜리 한 장을 흔들며 여자들을 조롱하고 농락하려 했다. 이 광경을 보고 의분한 조선족 청년들은 돈 좀 있다고 아니꼽게 굴고 자기들을 무시한다고 하여 추태를 부린 여행객을 몰매를 때린 일들이 간혹 발생하였다.

　중국 조선족은 한국에 대한 평가에서 두 가지 면을 지적한다. 좋은 인상을 주는 점은 근면하고 진취적이며 전쟁의 폐허에서 경제를 부흥시킨 일이며, 거부감을 주는 것은 빈부격차의 심화, 퇴폐적 사회병리현상, 금전만능의 배금사상, 지나친 외래어 사용 등이다. 남의 흉보면서 배운다는 말이 있듯이 조선족은 서울의 부정적 양상들을 혐오하고 배격하면서도 닮아가고 있는 것은 어쩔 수 없는 듯하다. 왜냐하면 연간 5만 명 이상의 한국 관광객을 맞이하고 있는 연길은 크게 보아 서울의 영향권에 들어있으며 한국에서의 경제적 부침(浮沈)과 사회적 풍조가 연길로 직결되기 때문이다. 한국에 밀어닥친 IMF의 영향이 바로 연길에 미쳤던 것을 상기해보면 수긍되는 일이다.

　그러나 유념해야 할 점이 있다. 연길은 무비판적으로 서울을 닮아갈 것이 아니라 한·중 국경을 넘나들면서 선악을 판별하고 취사선택하는 여과 과정을 거쳐야 한다. 이것은 자정(自淨)의 의지와 노력에 의해서만이 가능하다. 그 노력은 영향을 받는 쪽이나 영향을 미치는 쪽에서 상호 협조함으로써 효과가 배가될 것이다. 연길은 나침반을 잃은 배처럼 표류해서는 안된다. 건전하게 발전되어야 한다. 21세기 국내외 한민족의 공동 번영을 위하여 더욱 그러하다.

16_ 중국의 소수민족 정책

어느 민족이 남의 나라에서 산다는 것은 결코 우연이 아니며 정주(定住)의 생활기반을 닦는다는 것은 쉬운 일이 아니다. 일본의 유명한 문학상인 아구다가와(芥川)상을 받은 재일동포 이회성(李恢成)씨는 『百年の旅人』이란 책을 쓴 바 있거니와 책명에서 풍기는 뉘앙스처럼 타국에선 100년을 살아도 나그네라는 감정은 마음 한구석에 자리잡고 있기 마련이다. 왜 타국에서 살게 되었는가. 살아가는 데는 어떤 애로가 있는가. 그들의 앞날은 어떻게 전망되며 모국과는 어떤 유대를 가지는가. 그리고 모국은 그들에게 어떠한 배려를 해야 하며 또 세계화의 조류와 민족정체성은 어떻게 조화를 이루어야 하는가. 이 물음은 재외동포 자신들의 자세 정립의 근본문제인 동시에 정부의 해외동포정책의 기본이 되는 과제이다. 중국 조선족의 미래를 가늠해 보기 위해서는 중국의 소수민족정책과 조선족의 지향자세와 모국의 동포정책 등 세 가지 측면에서 검토하는 것이 좋을 듯하다.

중국은 다민족국가로서 56개 소수민족이 있다. 소수민족이 전체인구 중에서 차지하는 비율은 약 6.7%이다. 1,300만 명이 넘는 장족(壯

族)과 같은 큰 민족이 있는가 하면 수백명에 불과한 극소수민족도 있다. 이들 소수민족은 대부분 변방에 거주하고 있으며 그 거주지역의 넓이는 중국 전 영토의 50~60%를 차지하고 있다. 거기에는 풍부한 지하자원이 매장되어 있어 경제 발전의 차원에서 중대한 의미를 가진다. 중국의 역사를 주의해 보면 소수민족의 문제는 항상 중국의 정치적 안정과 사회적 통합에 중대한 영향을 끼쳐 왔다. 만리장성이 상징하고 있듯이 중국 역대 정권은 변방 소수민족의 위협을 지나칠 수 없었다. 소수민족이 거주하는 지역은 여러 가지 형태의 저항과 반란의 근거지가 되었고, 원(元)과 청(淸)에 의하여 정복, 지배당한 경험마저 있었기 때문에 중국 지배민족인 한족(漢族)은 소수민족의 동태를 주시하지 않을 수 없다. 소수민족 중 장족(壯族), 회족(回族), 위구르족, 묘족(苗族), 티베트족, 몽고족, 토가족(土家族), 백족(白族), 조선족 등 18개 민족은 고유의 언어와 문자를 가지고 독특한 민족문화를 형성, 유지하고 있다. 중국 소수민족정책에 관하여 1956년 모택동이 발표한 '논십대관계'(論十大關係)에서 중국이 당면한 10대 문제 중 한족과 소수민족의 관계를 중요한 정책과제의 하나로 강조하였고 등소평에 의해서도 그 정신이 계승되어 1982년 공포된 신헌법 전문에 잘 나타나 있다.

"중화인민공화국은 전국의 각 민족이 공동으로 창조한 통일된 다민족국가이다. 평등·단결·호조(互助)의 사회주의 민족관계는 이미 확립되었으며 앞으로 계속 강화될 것이다. 국가는 각 소수민족의 특징과 필요에 의거하여 각 소수민족지구의 경제와 문화의 발전을 가속화하는 데 적극 협조하여 전국 각 민족의 공동 번영을 추구한다."

이처럼 헌법 전문에서는 대국적 견지에서 소수민족의 문화와 정체성을 존중하고 자치의 영역을 넓혀주며 한족 중심의 중화사상을 바탕으로 동화, 융합의 포용정책을 취하고 있으나, 소수민족의 사회적 문화적 복잡성과 다양성과 동화 거부의식 때문에 단시일 내에 한족 사회에 통합되기는 어려울 것이다. 중국 소수민족 자치영역은 당과 정부의 정책 노선에 따라 확대되기도 하고 축소되기도 한다. 대체로 좌파이론에 충실할 때는 위축되고 실용주의 노선을 지향할 때는 확대되는 경향이었다. 등소평 체제가 등장하면서 현대화정책과 경제발전을 강조하고 한족과 소수민족의 협력을 강화하기 위해 소수민족자치의 영역을 대폭 확대하였다.

그러나 역대 중국정부는 어떤 정권을 막론하고 소수민족 지역에 한족을 이주시키는 정책을 장려해 왔으며 소수민족의 분리나 독립운동에 대해서는 강경한 조치를 취해왔다. 등소평 체제가 등장한 이후에도 서장(西藏)의 분리주의 운동에 대해서는 강압적 탄압정책을 폈고 신강(新疆)지역에 한족의 이주를 직간접으로 추진하고 있다. 이와 같은 맥락에서 연변조선족자치주에도 한족의 이주가 증가되고 있다. 1952년 조선족자치주가 성립될 당시에는 조선족이 약 73%를 점하던 것이 지금은 역으로 한족이 61%가 되었다. 물론 조선족이 외지로 진출한 요인도 있지만, 앞으로 한족의 연변 이주는 가속될 것이며, 한족의 정치적 문화적 영향력은 더욱 증가할 것으로 전망된다. 이러한 현상이 지속될 경우 연변조선족자치주의 성립 의의는 없어질 것이 아니냐 하는 우려의 목소리가 연변조선족사회에 조심스레 퍼지고 있다.

중국정부는 여러 소수민족 가운데 특히 4개 소수민족에 대하여 강한 경계심을 가지고 있다. 서장의 티베트족, 신강의 위구르족, 내몽고의 몽골족, 연변의 조선족이 그 대상이다. 이 4개 민족에 대해 특별한 경계를 하는 이유는 언젠가 이들 4개 민족 지역에서 분리주의 운동이 일어날 가능성이 있다고 보기 때문이다. 서장지역의 티베트족은 전 중국 내에 약 560만 명 정도이며, 티베트자치구와 청해성에 약 462만 명이 살고 있다. 티베트자치구의 면적은 남한의 12배가 넘는다. 1951년 티베트는 중국 자치구에 편입되었고 이에 항거하던 달라이라마 14세가 1959년 인도로 망명한 후 이를 따르는 티베트 불교세력들의 독립운동과 중국정부의 진압 정책 사이에 끊임없는 분쟁이 노정되고 있다. 신강의 위구르족은 중국의 북서부에 위치한 신강 위구르자치구에 주로 살고 있으며, 중국 소수민족 중 큰 소수민족 중의 하나이다. 이들은 격렬한 민족주의 정신을 가지고 있으며 한족을 식민침략자로 여겨 이들에 대한 강한 원한을 품고 있다. 두 민족 간에는 긴장이 항상 내재하고 있어 위구르족이 반기를 들고 일어날 가능성이 있다. 1990년 인구조사에 의하면 한족이 신강지역에 대량 이주해 옴으로써 신강의 총인구 약 1,520만 중 49%를 차지하고 위구르족은 47%로서 역비현상이 일어났다. 몽골족은 주로 내몽고자치구에 살고 있으며 중국 동부, 서북지역에 분포되어 있다. 인구는 약 480만 명이며 한족과의 관계에 있어 정서면에서 잘 융합된 상태가 아니다.

이 3개 민족에 대한 문제는 다른 기회에 다시 논하기로 하고, 다만 우리의 관심사는 연변조선족에 대한 중국당국의 정책이다. 중국정부에서 볼 때 조선족은 몇 가지 특징이 있다는 것이다.

첫째, 조선족이 집거하고 있는 연변을 포함한 동북삼성은 고조선, 고구려, 발해 등이 지배했었다는 조선의 고토라는 영토의식이 있다는 것이다. 한국 관광인들이 연변에서 조선족과 대화를 나눌 때 특별한 의도 없이 만주는 옛 고구려, 발해의 영토였다는 말을 하는 경우가 많다. 그리고 이들이 백두산에 올라 천지를 내려다보는 순간, 그 신비함에 감탄하며 한민족의 성산이라는 감회에 젖는다. 이러한 점들을 중국당국은 감지하고 있다.

둘째, 모국이 국경을 맞대고 있다는 점이다. 다른 소수민족은 모두 중국 역내(域內)에 있는데 조선족은 연변지역 외에 중국과 인접한 별개의 모국이 있다. 모국과 경제적, 문화적, 학문적, 혈연적 교류가 증대하면 유대가 강화되고 자연 그 영향을 받게 된다. 중국 조선족은 여권과 비자 없이 북한 출입이 자유롭고 연변이 마치 북한의 연속지역인 것처럼 인식되기도 했다. 그리고 한·중 간 문호개방 후에는 교류가 급증하여 한국을 열심히 배우면서 한국의 영향을 많이 받고 있는 것이 사실이다.

셋째, 조선족은 다른 소수민족에 비해 민족 교육열이 높고 민족 문화와 정체성을 유지하며 경제적 생활수준도 높아 강한 민족 자긍심을 가지고 있다. 민족 자긍심과 우월감을 가지고 있는 조선족이 한족과 쉽게 융합하지 않는다는 것을 중국당국은 잘 알고 있다.

넷째, 조선족은 비교적 온유한 성격이며 무리한 민족적 분규를 일으키지 않는다는 것이다. 당국의 민족정책에 잘 순응하는 편이나 외유내강의 성품이 있어 부당한 처사에 대해서는 끝까지 저항한다는 것을 중국정부는 잘 알고 있으며 이러한 조선족의 특수성을 감안하여 포용과 경계의 양면정책을 펴고 있다. 조선족이 한국인들과 합동으로 문화행사를 할 때 정치성만 띠지 않으면 비교적 잘 협조하고 관망하는 자세를 취한다. 이같은 자세는 개방 초기에 비해 지금은 훨씬 더 융통성을 보이며 지역적으로는 조선족이 밀집하고 있는 연변보다 심양, 하얼빈 등지에는 경계가 완화되고 있다. 1990년대 초 부산의 몇 기업인이 용정 비암산, 해란강이 내려다보이는 위치에 선구자탑을 세웠는데 얼마 가지 않아 무너졌다. 5, 6년이 지난 후 다시 그 자리에 탑을 세워 지금껏 유지되고 있다.

1993년 본 해외한민족연구소에서 연길 소·중·고 학생을 대상으로 한글 백일장을 열었다. 좋은 반향을 얻어 연중행사로 하려 했는데 그 다음해에 개최허가를 얻지 못해 중단되었다. 몇 년이 지난 후 다시 백일장은 열리고 연중행사로 거행하고 있다. 또한 1993년 북경에서 조선족 대학생 체육대회를 연중행사로 진행해 오다가 3년 간 열고는 당국의 제지로 인해 중단되고 말았다. 이러한 일련의 사건들을 분석해 보면 중국의 소수민족정책, 그 중에서 대 조선족정책을 읽을 수 있다. 그 큰 틀의 윤곽은 포용과 견제의 양면성이 있다. 시간이 흐르면서 역사적으로 중국 주변국의 역사 자체를 자기들의 역사로 편입시키면서 소수민족들에게는 포용의 폭을 넓혀 민족동화 정책을 펴나갈 것이 예상된다.

17_ 중국 동포들의 국적 회복과 강제추방 문제

　중국 동포들의 국적회복과 강제추방 문제는 근래 한민족의 최대관심사이며 심각한 사회문제로 대두되었다. 왜냐하면 해외 거주 600만 한민족의 지위에 관한 본질적인 문제이기 때문이다. 이들의 국적회복 요구와 강제추방 저항은 향후 한국 정부가 해외교포정책을 어떻게 세워야 하는가의 근본문제를 다시 생각케 하는 계기를 제공했다.
　이들의 요구와 저항은 정당하다. 이들 주장의 근원을 따져 보면 국제법 논리 이전의 문제이다. 이들의 신분은 단순논리로 국제법을 적용시킬 문제가 아니다. 중국 교포뿐만 아니라 중앙아시아에 거주하고 있는 교포들의 이주배경과 정착과정과 오늘의 상황을 고찰해 보면 그 이유를 깨닫게 된다. 1945년 해방 이후 또는 적어도 공산권과 문호가 개방되어 그들의 처지를 알게 되었을 때 모국으로서는 무엇보다도 이들이 겪은 그간의 고난에 대해 민족애로서 어루만져 주고 포용하는 노력을 기울였어야 했다. 이것은 모국으로서 마땅히 해야 할 의무이다. 2차대전 후 독일을 위시하여 유럽의 여러 나라들과 이웃 일본까지도 전후문제 수습책의 일환으로 재외 자기민족에 대하여 제일 먼저 관심을 가지고 손길을 뻗쳐 주었다. 그러나 우리는 전혀 그러하지 못했고 관심의 대상으로도 의식하지 않았다. 예컨대 해외에 얼마나 한민족이 거주하고 있으며 그들이 이주하게 된 원인이 무엇이며 어떤 애로를 겪고 있느냐 조차도 생각하지 못했던 것이 사실이다. 한마을에 변란이 생겼으면 가족의 안위를 걱정해야 하듯이 세계적인 대변란이 발생되었을 때 모국으로서는 마땅히 해외교포들의 안위를 챙기고 보살펴야 하는 것은 당연한 책무인데도 이것을 생각조차 하지 않았음은 직무유기라 지탄받아도 변명할 여지가 없다.

지금 중국교포들은 대부분 이주 2,3세대들인데 이들의 조상들이 만주로 가게된 것은 조국을 져버리고 중국 국적취득을 전제로 떠난 것이 아니다. 일찍이 나라가 어려울 때 월강죄를 무릅쓰고 황무지를 개간하여 삶의 터전을 이루었던 사람들이며, 일제하 한반도에서 일본의 압제와 생활고에 시달려 눈물을 머금고 떠났던 이들이다. 그러나 가슴 속엔 언젠가는 돌아가야 한다는 귀국의 염원을 간직하고 있었다. 또 한편 항일 독립운동 지사들의 후예들은 이국의 서러움 속에서도 선조의 유지를 받들고 조국 독립의 날을 기다리며 한 많은 세월을 보낼 수밖에 없었다. 그러던 중 제2차 세계대전이 종식되고 조국이 해방되어 귀국할 채비를 했으나 국경의 장막이 내려져 귀국길이 막혔던 것이다. 그 후 이들은 국적취득의 선택권도 사상의 자유도 갖지 못한 채 소수민족의 불이익을 감수하면서 오늘에 이른 것이 중국 교포들의 현실이다.

한·중 간에 문호가 개방되고 교류의 폭이 넓어지면서 중국 동포들은 모국이 발전하고 잘 살고 있음을 알게 되자 오랜 세월 꿈에도 그리던 모국의 품에 안겨 보고 싶고 또 돈도 좀 벌어서 돌아가 잘 살아보겠다는 것이 이들의 꿈이요 이로 인해 빚어진 것이 오늘의 사태이다. 사실이 이러할진데 이 소박한 꿈을 누가 무슨 권리로 막으려고 하는가. 이들의 주장은 실정법을 초월한 자연권적(自然權的)기본권(基本權)의 발로이며 지극히 당연한 주장이다. 이들의 조상이나 자신들은 모국의 국적을 포기한 일이 없다. 지금도 본적지에는 호적의 뿌리가 그대로 살아 있다. 동서냉전과 잔혹한 국제정치의 희생양이다. 본의 아니게 타국적을 가졌던 사람들이 국적 선택의 새로운 기회가 왔을 때 종전의 국적을 회복하겠다는 요구는 정당한 권리이며 국제법을 뛰어 넘어 우선하는 천부(天賦)의 권리인 것이다.

이러한 논리에 근거하여 볼 때 물리력에 의한 강제추방이란 언어도단이다. 뿐만 아니라 법의 논리를 떠나 민족애의 측면에서도 조국을 찾아온 동족의 피를 냉대한다는 것은 비인도적 행위이며 눈앞의 현상에만 치중하여 민족의 먼 장래를 내다보지 못하는 몰지각한 단견의 소치다. 더구나 이웃 나라의 눈치를 살피고 비위를 거스르지 않기 위해서 동족을 소홀히 하는 것은 주권국가로서 용납될 수 없는 처사이다. 지난 1998년 재외동포법 제정 당시 관계국의 비위를 거스르지 않기 위해 중국동포와 중앙아시아 동포들을 재외동포의 범위에서 제외시킨 사례는 씻을 수 없는 과오였다. 때문에 헌법재판소로부터 위헌의 판결이 내려진 것이다. 사실 제대로 사리를 따지자면 일제 때 만주나 중앙아시아로 이주하게 되었다가 해방 후 장막에 가려 귀국하지 못하게 된 교포들에 대해서는 오히려 모국으로서 정중한 사과를 했어야 할 일이었다.

민족문제는 적어도 100년을 내다보고 근원적인 문제를 파악하여 미래 지향적인 안목으로 정책을 세워야 할 것이다. 오늘날 독일, 프랑스,

이태리, 일본 등을 위시한 여러 나라들의 해외동포정책을 보면 모국정부는 해외동포들의 권익 보호를 위해 최선의 정책을 펴고 있으며 해외동포들 또한 모국과의 유대를 강화하여 상부상조하고 있다. 독일의 경우, 국내로 귀환하는 독일인의 정착지원에 주안점을 두고 있다. 통독 이후 최근까지 약 250만 명이 구소련과 동유럽지역으로부터 재이주했으며 그들에 대한 재이주비, 정착비, 언어연수비, 의료보험비, 연금, 산재보험, 그리고 전쟁피해보상비까지 포함되어 지원해 주고 있으며 그 예산규모는 우리의 상상을 초월한다. 이웃 일본만 해도 해외에서 몇 대를 살다가도 본국으로 귀환하면 내국인과 똑같은 신분을 보장하며 일체의 경제, 사회적 행위에 제한을 받지 않는다.

자기 민족을 소중히 생각하며 아끼고 보살펴야 한다. 동족으로부터 냉대를 받으면 타민족으로부터 멸시당하게 된다. 혹자는 말한다. 세계화 추세에서 민족에 집착하는 것은 시대착오적 발상이라고. 허나 이러한 생각이야말로 어처구니없는 몰지각한 사고이다. 지금 세계 여러 곳에서 야기되고 있는 문제들을 깊이 고찰해 보면 모두가 민족문제에 근원이 있다. 국제적 갈등, 분쟁, 전쟁, 어느 하나도 민족문제로 야기되지 않은 것이 없다. 적어도 향후 한 세기 동안은 민족문제는 계속 존속할 것이다.

지금 해외에 600만 명을 상회하고 있는 한민족은 귀중한 민족적 자산이다. 종전에 생각했던 귀찮고 짐스런 존재가 아니다. 이들이 있어 해외진출이 용이하며 한국의 국제적 위상이 향상된다. 이들은 민간 외교관으로서 또는 문화 홍보 요원으로서 크게 일익을 담당하고 있다고 생각한다. 21세기 한국 민족의 역사가 세계를 향해 웅비할 때 이들을 역사주체로서 그 대열에 동참시켜야 한다. 이러한 대국적 견지에서 동포관을 정립하고 정책을 입안해야 할 것이다. 중국 동포들의 절규에 귀를 기울이고 넉넉한 마음으로 그들을 품 안에 안아야 한다.

　최근 조선족 작가 한 분이 한 말이 가슴에서 지어지지 않는다.

　"조선족들이 중국에 살면서 국민으로 참여의식을 갖지 못하고 한국을 그리워했으나 막상 한국에 오면 한국이 낯설어 다시 떠나려 하고 있다. 조선족은 한국의 역사 속에서 지켜지지 못했기 때문에 유실된 민족입니다. 그러나 조선족 문제 해결은 조선족 자신의 손에 달려 있다."

18_ 중국 조선족의 미래

　중국 조선족 200만 명. 그들은 1860년대 나라 사정이 어려울 때 월강죄(越江罪)의 위험을 무릅쓰고 두만강을 건너가 황무지를 개간하여 삶의 터전을 닦았다. 긴 세월을 거쳐오는 동안 한족과 일제의 핍박과 탄압을 받으면서도 민족교육과 조국광복의 의지를 굽히지 않았고 1952년에는 조선족자치주를 성립하여 그들의 뿌리를 내리고 있다. 21세기 모든 것이 급변하는 상황 속에서 중국 조선족의 미래는 어떻게 될 것이냐. 우리의 관심사이다.

　중국 조선족의 미래에 대해서는 두 가지 측면에서 가늠해 보고 결론을 도출하는 것이 좋을 듯 하다. 첫째는 중국 내에서의 그들의 정치적, 경제적, 사회적 위상이 어떻게 될 것이냐이고 둘째는 조선족의 정체성을 유지하며 그대로 존속할 것이냐 아니면 중국 한족으로 동화될 것이냐이다.

　조선족의 경제적, 사회적 위상은 크게 향상되고 중국정부와 타민족으로부터 인정받는 민족으로 지위를 확고히 굳힐 것이다. 다만 정치적 위상은 미지수이다. 조선족 가운데 조남기 상장과 이덕수 민족사무위원회 주임 등이 군부와 행정부 고위직에 등용되었기는 하나, 이런 인재 등용만으로 조선족의 정치적 위상이 높다고 할 수 없고 연변조선족자치주의 자치 권한과 영역이 얼마나 넓어지느냐에 달려 있는데 이 점은 중국 당국의 소수민족정책에 좌우되므로 향후를 가늠하기는 어렵다. 다만 자치의 권한과 영역이 넓어지지 않겠느냐 하는 기대는 해 볼만하다.

조선족이 다른 민족에 비해 우월한 점은 높은 교육열과 근면성과 진취성이다. 이 세 가지 요소는 모두가 앞으로 조선족의 무한한 발전 가능성을 예상케 한다. 한민족의 강한 교육열은 비단 중국 조선족뿐 아니라 세계 도처에 살고 있는 한민족의 공통된 현상으로서 이 민족적 특징은 자녀교육을 중시하는 유교적 전통에서 유래된 것이다. 중국 이민 초기에 그 어려운 여건 하에서도 자녀 교육에 온 정성을 쏟았던 사례에서도 볼 수 있다. 중국 56개 민족 가운데 조선족의 교육 수준이 제일 높으며 민족 발전의 저력이라는 것은 다른 모든 민족들이 인정하고 있다.

조선족의 근면성 또한 중국사회에 정평이 나있으며 다른 민족으로부터 칭송받고 있다. 농사를 짓든 사업을 하든 공직생활을 하든 대단히 부지런하고 맡은바 책임을 다한다. 이주 초기 어려운 역경을 극복하며 황무지를 개간한 정신이나 특히 수전(水田)을 개발하여 당시 중국 영농의 일대 혁신을 이룩한 점 등은 모두가 조선족의 근면성에서 비롯된 것이다.

그리고 조선족은 매우 진취적이고 역동적이다. 작은 곳에 또는 낮은 곳에 머무르지 않고 보다 넓고 높은 곳을 향하여 나아가려는 자세를 갖추며 외부세계의 변화에 민감하고 적응력이 강하다. 중국 개혁 개방정책 시행 이후 연변 조선족 청년들은 20여만 명이 북경, 상해, 광주, 대련, 위해, 광동 등 발전이 빠르고 기회가 많은 대도시로 진출하였고 더 나아가 한국, 일본, 미국, 싱가폴 등 해외로 진출했다. 한국을 다녀간 연인원 수는 30만 명을 훨씬 상회한다. 그들은 한국을 통해 많은 것을 배우며 그 배운 것을 중국에 옮겨 실천하려는 의욕을 보이고 있다. 이러한 진취성은 조선족의 밝은 앞날을 예고한다. 중국 조선족의 한국에 체류하는 수는 5만 내지 10만 명으로 추산한다. 1995년 이후 해마다 해외에서 은행을 통해 송금되는 돈이 1억불이 넘고 한국 체류 조선족이 인편에 부치거나 본인이 귀국할 때 지참하는 연간 금액은 이 액수보다 많은 것으로 추산된다. 이 금액은 중국 조선족의 도약의 발판이 될 것이다. 이러한 점들을 종합해서 검토해 볼 때, 시간이 흐를수록 조선족의 경제적, 사회적 위상은 향상될 것으로 전망된다.

  다음으로 조선족의 정체성 유지와 한족으로의 동화 여부는, 조선족을 둘러싸고 있는 생존환경과 외적요인에서 그 변수를 검토하는 것이 올바른 접근일 듯하다. 여기서 말하는 생존환경은 중국 내의 여러 가지 여건을 뜻하고 외적요인은 모국과의 관계를 의미한다. 중국 조선족은 13억이나 되는 한족에 포위되어 있다. 공적인 관계이든 사적인 생활이든 한족이 둘러친 울타리 안에서 삶을 유지해 갈 수밖에 없는 것이 조선족의 현실이다. 이 울타리가 미치는 영향은 대단히 크다. 비록 강제성은 띠지 않지만 중국사회의 유형 무형의 압력을 받고 있다. 우선 언어생활에 있어 중국어의 영향을 벗어날 수 없다. 조선족 간의 제1의 생활언어는 조선어이지만 56개 민족이 공통으로 사용하는 것은 중국어이기 때문이다. 그리고 산업화에 쓰이는 정보수단과 컴퓨터용어도 중국어이다. 중국어에 익숙하지 않으면 모든 경쟁에서 뒤질 수밖에 없다.

해마다 열리고 있는 조선족 민속절 행사의 전경, 한민족 전통문화를 계승·발전시키는 계기가 되고 있다.

산업화 추세에 직면하면서 소수민족들의 자기 언어 사용범위는 상대적으로 좁아진다. 조선족 역시 이 범주에서 예외일 수 없고 조선어 사용공간이 축소되어 간다. 이러한 현상은 교육계에서도 나타나고 있다. 한어의 중요성이 전파되면서 흑룡강성과 요녕성 등지에서 조선족 학교의 문은 점차 닫히고 한족학교로 진학하는 학생 수가 증가하고 있다. 심지어 조선족의 밀집지역인 연길에서도 이러한 현상이 나타나고 있다. 언어야말로 민족 문화의 생명이요 핵이다. 문화는 그 민족의 꽃이다. 꽃이 시들면 열매는 맺지 못하고 민족은 쇠잔해진다. 언어환경의 변화보다 더 큰 생존환경의 변화는 없다.

또하나 생활환경의 변화는 조선족 집거지구의 와해이다. 경제개발과 더불어 조선족 집거촌을 형성하고 있던 농촌청년들이 도시로 진출함으로써 조선족 집거지역은 여러 민족이 혼거(混居)하는 잡거(雜居)지역으로 변하고 있다. 이같은 양상은 비단 농촌에서뿐만 아니라 연변조선족 자치주 내의 도시에서도 일어나고 있다. 화룡, 도문, 왕청현, 안도현은 이미 한족이 다수를 차지하여 잡거지로 변하고 있다. 뿐만 아니라 연변 조선족자치주 전체를 검토해봐도 한족 61% 대 조선족 39%로 잡거지 역화되어 조선족자치주의 의의를 상실하고 있다. 조선족이 집거함으로써 조선어를 사용하고 문화가 계승되며 민족정체성이 유지될 터인데 조선족 집거지의 와해는 민족 동질성의 상실을 가속화시키는 결과를 초래한다. 이 역시 조선족으로서는 생존환경의 대변화이다. 더욱이 산업화에 편승하여 대도시로 이주해 간 조선족들은 여러 민족과 혼거하게 되므로 지금까지 잡혼을 금기(禁忌)하던 타민족과의 혼인도 통혼할 환경으로 바뀌게 된다. 이러한 여러 가지 생존환경의 변화는 조선족 정체성 유지를 어렵게 하고 있다.

이와 관련하여 우리의 관심을 끄는 한 학설을 소개하면 중국 과학원 유전연구소 두약보 교수는 지금 중국 인구의 93%를 차지하는 한족의 70~80%는 원래 한족이 아니며 다른 민족의 동화된 사람들이라고 주장한다. 오랜 세월을 거치는 동안 다른 민족이 한족으로 동화됨으로써 한족의 구성비는 늘어나고 소수민족의 수는 상대적으로 줄었다는 것이다. 오늘날 만주족은 한때 중국 중원을 지배했었지만 소수민족을 분류할 때만 열거될 뿐 실제로는 존재하지 않는다. 모두가 사실상 한족으로 동화되었다. 이 점은 두약보 교수의 학설을 뒷받침해 주고 있다.

역사적으로 관찰할 때 본래의 순수한 한족은 황하와 양자강 유역에 집거하다가 인구가 증가하면서 두 강의 사이지역 이른바 중원지역에 살았다. 북방, 서방, 남방지역에는 여러 민족이 혼거하였고 동북삼성에는 조선족과 여진, 말갈, 만주족 등이 번갈아 통치했었다. 당시 한족과 다른 민족들과의 비율은 지금처럼 93% 대 7%는 아니었다. 그런데 시간이 흐르면서 왜 한족의 비율은 늘어나고 다른 민족의 비율은 줄었는가. 이것은 두약보 교수의 학설 외에는 설명할 길이 없다. 장기적으로 전망할 때 조선족의 운명도 이렇게 되어가지 않겠는가.

다음으로 조선족 미래와 관련하여 외적요인을 검토해 보자. 한국과의 문호개방 이후 인적·물적 교류가 증폭하면서 매우 큰 영향을 받고 있다. 모국을 재인식하고 자본주의에 눈을 뜨고 개체의 중요성과 자유의 가치를 인식하면서 사고의 대변화를 일으켰다. KBS방송과 인터넷은 한국의 영향력을 배가시키며, 모국의 발전에 대한 자랑스러움과 한민족의 자긍심을 고취시켰다. 이와 같은 분위기가 조성되면서 중국 조선족은 자연 자신들의 조선(뿌리)에 대한 관심이 높아졌으며 조국이라고 인식하고 있는 중국 못지 않게 조상들이 살았던 모국에 대한 애정도 두터워졌다. 여기에 더하여 한국인들은 반세기 동안 단절되었던 조선족에 대하여 특별한 관심을 보이면서 사적지 복원, 장학금 지급, 백일장 개최, 운동주문학상 제정, 각종 민속행사, 학문 공동연구 등 여러 가지 측면에서 교류와 지원을 하고 있다. 조선족은 이러한 동족애에 고마움을 느끼면서 민족정체성 유지에 새로운 의지를 보이고 있다.

이상에서 논급한 모든 상황을 종합분석해 보면 향후 조선족의 위상은 더욱 격상되고 그들은 중국 국민으로서의 입장과 조선족으로서의 정체성을 잘 견지하면서 양면성을 슬기롭게 조화를 이루며 현실을 타개해 나갈 것으로 전망된다. 여기에 조선족의 저력과 어려운 환경에서의 적응력이 십분 발휘될 것으로 믿는다.

제 3 장

연해주와 고려인(高麗人)

1_ 연해주를 찾아서

연해주(沿海州). 광활한 평원과 풍부한 지하자원과 울창한 삼림. 그 속에 곰과 호랑이와 사슴이 함께 서식하며 가히 원시적 신비를 간직한 듯한, 무한한 가능성을 지닌 땅이다. 예나 지금이나 국가를 경영하는 대전략가라면 누구나 한번쯤 군침을 다실 만한 탐스런 대지(大地)다. 그래서 일찍이 러시아는 동쪽으로 진출하면서 천혜의 부동항에 연해주의 수도를 정하고 그 이름을 블라디보스토크(海蔘威, 동쪽을 장악한다는 뜻으로 붙여진 지명)라고 지었다.

연해주는 고대사로부터 근·현대사에 걸쳐 우리 한민족과는 특별한 관계를 지니고 있다. 고대에는 우리의 고토인 발해의 강역이었고 근·현대에 와서는 이주 한인들의 생활의 터전이었으며 항일독립투쟁을 하던 선열들의 활동무대였다. 1860년대부터 한인들이 이주하기 시작하여 1930년 경에는 무려 20만 명에 이르렀다. 한민족이 연해주로 이주하게 된 것은 조선의 좁고 척박한 농토와 가렴주구에 시달린 농민들이 새 생활의 활로를 찾는 경제적 이유와, 한·일합방 후 애국지사들이 항일투쟁을 하기 위하여 망명기지를 개척하고 집결했기 때문이었다. 그러므로 이곳에 이주해 온 한인들은 블라디보스토크 시내에 신한촌(新韓村)을 건설하여 대단위의 집단거주지를 형성하고 독립운동의 근거지를 구축하였다. 이러한 고대 및 근·현대사적 연고로 인하여 연해주 지역 여러 곳에서 발해의 유적과 유물이 무수히 발견되고 독립운동의 근거지도 그 흔적을 찾아볼 수 있다. 때문에 연해주에 발을 딛게 되면 한민족의 애환이 어려 있음을 실감하게 된다. 발해의 옛성이 천년의 풍상을 겪고도 형체가 보존되어 있고 또한 황궁터로 추정되는 곳엔 둥근 주춧돌이 2열 횡대의 일정한 간격으로 위치의 변동 없이 그대로 땅에 묻혀있다.

　이 유적들은 당시 해동성국이라 불리던 발해국의 위용을 짐작케 한다. 그리고 독립운동의 유적으로는 폐허가 된 신한촌의 터가 남아 있고 13도군을 양성하던 곳과 신문을 발간하던 건물들은 흔적이 없다. 많은 각급 학교건물들이 있었지만 다 허물어졌고 다만 최고학부의 민족교육을 맡았던 사범대학 건물이 아직도 남아 있어 이곳을 찾는 한국인의 발길을 멈추게 한다. 이뿐만이 아니다. 1990년대 초 발해유적 발굴단이 연해주에 가서 20여 일 장기체류한 일이 있었다. 발굴단 일행이 가져간 고추장과 마늘 등을 다 먹고 며칠간을 견디었으나 한민족의 특이한 고유음식인 마늘과 고추장류의 부식물을 섭취하지 못해 모두가 야단이었다. 이러한 양념류의 음식욕구는 우리 민족의 오랜 식생활에서 연유된 생리적 현상으로서 참기가 어려운 일이었다. 그러던 어느날 단원 중 한 사람이 기발한 생각을 해냈다. 즉 강제이주된 고려인들이 경작하던 논·밭에 가면 그때 농사짓던 파와 마늘이 있을 것이란 것이었다. 생각은 적중했다. 농민들이 갑자기 떠났기 때문에 미처 추수하지 못한 파,

마늘 등이 수십년이 지나는 동안 파도 아니고 마늘도 아닌 야생종으로 변해 있었다. 이것을 파서 먹어 보니 마늘 먹고 싶은 욕구를 충족시켜 주었다. 이 일은 발해유적을 발굴한 것 못지않게 근대의 조상들의 유적을 확인한 역사적 의의가 있었다. 일행들은 모두 감격하고 눈시울을 붉혔다. 연해주 이주민들의 처절했던 수난을 연상하며, 연해주에 대한 새로운 애착심을 가지게 되었다.

이렇듯 연해주는 이주해 온 우리 민족에게 새 삶의 터를 제공하고 망명지사들에겐 독립운동의 기지를 제공했으며 한인 또한 연해주 개발에 공헌도 컸다. 후술할 기회가 있겠지만 중국에 이주한 초기 조선인들처럼 황무지를 개간하여 농토를 일구고 벼농사를 지어 식량증산에 일대 성공을 거두었다. 이와 같이 연해주와 한인들 간에는 한편에서는 땅을 제공하고 다른 한편에서 그 땅을 개간하는, 상부상조의 관계로 발전하며 애환이 깊어 갔다. 이러한 과정에서 우리의 울분을 토하게 하고 민족적 감정을 자극한 일은 1937년 스탈린에 의한 비극적인 중앙아시아로의 강제이주였다. 역사적 기록에서 파헤쳐졌듯이 스탈린은 사전에 한 마디 예고도 없이 각고의 노력으로 겨우 정착하여 잘 살고 있는 한인들을 비도덕적 비인간적 행위로 중앙아시아의 불모지에 내몰았다.

이렇게 연해주 한인의 수난사는 시작되었고 시간이 흐르면서 연해주는 우리의 역사에서 망각되었다. 더욱이 안타까운 것은 2차대전 종전 후 동서 간 냉전체제가 굳어지면서 한국과 재소 한인사회와는 완전히 단절되었다는 점이다. 중앙아시아로 강제이주당한 한인들은 아무런 연고도 없는 황량한 벌판에 대책도 없이 버려져 막 몰아닥친 겨울을 나기에 수많은 가족들을 잃으며 모진 고통을 겪어야만 했다. 왜 이들은 연해주에서 쫓겨나야 했으며 이들이 당한 정신적 피해와 연해주에 버려진 재산들은 어디에서 보상받아야 하는가. 이 모든 사실들을 냉혹한 국제정치에서 힘없는 민족이 당한 슬픈 역사의 한 장으로 치부해 버리기에는 너무 가슴아픈 일이다.

2004년은 한인 러시아 이주 140주년이 되는 해이다. 한국문헌에 의하면 1863년 함경도 북단의 13가구가 두만강을 건너 연해주로 이주한 것으로 되어 있다. 그러나 러시아쪽 공식문서상의 기록에는 1864년으로 되어 있어 양국 간에 2004년을 140주년으로 정하고, 9월 25일 블라디보스토크시 중앙광장에서 한인 러시아 이주 140주년 기념행사가 대대적으로 거행되었다. 오늘의 이 시점에서 연해주는 우리에게 무엇이며 우리는 연해주와의 관계설정을 어떻게 해야 할 것인가의 과제를 생각해 보게 된다.

첫째로 생각해 볼 점은, 우즈베키스탄, 카자흐스탄 등지에 살고 있는 한인들의 연해주 귀환문제다. 이들은 소련의 해체 이후 회교민족주의의 발호로 인해 박해를 받아 또다시 새로운 수난을 겪고 있다. 소련의 해체 전까지 한인들은 거주이전의 자유가 제한되어 있었으나 러시아정부는 한인 강제이주에 대해 잘못을 시인하고 1993년 3월 '재러시아 한인 명예회복법안'을 통과시켜 거주이전의 자유가 허용되었다. 이에 고무된 중앙아시아 40만 한인들은 다시 연해주로 돌아가기를 바라며 이미 상당수는 귀환의 길에 오르고 옛 신한촌 건설의 꿈에 부풀어 있다. 물론 이 문제는 감상적인 생각만으로 될 쉬운 일이 아니다. 이주비용을 비롯하여 주택문제, 생업대책 등 종합적인 이주대책이 마련되어야 한다. 그러나 대책 강구가 어렵다고 해서 수수방관하거나 외면해서는 결코 안될 것이다.

두 번째로 고려되는 점은 연해주가 지닌 경제적 특성이다. 이 땅은 비옥하고 광활하며 자원도 풍부한데다가 앞으로 전개될 아시아-태평양시대의 중심지역이다. 경제적, 또는 지정학적으로 보아 한국(통일을 전제한), 중국, 러시아, 일본이 인접하여 개발가능성을 지니고 있다. 지금 동북아시아 각국은 연해주 지역에 대해 투자와 개발열기를 고조시키고 있다. 중국은 훈춘-크라스키노-자루비노항을 통해 동해로 진출을 시도하고 러시아 역시 이 지역의 경제적 중요성을 절감하여 나홋카, 하산, 포시에트, 블라디보스토크를 포함하는 대자유경제특구를 수립해 북한의 두만강 개발과의 상호연계방안을 모색하면서 한국과 일본으로부터의 자본도입을 강하게 희망하고 있다. 일본은 지금까지 비교적 신중한 자세를 취하고 있지만 이 지역의 경제적 중요성을 감안하여 종합상사들이 적극적으로 진출을 기도하고 있다.

한국은 나홋카 자유경제지역 내의 100만㎢에 한국기업 150개를 입주시킬 전용공간(50년 간 임차)을 건설키로 하고 연해주 한국공단협의회를 발족시켰으나, 최근에 와서는 다소 소극적인 자세를 보이고 있다. 두만강 유역 종합개발계획은 실은 한국, 북한, 러시아, 중국, 일본, 몽골 등 동북아 6개국의 장래가 걸렸다 할 정도로 대단히 중요한 이른바 황금삼각지대이다. 이 지역을 중심으로 동북아 경제권이 형성될 때 역사적 지역적 특성을 배경으로 우리는 주도적으로 참여하여야 한다.

셋째, 위에서 언급한 바와 같이 연해주가 개발되어 경제권이 형성되고 한국에서의 많은 진출과 더불어 중앙아시아에 강제이주당했던 고려인(이곳에서 부르는 명칭이다)이 귀환, 정착하게 되면 우수리강 동편의

2003년 9월 러시아 연해주 블라디보스토크에서 열렸던 고려인 문화의 날 행사 모습 : 참가자들이 한국과 러시아의 우호를 상징하는 깃발을 들고 거리를 행진하고 있다.(2004년 8월 14일 조선일보에서)

넓은 대지에 한민족의 생활공간이 넓어져 향후 수백만 한민족사회가 형성될 수 있다. 앞으로 종래의 지리적 영토개념이 바뀌고 경제적 영토 또는 문화적 영토가 출현될 것으로 예상된다. 이같이 예견되는 인류문화사의 변화와 한민족의 자연스런 연해주 진출은 한민족사에 새로운 장을 열 수 있을 것으로 기대된다.

이미 연해주에 고합그룹의 장치혁 회장은 블라디보스토크 극동대학교에 한국대학을 세워 한국어, 한국사, 한국문화 등의 강좌를 개설하여 그 곳 한인은 물론 러시아인들로부터 좋은 반향을 일으키고 있으며, 농지 3억 평을 개간하여 콩농사를 짓기도 했다. 그리고 많은 영농관계단

2004년 9월 25일 러시아 한인 이주 140주년 기념행사 중 한국과 러시아 연예인들이 기념관 건립예정지 앞에서 포즈를 취하고 있다.

이날 우리 나라 농악풍물패들이 블라디보스토크 시내 광장에서 많은 시민들과 한인들이 지켜보는 가운데 공연을 펼치고 있는 모습.

체들과 해외한민족 연구기관들이 연해주 개발에 각별한 관심을 보이고 있다.

앞으로 한민족의 진로는 연해주에 대한 우리의 의욕적인 개발과 의지가 심어질 때 장밋빛 장래가 가시권으로 들어오게 될 것이다. 통일된 한반도, 연변조선족자치주, 연해주. 이 세 지역을 묶는 띠를 둘러 코리안 벨트(Korean Belt)라 명명(命名)하고 향후 한민족의 번영을 도모하는 청사진을 그려야 할 때이다. 이 설계는 단순히 감상적인 것이 아니라 우리의 의지와 집념여하에 따라서는 얼마든지 가능한 일이다. 옛 제정러시아는 그들에겐 아무런 연고권도 없는 연해주를 차지하기 위해 몇 세기에 걸쳐 집요한 의욕을 불태웠다. 워낙 먼 거리인지라 여러 차례 탐험대나 개척을 위한 선발대를 파견했었지만 오는 도중 추운 겨울을 만나 되돌아가는 시행착오를 거듭했다. 그러나 끝내 1860년 청·러 간 북경조약을 맺고 연해주를 강점했던 것이다. 여기에 비하면 고대로부터 근현대에 이르기까지 우리 민족과는 깊은 연고가 있는 연해주인데 왜 코리안 벨트의 꿈을 설계하고 실현하지 못하겠는가. 연해주는 옛 발해를 사랑하는 우리의 정서에 짙은 향수를 불러일으키게 할 뿐 아니라 우리의 젊은 청년들에게 새로운 꿈을 펼치고 불태울 수 있기 때문이다.

2_ 연해주 한인 이주

연해주는 서쪽으로는 아무르강을 경계로 하며 동쪽으로는 따따르스키해협과 동해를 경계로 하고 남쪽으로 두만강 하류에 인접해 있는 극동 러시아 영토의 일부이다. 면적은 약 207,000㎢에 달하며 한반도와 거의 비슷하다. 연해주의 젖줄인 아무르강과 우수리강 유역은 넓은 평원을 이루고 수원이 좋은 한카호가 있어 농업 생산에 필요한 좋은 조건을 구비한 곳이다. 그밖에 남북으로 장사같이 뻗은 시호데알린 산맥은 경사진 면이 가파르고 험하며 바다 쪽으로 급경사를 이루나 그 외 지역은 각종 광물이 풍부한 산골짜기와 울창한 삼림으로 형성되어 있다. 특히 포시에트(Posiet)항을 형성한 포시에트지역과 블라디보스토크항이 형성된 표트르만을 둘러싼 남우수리지역 및 수이원허지역 등 농경지 개척에 알맞은 지역이 있다.

그러나 이 지역들은 연해주가 러시아의 영토로 될 때까지 여러 종족의 거주민이 불과 12,000여 명 정도였으며 그들은 수렵, 어로, 순록 사육 등의 생업에 종사하고 있어 미개척지대였다.

러시아와 연해주와의 관계는 1483년 이반(IVAN) 3세 때에 시베리아 대원정을 시도하였으나 중도에 그쳤고 본격적으로 우랄 북방에 진출한 것은 16세기 말엽부터 시작된다. 이것 역시 정부의 시도에 의한 것이 아니라 개인 사업가의 발의와 모험심에 의하여 비롯된 것이다. 카자크 (Kazakh)의 추장 예르마크는 1578년 스트라가노프(Straganov)로부터 우랄산맥을 넘어 시베리아를 횡단할 것을 지시받고, 식량·무기 등을 준비하여 우랄산맥 너머에 위치한 토볼스크(Tobolsk)라는 곳을 1579년에 점령하여 러시아황제 이반 4세에게 바쳤다. 이로써 러시아 제국이 동방으로 진출하는 계기를 마련하고 계속 동진하여 불과 1세기도 못되어 러시아인들이 태평양 연안에 도착하였다. 이 과정에서 중국 흑룡강 유역에 진출함으로 말미암아 청나라와 충돌하게 되고 1654년과 1658년 청의 요청에 의하여 조선조정에서 군대를 출병함으로써 한·러 간에 역사상 처음 접촉이 있었다. 러시아는 크고 작은 사건들을 겪으면서 계속 동진하여 1858년에는 아이훈조약(愛琿條約, Treaty of Aihun)[26]을 체결하여 연해주를 러시아와 청나라의 공동 감시 하에 두었다가 2년 후 1860년 10월에 청국이 청·영 간, 청·불 간에 1857년 이래의 아로전쟁(제2차 아편전쟁)을 끝내는 조약을 맺는 등의 혼란을 틈타 다시 청을 협박하여 청·러 간 북경조약[27]을 체결함으로써 우수리강 이동에서

---

26). 1858년 5월 흑룡강성 남안의 성시(城市) 아이훈(愛琿)에서 청·러 간에 맺은 조약. 태평천국의 난과 영국과의 애로호(號) 사건을 기화로 러시아의 동시베리아 총독이 이곳에 진출, 협박해서 흑룡강 좌안을 러시아 령으로, 우안의 우수리강에 이르는 지역을 청나라 령으로, 우수리강에서 바다에 이르는 지역을 양국 공동관리 하에 두도록 하였다.
27). 1860년 11월에는 양국 사이에 청을 협박하여 청·러 북경조약을 맺어 양국 공동관리 하에 두도록 하였던 우수리강 이동(以東)의 연해주 지역이 러시아 령으로 되었다.

태평양연안에 이르는 이른바 연해주지방을 손아귀에 넣게 되었다.

청·러 북경조약이 당시와 그 이후 한반도에 끼친 영향은 대단히 컸다. 왜냐하면 영토조항인 제1조에서 연해주지역이 러시아에 할양됨으로써 조선은 사상 처음으로 유럽국가인 러시아와 국경을 접하게 되었기 때문이다. 러시아는 연해주가 러시아 영토가 된 것을 발판으로 하여 극동지역 식민계획을 세우며 연해주 경영을 본격화였으며 8·15해방 후 소련의 한반도 진출과 오늘의 민족 분단의 한 계기가 된 것이다.

러시아는 신개척지에 이민을 장려하기 위하여 1861년 4월 27일 러시아 자유이민법을 제정, 공포하였다. 이 법에 의하면 관유지(국유지)를 점령, 개간하면 사유지로 인정하고 이주자에게는 병역의 혜택과 인두세를 면제하며 20년 간 토지세를 면제해 주었다. 이 법은 러시아인만이 아니라 이국인에게도 적용되었으며 아시아인의 경우 세력이 커질 수 있는 중국인보다 우환이 없을 한인의 이주를 선호했다. 러시아정부가 연해주지방을 차지하면서 동방경약(東方經略)의 일환으로 식민사업을 서두른 이유는 우선 국경을 확보하기 위한 작업이었다. 많은 사람을 이민하여 정착케 하고 러시아의 통제 하에 둠으로써 영토 확보와 국경을 확실히 하자는 의도였다.

러시아정부는 자유이민법까지 제정하여 연해주로의 이민을 장려하였으나 소기의 목적을 달성하지 못해 고심하였다. 당시 극동지방으로의 여행은 대단히 불편할 뿐만 아니라 극동의 혹독한 기후 때문에 더욱 그러하였다. 러시아정부는 1882년부터 보다 적극적으로 극동이민정책을 추진하였다. 1883년 우크라이나지방의 농민을 입추의 여지없이 싣고 이른 봄에 오데사항을 출발하여 늦은 가을에야 겨우 블라디보스토크에 도착할 수 있었다. 긴 수송기간에 많은 환자까지 발생하여 해로수송의 어려움을 알게 되자 다음에는 대마차대를 편성하여 시베리아 횡단을 결행하였으나 이 방법 역시 장도의 시베리아 여행에 따른 질병으로 말미암아 많은 사망자를 내었다.

여기에서 새로 창안된 것이 시베리아철도 부설사업이었다. 이 사업은 연해주 이민만을 위해서가 아니라 시베리아 경제개발에도 그 목적이 있었다. 1891년 9,300km에 이르는 시베리아철도 건설에 착수하여 1916년에 완성하였다. 이 철도의 개통은 극동으로의 이주에 결정적인 역할을 하였다. 연해주 러시아인의 인구 증가 추세를 보면 1860년대에 불과 몇천 명이던 것이 1882년 시베리아 철도 부설 계획을 세울 때까지도 8,385명이었고 철도가 부분개통되던 1908년에는 무려 38만여 명이 되었다. 그리고 1916년 완전개통된 후로는 기하급수적으로 증가하여 완전히 연해주를 장악하였다. 여기서 우리가 주목하게 되는 것은 1860년대를 전후한 한인의 연해주 이주연대가 러시아의 연해주 점령연대와 같은 시기이며 중국 조선족 초기 이민시기와도 거의 같은 때였다는 점이다. 발해의 고토 연해주는 발해 멸망 후 천여 년 동안 가히 무인지대로 방치되었다가 러시아에 의해 점령된 후에 그것도 점령 시기가 거의 같은 때에 다시 발해의 후손이 이주하게 되었으니 주목의 대상이 아닐 수 없다.

한인이 연해주에 거주한 것은 1863년으로 공식 기록되어 있다. 이때 한인 농민 13호가 국경을 넘어 포시에트지역의 관유지를 점유하고 정착하였다. 공인되지 않는 비공식 기록에 의하면 홍경래란이 일어났던 1811년 한인들이 두만강을 건너 박석골, 감자밭골을 이루고 살았다는 기록이 있는가 하면 1853년 함북의 한씨(韓氏) 일가가 남부 우수리 포시에트에 와서 농경에 종사함으로써 연해주 한인 이주의 시초가 되었다는 기록도 있다. 그러나 이들은 봄에 와서 농사를 지어 가을에 돌아가는 계절출가농업(季節出稼農業)에 지나지 않았다. 한인 연해주 이주의 시작 연도에 대해서는 사료마다 다소 차이가 있다. 한인의 연해주 이주 생활사 연구자들에게 많이 이용되는 러시아인 그라베(V. Grabe)의 보고서 「극동 노령에 있어서 황색인종문제」의 기록에 의하면 한인이 연해주에 정착한 연도는 1863년으로 되어 있고 이 설이 통설로 되어 있다. 1863년 13세대가 포시에트에 정착한 사실이 알려지게 되자 연해주 총독 코르사코프(Korsakov)는 1864년 11월 16일자 다음과 같은 지시각서를 지방관 카자케비치에게 하달한다. "국경지방 이민의 중요성에 비추어 러시아국경 안에 영구 정착하기를 원하는 한인들을 보호할 것과 우선 예비비 가운데서 그 정착 초기에 필요한 식료품을 지급하라." 이 조치는 조선 내의 이주 희망자들에게 널리 알려져 이주의 촉매제가 되었다. 1864년에는 60가구가 이주하였고 1868년 165가구, 1869년에는 766가구로 늘어났다.

  한인의 이주 이유는 중국 조선족의 이주 동기와 다를 바 없다. 즉, 한국 내 통치세력의 폭정과 인구 과밀, 좁고 토박한 농토로 인한 극빈과 영세성, 인접한 러시아의 비옥한 땅에 대한 동경, 그리고 과중한 군역(軍役)을 들 수 있다. 당시 조선 정부에서는 국민보호라는 명분으로 월강 이민을 금지하고 내왕과 교역하는 것을 통제하였고, 1864년에는 러시아인과 통첩했다는 죄목으로 김홍순과 최수학 두 명을 참수형에 처했다는 기록이 있다. 그러나 실제 국경지대에 거주하는 한인들은 강 건너 비옥한 땅을 두고 월강죄가 두려워 주저앉아 있을 수 없었다. 국경을 넘는 것은 주로 밤을 이용하여 연해주와 만주 여러 곳을 통해서 행해졌다. 때문에 국경 경비초소에서는 이를 막을 효과적 방법이 없었다. 연해주 토지관리국의「극동지역의 고려인 관련문제」보고에 의하면 조선으로부터의 이민은 육로와 해로 등 다양한 경로를 통해서 이주해 왔고 연해주에 도착한 후에는 소 한 마리가 겨우 끄는 이륜마차 한 대에 의지하여 정착할 곳을 찾아 떠돌아다녔다. 그들은 일가친척이나 동향인들 사이에서 임시로 안식처를 구하였다가 땅을 얻을 수 있는 곳이라면 어디에나 정착하여 점차 한인부락을 형성했다. 먼저 들어온 이주인들은 친척이나 동향인들이 왔다는 사실을 행정당국에 알리지 않았고 오히려 자기들과 안면이 있을 뿐인 한인들도 자신의 가족이라고 하며 숨겨주었다. 이렇게 한인들은 연대의식을 가지고 상부상조하면서 이주 초기 생활의 고난을 극복해갔다.

　1869년 이후 한인들의 이주가 대폭 증가하자 러시아정부는 이전의 한인에 대한 우호적인 정책을 바꿔 한인들을 한·러 국경에서 멀리, 그리고 러시아인 촌락에 산재시킴으로써 한인 이주민이 초래할지도 모르는 문제에 대처하였다. 이 결과 한인들은 수이푼, 우수리스크, 빨티산스크, 수찬 지역 등 연해주 여러 곳에 분산, 정착하게 되었다.

3_ 연해주 한인의 정착

연해주 한인의 정착문제는 러시아의 이주민 정책과 궤(軌)를 같이 한다. 러시아는 연해주개발을 위해 많은 인력이 필요했고 한인들은 새 생활의 터전을 찾아 이주해 가게 됨으로써 쌍방은 상호 필요 보완관계로 시작되었다. 한인 이주 초기 러시아정부는 매우 우호적이며 여러 가지 혜택을 주었다. 까다로운 절차나 규제를 하지 않았고 오히려 식량을 지원하고 빈번한 중국 마적단의 만행으로부터 보호해 주었다. 이주민의 대부분은 얼마 되지 않는 재산마저 버리고 조선을 떠났기 때문에 아주 가난한 사람들이었다. 그들은 연해주에 도착하자마자 러시아의 구조 없이는 지탱하기 어려웠다. 이러한 딱한 사정을 고려하여 연해주 총독의 예비비로 그들에게 원조를 해야만 했다. 1865년 여름 총독이 티진헤(地新墟)에 있는 1863년의 최초 한인 정착지를 방문함으로써 이 지역 이주민 실태를 좀더 잘 알 수 있게 되었다.

첫 이주민들이 열심히 농사를 지어 성공적인 정착이 가능함을 예견하고 또 앞으로 이주해 올 사람들도 극동 노령(露領)지역 개척에 매우 유익할 것이라는 전망을 하였다.

연해주 총독이 노브고르드 국경초소에 지시한 최초의 명령서에서 이주 한인을 도우려는 의도가 잘 나타나 있다.

첫째, 한인이 이주를 신청할 때에는 무조건 허가하고 협조하라. 둘째, 국경에서 좀더 떨어진 곳에 정착하게끔 그들을 설득하고 만일 원하지 않으면 다른 정착지를 선택하도록 하라. 셋째, 이주 한인들은 러시아의 법률 하에 동등하게 보호하고 중국관리의 어떠한 간섭도 허용하지 말라. 위의 정책 지시에서 러시아의 두 가지 측면을 읽을 수 있다. 첫째는 이주 한인을 환영하며 최대한의 편의 제공과 보호책을 세운 점이다. 러시아 영토에서의 보호뿐 아니라 중국의 간섭과 조선정부의 박해로부터도 보호하려는 정책적 의지를 표명하며 이주한인들을 러시아 국민으로 입적시키려 하였다. 두 번째 의도는 연해주에 한인이 쇄도함으로 인해 발생할지 모를 불상사를 예방하기 위하여 가급적 한인의 정착지의 한계선을 설정하려 하였다. 처음에는 그 한계선을 티진헤와 수찬계곡으로 정했다가 후에는 나홋트카만과 블라디보스토크 사이의 연안 내륙 지방에 정착시켰다. 그 다음에는 한인 이주민 수가 증가하게 되자 수이푼과 포시에트 변방 지역의 기존 한인들과 접촉하도록 하였다. 이주한인들은 이러한 러시아정부의 호의에 감사하고 신뢰하며 그 시책에 잘 따랐다.

그러나 조선정부와 러시아정부 간에는 한인 이주에 따른 어떤 협정도 없었다. 러시아 당국은 모든 외국인들에게 자기나라 정부의 허락 여부에 관계없이 러시아국적을 부여한다는 것을 염두에 두면서 조선 또는 중국관리들이 러시아영토 내의 한인들에게 문제를 삼는 일에 대해서 이를 받아들이지 않으며 더욱더 한인을 보호할 것이라고 하였다. 러시아정부는 한인들을 러시아농민으로 받아들이는 것은 러시아 경제발전에 유익한 일이라고 확신하고 있었다. 뿐만 아니라 한인들의 정착해 가는 형태를 주의깊게 관찰한 러시아관리들은 한인들을 연해주에 이주시키는 것이 일반 러시아 거주민이 생각한 것처럼 그렇게 위험하지는 않다고 파악하였다. 왜냐하면 조선의 법은 국경을 넘어가는 것을 금지하고 있어 한번 법을 어긴 사람은 조국과 일생 동안 분리될 수밖에 없고 따라서 러시아당국의 지시에 순종하는 길 외에는 선택의 여지가 없을 것이라고 분석했다. 만일 한인들이 경제적으로나 사회적으로나 불안 요인이 되거나 러시아에 위해로운 영향을 미칠만큼 증가하면 그때 가서 이주를 금지하거나 다른 민족과 혼거케 함으로써 서로 견제책을 세우면 된다고 생각했던 것이다.

　이주한인들의 직업 실태를 보면 이주민의 80%가 농업에 종사하였다. 그외 20% 가운데는 도시 도로공사와 건축에 종사하는 도시 근로자와 어로업, 벌목공, 광산노동자, 또는 극소수이기는 하지만 러시아의 하급관청에서 보조적인 일을 하는 사람들도 있었다. 러시아인들의 한인 평가는 겸손하고 도덕적 수준이 높으며 예의 바르고 근면한 민족으로서 신뢰성이 있다고 좋은 평가를 했다. 그러나 이주 한인들은 머리를 기르고 상투를 틀고 한복을 입고 한인 풍습과 생활양식을 그대로 지키면서 다만 생계를 위한 토지만을 요구할 때 러시아 당국의 눈초리는 고울 리 없었다. 러시아당국은 이주 한인의 러시아 귀화를 종용하면서 모발과 의복과 생활양식의 현지화를 유도했으나 별 효과가 없었다. 한인들은 러시아 국적을 취득하면 토지 소유권을 비롯하여 여러 가지 우대를 받는 줄 알면서도 조상 전래의 한인 풍습을 쉽게 버리지 않았다. 생활고로 인해 비록 이국에서 살고 있지만 조상전래의 문화와 민족정체성을 유지하려는 의지는 생활의 여러 모습에서 엿볼 수 있었다.

　러시아당국은 이주 한인에 대하여 두 가지 측면에서 우려를 표명했다. 첫째, 이주한인들이 러시아정부가 예상했던 것과는 달리 쉽게 동화하지 않는 점이었다. 앞으로 한인 수가 증가추세인데 이들이 동화를 거부하고 한인들의 전래의 풍습과 생활방식을 그대로 견지한다면 거대한 이질 집단을 양성하는 결과를 초래하여 언젠가는 민족적 문제를 야기시킬 가능성이 있다고 판단했다. 둘째는, 해를 거듭하면서 한인 이주가 급격히 증가하는 점이었다. 여권과 비자는 말할 것도 없고 서류 한 장 없이 불법적으로 국경을 넘었던 한인들은 어디에서 국경을 넘고 어디에서 일자리를 얻는지를 잘 아는 경험많은 안내자의 통솔 하에 봄에 무리를 지어 밀입국하였다가 겨울이 되어도 돌아가지 않고 그 지방에 정착했었기 때문이다. 그리고 한인들의 이주가 많아질수록 러시아화의 속도는 느려졌다. 왜냐하면 한인이 많으면 한인끼리 생활이 가능하기 때문에 러시아어를 배우지 않고 한인 고유의 관습을 유지하게 되어 동화 속도가 늦어지는 것이다. 이러한 분위기는 대단위 한인 집거지를 형성하게 되고 후일 한인 자치향(自治鄕)을 구성하는 계기가 되었다.

　러시아 당국은 한인의 계속적인 대량이주를 염려하여 원칙적으로 한인 이주를 금지시키려 하였지만 한편으로는 연해주 지역의 개발을 위한 정책적인 차원에서 한인들의 정착에 도움을 주었다. 이러한 양면성의 양상을 띠게 되는 것은 연해주 총독의 시정 방침에 따라 좌우되기 때문이었다. 예컨대 코르프총독은 연해주 지역 개척에 한인들을 활용하는 것은 적합치 않다고 하여 이주를 제한하였는가 하면 그 후임자인

두호프키총독은 노령지역 개척에 있어 한인의 유용성을 인정하여 한인 이주를 적극 도왔다. 대신 한인의 러시아화 정책을 병행시켰다. 그러나 이러한 러시아측의 태도에 대한 조선정부의 항의와 이주 한인의 계속적인 증가로 종전의 구호적이고 방임적인 태도에서 벗어나 점차 제약을 가하기 시작하였다.

이러한 방침의 선회로 지금껏 한·러 간에 이주 한인에 대한 아무런 협정도 없이 지내오던 것을 1884년에 조·러 수호통상조약(朝露修好通商條約)[28]을 체결하여 처음으로 이주 한인들의 생명 및 재산의 안전과 보호를 받을 권리를 갖게 되었다. 그러나 이들의 법적 지위가 확정된 것은 4년 후인 1888년 조·러 육로통상장정(章程)의 체결에 의해서였다. 이 장정은 연해주 한인들을 세 가지 부류로 분류하였는데 그 기준은 다음과 같다.

첫번째 부류는 1884년 6월 25일 이전에 이주해온 사람으로서 러시아 국적 취득 예정자이다. 이들에게는 러시아인과 동등한 지위를 부여하며 가족 당 15데샤티나(1데샤티나 : 1.092헥타르)의 토지를 분여해 주고 러시아 농민과 같이 납세의무를 부과했다.

두 번째 부류는 1884년 이후에 이주한 사람, 또는 1884년 이전에 이주한 사람들 중 러시아 국적을 갖기를 원하지 않는 사람, 그리고 첫 번째 부류의 사람들을 위해 제정한 법규를 이행하지 않으려는 사람들이

---

28). 1884년(고종21년)에 조·러 간에 체결된 국교조약. (조선측 전권대사 외무독판(外務督辦) 김병시(金炳始)와 러시아측 전권대사 웨베르가 회담을 갖고 최혜국 대우, 선박과 관세에 관한 규정, 치외법권의 인정 등 양국 간에 정식 국교를 맺은 조약.

었다. 그러나 이들에게도 연해주 거주를 희망하는 한인들에게는 2년간의 유예기간을 주고 매년 러시아의 사증을 발급받도록 하였다.

셋째 부류는 이 지역에 일시적으로 거주하고 있거나 혹은 장사를 하기 위해 머무는 사람들이다. 세 부류에 속하는 사람들은 그 부류에 따라 권리와 의무가 달랐다. 첫째 부류의 사람들은 가족 명부를 작성하여 지방관청에 제출해야 하고 최소 20년 이상 살아온 지역 농민들과 똑같은 납세 및 부역과 군역의 의무를 지며 단발까지 강요당하였다. 대신 토지 분여의 특혜를 받았다. 둘째 부류의 한인들에게는 약정서를 몰수함과 동시에 러시아 국경에서 더 이상 국유지를 이용할 권리를 박탈하고, 2년 유예기간을 주어 농토를 정리케 하고 조선으로 귀환할 것을 권유받았다. 그러면서도 2년 유예 기간 동안에는 납세의 의무를 지게 했다. 세 번째 부류의 한인들은 러시아 거주증이 있어야만 잠정 거주를 할 수 있게 하였으며 그들이 여태까지 해왔던 식으로 국가 소유지에서 자유로이 정착하거나 사업할 권리를 갖지 못하게 하였다.

이처럼 초기 연해주 한인 이주민들은 생활고와 함께 정신적 고통이 매우 컸었다.

4_ 연해주 한인사회의 형성

초기 연해주 한인 이주민은 중국 초기 조선족의 경우와 여러 가지 면에서 흡사한 점이 많았다. 이주하게 된 동기가 거의 같았으며 빈 손으로 밤에 월강했으며 연해주에 도착하자마자 당장 의식주 해결이 막막했던 점과 그리고 정착방법에 있어 땅을 일구어 농경으로 시작한 점 등은 거의 같았다. 다만 다른 점은 이들을 대하는 중국과 러시아의 자세와 태도의 차이였다. 중국은 처음부터 이주민을 거부하는 데 반하여 러시아는 호의적으로 받아들이고 구호품까지 지원해 주면서 정착을 도와주었다. 러시아 당국은 까다로운 절차나 견제 없이 비교적 쉽게 농경을 시작할 수 있도록 편의를 제공하였다. 농업을 천직으로 여기는 농민들에게 개간할 땅이 생긴다는 것은 하늘이 내리는 축복이었다.

농경사회의 특징은 대부분의 백성들이 땅에 의존해 살아가는 점과 한 곳에 정착하여 유동이 없는 점이다. 초기 이주 한인들은 넓은 땅을 탐하고 땅에 열정을 쏟으면서 전형적인 농경생활이 시작되었다. 연해주는 함경북도와 인접하고 있어 토지나 기후 조건 등이 거의 비슷하므로 이역땅이라고 해서 조금도 생소할 것이 없었고 조선에서의 농법을 그대로 적용하였다. 이주한인들이 황무지를 개간하고 영농하는 방법을 관찰한 연해주 당국의 평가에 의하면 "한인은 한번 어떤 지방에 토착하면 쉽게 그 땅에 눌러 앉아 잘 적응하며 그곳 기후에 순응하는 천부적인 농부의 자질을 발휘한다. 다른 이주민들은 어떤 일부터 착수해야 할지 엄두를 내지 못하고 망연자실하며 토지에 불만을 품고 한숨을 짓는데도 한인들은 비탈진 땅이나 습지까지 아랑곳하지 않고 그들의 손이 닿으면 다 옥토로 변한다."라고 극찬을 아끼지 않았다.

 이와 같이 초기 이주자들은 성공적인 정착을 하면서 뒤에 이주해 간 사람들의 길잡이가 되었으며 연속되는 대량 이주인과 더불어 농경 한인사회를 형성해 갔다. 한인촌락이 여러 지역에 형성되어 가자 연해주 총독은 1870년초부터 한인 관리의 필요성을 느끼고 그의 촉탁관리 푸찔로로 하여금 수이푼강 유역 한인 거주지를 관리하도록 명령을 내렸다. 푸찔로는 한인마을마다 촌장과 서기를 선출케 하고 자치기구를 형성하였다. 촌장과 서기는 자치적으로 치안업무와 약간의 사무처리를 하고 이밖에 한인들은 관습에 따라 각 마을마다 주민들의 도덕과 기율을 유지시켜 줄 고령의 노인을 뽑아 마을의 질서를 유지했다. 이 인격을 갖춘 노인은 실질적 권한을 갖지는 않았지만 한인들은 촌장보다 그를 더 존경하고 따랐다. 이주한인들은 모국에서의 향약(鄕約)같은 것을 염두에 두고 자치적 기능을 발휘했던 것이다. 이와 같이 한인들은 어려운 이주생활 속에서 자치공동체를 이루어 나갔다.

 독립신문 상해판에 게재되었던 뒤바보의「아령실기」(俄領實記)에 의하면 한인들의 자치기구로 색중청(色中廳)이 있었다고 한다. 이는 한국 보부상의 예규를 본따서 만들었는데 연해주 이주 초기 유일의 단체였다. 이 단체는 농촌, 도시, 어촌과 광산촌까지 지청을 설치하여 서로 연락하며 정보를 교환하고 어려움을 공동대처하는 기능을 했었다. 그 임원은 반수(班首), 접장(接長), 공원(公員), 집사(執事) 등으로 구성되어 있었는데 1년에 한번씩 개선하였다. 반수는 연령이 최고령인 자로 인격과 경륜이 있어야 하며 접장은 그 지방의 풍속을 잘 알고 분쟁과 시비를 가릴 만한 능력이 있는 사람으로 하는데 만약 어떤 사람의 죄가 인정되면 태형(笞刑)을 집행하고 죄질이 나쁘거나 정도가 심하면 경계 밖으로 축출하는 특권까지 지녔다. 임원은 개선할 때마다 각 지방지청에 소집 통고를 하고 만일 단체 내에 갑작스런 사건이 발생하면 사발통문을 돌렸는데 이때는 인근 사람들이 다함께 모여서 그 사건을 공식적으로 토의 결정하였다. 색중청의 주요 목적은 회원 중에 병이 생기면 치료해 주고 사망자는 장례를 치러주었다. 뿐만 아니라 회비를 징수하여 증식하며 1년에 한번 정기회가 있는 날이면 성찬을 마련하고 회원 상호 간에 위로와 격려를 하면서 서로의 발전을 기약하였다. 이렇듯 색중청은 이주 한인들의 구심 단체로서 일종의 자치행정 기능을 하였으며 친목 단체의 역할도 하였다.

  이와 같이 한인들은 모국에서 실시하였던 향약 등을 본받아 자치생활을 하였으며 가난과 추위에 견디기 어려운 생활을 하면서도 서로 돕고 아끼면서 상부상조의 정신을 잊지 않았다. 이에 대하여 『아무르한인들』의 저자인 엔빠세낀은 다음과 같이 서술하였다.

  "한인들의 가장 긍정적인 점은 친척과 노인과 이웃을 서로 보살피고 도와주며 진정한 동포애로 한인사회를 화합 결속하는 것"이라고 지적하고, "이러한 한인들의 습관은 문명화된 민족들보다도 더 우수해 보이는 점이다. 특히 길·흉사에 서로 돕는 것을 의무로 여기고 있으며, 이웃을 돕는 것을 큰 보람으로 여기고 있다. 이는 한민족의 특성이며 세계 여러 민족이 본받아야 할 일이다. 러시아의 어느 농촌 마을에서 이러한 광경을 볼 수 있겠는가. 한인들은 자기네 동포뿐만 아니라 러시아인과 중국인에게도 선심을 베풀어 주는 인간미를 지니고 있다."라고 하였다.

그러나 국제정치의 냉혹한 비정(非情)은 한인들의 순수성을 그대로 받아들이지 않았다. 운테르베르게르 총독은 이주한인의 연해주 개척과 한인촌 형성을 '황인종의 평화적 침략'으로 인식하고 이를 방지하기 위하여 황화론(黃禍論)을 주장하였다. 그는 "황화는 극동노령지방에 다가오고 있다. 우리들은 급속히 이에 대한 대책을 강구하여 중국, 한국, 일본인 구별 없이 황인족을 압박해야 한다."고 말했다. 특히 그는 한인들을 경계했다. "이주한인은 중국인과 같이 품팔이노동에 만족하지 않고 대개는 전답을 개간하고 집을 지으며 영구히 정착할 뜻이 있으므로 다른 황인종보다 더 강경책을 강구해야 한다."고 하였다.

1904년 러·일전쟁에서 패한 러시아는 황인종을 더욱 두려워하고 경계하였다. 1905년에는 비귀화 한인들이 개척한 토지를 강제로 빼앗고 한인에게는 관유지 임대를 금지하였다. 러·일전쟁 전까지는 국가 차원에서 황인종의 노동력을 활용하였지만 러·일전쟁 후에는 극동지방에서 러시아의 위치를 확고히 하기 위해 가능한 한 빨리 보다 많이 러시아인을 이주시키려 하였다. 뿐만 아니라 1905년 이른바 을사보호조약 체결 후 조선은 국제법상으로 일본에게 외교권을 박탈당하여 러시아 내의 비귀화 한인은 외교적 관할권이 일본에 귀속되었다. 때문에 연해주 비귀화 한인의 증대는 러시아정부 입장에서 볼 때 일본의 외교적 영향력이 자국 내로 확대되어가는 현상으로 간주되었던 것이다.

1905년 이후 연해주 이주 한인들은 이중 삼중의 성격을 띤 불확실한 신분 때문에 러시아의 제재와 일본의 간섭으로 인해 이중고에 시달리게 되었다. 그들은 조선인으로서의 신분과 러시아인(비귀화)으로서의 신분, 일본신민으로서의 신분 등 몇 가지 성격을 띠게 되었기 때문이었다.

그러나 연해주 이주 한인들은 1904~5년 국제적 대사건으로 인해 새로운 변화를 맞게 되었다. 한반도에서의 빈민들의 계속 이주와 아울러 일제가 러·일전쟁 승리의 기세로 조선침략을 가속화시켜 나가자 이에 항거하는 한인들의 정치적 망명이 늘어났던 것이다. 이들 애국지사들은 연해주 내 기존의 한인사회에 영향을 미치며 혼연일체가 되어 항일독립운동의 기지가 구축되어 가자 이를 간파한 운테르베르게르 총독은 더욱더 한인을 경계하며 동화되기 어려운 민족으로 판단하여 한인에게 토지가 점유되는 것을 위험시하였다. 그 결과 한인 추방정책이 취해지고 한인들은 농업, 광업 등 생활터전에서 배척되었다. 그러나 저렴한 임금에 비해 근면한 노동 자세와 영농 능력을 갖춘 한인들을 무조건 배척할 수는 없었다. 또한 광업계에서 노동력 부족으로 큰 타격을 받게 되자 한인 노동력을 다시 요청하게 되어 러시아당국은 한인배척 정책을 유보할 수밖에 없었다.

한번 뿌리내리기 시작한 한인사회는 쉽게 흔들리지 않았으며 시간이 흐를수록 한인 특유의 근면, 성실과 저력으로 한인사회의 경제적, 사회적 위상은 날로 향상되었다. 그리고 조국의 운명이 풍전등화같은 상황임을 깊이 인식하고 망명애국지사들에게 물심양면으로 지원하며 독립운동의 발판을 구축하는 데 큰 몫을 하였다.

후일 블라디보스토크 시내에 대규모 신한촌(新韓村)이 형성되고 이상설, 이동녕, 이동휘, 안창호, 안중근, 홍범도, 신채호, 유인석 등 국내외의 기라성 같은 인사들이 결집하여 망명정부가 서게 되며, 군대의 양성, 신문의 발간, 한인학교의 설립, 근업회(勤業會)와 성명회(聲明會) 결성 등으로 조직적 독립운동을 할 수 있었던 것도 연해주 한인사회의 뒷받침이 있었기 때문이었다.

5_ 연해주 한인의 생활상

연해주 초기 이주한인의 생활상을 고찰해 보는 것은 한민족 이주사 연구에 또 한 측면의 의의가 있다고 생각된다. 생사를 걸고 이주해 간 그들이 낯선 이국에서 타민족의 지배하에 어떤 생활을 했었는가. 좀더 구체적으로 말하면 어떠한 주거환경에서 어떠한 옷을 입고 어떤 음식을 먹으며 어떤 생각들을 하면서 살았는가. 그리고 또한 러시아인과는 어떻게 관계를 유지하면서 현실에 적응해 갔는가. 이에 관한 연구는 이주한인들의 의식의 변화현상과 민족정체성 연구에 기본이 되기 때문이다.

첫째, 의복에 있어서 이주 전 조선에서와 같이 남자는 흰 무명 바지저고리에 상투를 틀었으며 여자는 무명 치마저고리 차림의 한복을 입었다. 신은 거의가 짚과 삼으로 엮어 만든 미투리를 신었고 갓을 쓰고 출입을 하였으며 평소에는 탕건을 쓰고 있었다. 간혹 부유한 한인들 중엔 단발을 하고 양복을 입으며 중절모자나 러시아제 털모자를 쓰기도 했다. 이주한인들은 이주 후 20~30년이 지난 20세기 초까지도 고래의 전통적인 복장과 생활방식에서 벗어나지 못했다. 한인들이 이주하여 제일 처음으로 한인촌을 형성했던 포시에트지역의 한인생활상을 관찰한 어느 러시아인의 보고에 의하면, "여자는 옥색 치마저고리에 가슴을 드러내고 아무것도 쓰지 않은 채 머리에 물동이를 이고 등에는 아이를 업고 다녔다. 길거리의 2륜차는 모두 소달구지이고 마차는 드물었으며 소를 타고 가는 한인의 모습을 자주 볼 수 있었다."라고 기술하고 있으며, 이어서 "생활의 기조는 순한국식이고 거의가 러시아어를 사용하지 않았으며 구습에 젖어 있었고 여자는 바깥 출입을 하지 않고 종교에 있어 외견상 공적으로는 희랍정교를 믿는 척 하면서도 속으로는 조상 대대로의 토속신앙을 믿었다. 한인 여성들의 남자에 대한 태도는 지극히 순종적이며 길에서 통행인과 만나면 길을 비키고 대화를 할 때는 머리를 수그렸다. 방안에 남편과 친구가 있을 때는 방문을 겨우 조금 연 채 밥상을 들여보냈다. 그리고 한인들은 러시아인과 혼인은 하지 않으며 먼 곳에서 며느리를 데려오는 것이 상례였다."라고 하였다. 간도로 간 초기 이주민들이 중국당국으로부터 치발역복하도록 강요받은 것처럼, 특히 상투를 자르도록 권유받았으나 쉽게 응하지 않았고 의류와 복장은 한민족의 전통 복식을 지켰다.

둘째, 음식에 있어서는 대체로 조가 주식이었으며, 피, 수수, 콩, 팥 등과 야채를 많이 먹었고 육류와 어류도 즐겨 먹었다. 중상류층은 쌀밥을 먹었으나 보통 노동자는 쌀밥은 엄두도 못내고 조, 피, 콩 등 잡곡밥을 먹었다. 이때의 쌀은 조선과 청나라에서 수입한 것이었으며 벼농사는 성공하지 못하고 있었다. 한인들은 이주 초기부터 벼 재배에 집착하였다. 한민족은 옛부터 벼농사에 익숙하고 농산물 중 최고가치의 작물로 생각했기 때문에 농사라면 으레 벼농사를 염두에 두었고 이주하여 정착하자 바로 벼농사를 서둘렀다.

　처음 벼농사를 시도한 곳은 남부 우수리의 해안지대였는데 이곳은 4월 경부터 7월 중순까지 짙은 안개가 끼고 일조량이 짧고 기후가 불순하여 벼재배에 어려움이 있었다. 한인들은 1870~80년대에 걸쳐 시도와 실패를 거듭하다가 끈질긴 노력 끝에 1917년 그로데고보(Grodegovoe)역 부근에서 시험재배에 성공하였다. 볍씨는 이곳 기후조건과 비슷한 북해도에서 가져와 성공하였다. 이후부터 기후조건이 적합한 지역을 찾아 벼농사를 확장해 나갔다. 벼농사는 이주한인이 독점하다시피했으며 곡물 중 제일 고가품이었기 때문에 한인들의 경제생활에 활기를 불러일으켰다. 이곳의 황무지를 논으로 개간하는 일은 비교적 쉬웠으나 강수량의 부족으로 애로를 겪었다. 그러나 시간이 흐르면서 저수지를 만들어 가뭄을 극복해 갔다.

　1920년대에는 이미 쌀 3만 석 이상을 생산하고 볏짚 13만 관 정도를 일본군에 팔아 부수입을 올리기도 했다. 이와 같은 극동노령에서의 벼농사의 성공은 만주 이주 조선족이 수전을 개간하여 중국 영농의 대혁신을 일으킨 것과 같은 현상이었다. 벼농사의 성공 이후 한인의 주식은 조에서 쌀로 바뀌었고, 겨울에는 우반(牛飯)이라 부르는 소고기비빔밥을 애용하고 여름에는 점심 대용으로 메밀국수를 즐겨 먹었다. 대체로 식기는 작은 그릇을 사용했지만 가난한 가정에서는 큰 함지에 밥을 퍼서 여럿이 둘러앉아 식사를 했다. 술은 좀 살기가 나은 상류급에서는 러시아술 보드카를 마시며 노동자는 쌀로 꼬은 소주를 즐겼으며 당시 조선에서와 같은 탁주를 마시는 사람은 드물었다. 담배는 거의가 담뱃대를 사용했으며 혹 더러는 아편을 흡입하는 자도 있었다.

셋째, 가옥은 농촌과 도시가 확연히 달랐다. 농촌에서는 농가로 적합한 형태의 집을 지었다. 특히 겨울철에는 혹한을 이겨내기 위하여 방과 부엌 구별없이, 방 안에 방바닥에서 일정한 높이로 솥을 걸고 부엌을 설치하여 보온이 잘 되도록 하였다. 함경북도 북단의 한옥 구조와 흡사했다. 집은 농촌의 특성상 거의가 자기 집을 가졌고 셋집에 사는 사람도 있었는데 이는 갓 이주해 온 사람들이 집을 마련할 때까지 당분간 이용하는 경우였다. 도시 부근에 있는 한인가옥은 러시아식 구조의 목조로서 지붕은 판자로 덮고 방바닥은 농촌집 같이 온돌을 놓아 한·러 절충식이었다. 변소는 상류급에 있어서는 집에 붙어 있었으나 중류 이하는 공동변소를 이용하였다.

도시 내에는 한인의 거주지역을 한정하고 한인의 중하급 노동자의 불결함을 이유로 위생상 문제가 있다고 하여 타민족과의 혼거를 금했다. 시내에 비교적 자유롭게 주거가 허용된 한인은 러시아 국적을 가지고 시내에 부동산을 가진 자와 영업 감찰을 가지고 시내에서 상업을 하는 자 및 러시아인에 고용된 자에 한해서였다. 특히 하바로프스크시와 같은데서는 한인 노동자의 시중통행까지 금지한 사례가 있었다.

한편 이주한인들의 생활풍속과 관습을 살펴보면 이주 전 조선에서의 그것과 별 차이가 없었다. 관혼상제의 예식은 거의 다를 바 없었으며 설에는 1주일 간 휴업하고 일가 친척을 찾아 인사하러 다니고 술을 마시며 이국의 향수를 달랬다. 단오와 추석 때도 조선에서의 풍습이 그대로 행해졌으며 촌락에서는 점을 치고 액운을 막는 굿을 하기도 했다. 이처럼 이주한인들은 자연환경에는 빨리 적응하면서 주재국의 제도와 러시아인과의 접촉 같은 사회적 환경에는 쉽게 석응하려 하지 않았다.

다만 일상생활에서 변해가는 점이 있었다면 러시아인들과 잦은 접촉을 함으로써 일상의 인사에서 악수를 하고 한국어와 러시아어를 혼용하는 경우가 있었다. 그러나 이것은 한인사회의 본질적인 변화는 아니었으며 한민족의 전통문화는 계승되었고 민족정체성도 유지되었다. 이렇게 되는데에는 이주 1세들이 조국에 대한 확고한 인식과 민족 전래의 윤리관을 견지했고 또한 끊임없이 새로운 이주자가 합류했기 때문이며, 특히 1900년대 초부터는 많은 망명지사들이 이주하여 민족혼을 일깨웠기 때문이었다.

이주한인들의 생활상에서 또 한가지 빼놓을 수 없는 것은 종교문제였다. 종교문제는 그들의 생명줄인 토지와 직결되었기 때문이다. 토지를 얻기 위해서는 러시아에 귀화해야만 했다. 귀화하는 자에게는 무상으로 15데샤티나의 땅을 분여하고 그 외 여러 가지 편의를 제공하였다. 그런데 그들이 귀화하기 위해서는 러시아정교로 개종하는 것이 선행조건이었다. 제정러시아는 정교(政敎)일치로 정치권력과 종교가 통일되어 있었다. 그러므로 귀화조건에 그들의 국교인 러시아정교를 강요하게 된 것이다. 한인의 입장에서는 러시아정교 수용, 귀화, 토지취득이 연관되어 있어 내심으로 거부하면서 겉으로는 정교신자가 되지 않을 수 없었다.

뒤바보가 쓴「아령실기」(俄領實記)에 보면 "극동 노령(露領)에 이주한 한인들은 마음에도 없는 러시아정교를 믿지 않으면 안되었고 또한 세례를 받지 않으면 안되었다."고 기술하였다. 러시아정교에 귀의한 신자일지라도 결혼과 장례식 등은 조선 고유의 방식으로 거행하는 경우가 많았으며 심지어 러시아정교 의식으로 결혼식을 거행한 뒤에 다시 조선 전통혼례를 치렀다. 한인들의 러시아 귀화를 처음부터 부정적으로 보던 운테르베르게르(Unterberger)총독은 "비록 한인의 일부가 정교를 수용하였지만 이것은 표면적일 뿐이다. 한인들은 러시아에 영구히 정착하려고 노력하면서도 동화되려고 하지 않고 러시아에 한인 자신들의 사회를 만들고 있다."고 지적했다. 이 시각은 정확했다. 이주한인들에게는 신앙보다는 빵문제의 해결이 급선무였기 때문이었다.

1910년 조국이 일제에 강점되자 한인들은 정신적으로 방황하게 되었다. 비귀화한인들은 러시아 국적을 취득할 것인가 아니면 일본 국적을 인정할 것인가라는 두 가지 선택의 기로에 놓이게 되었기 때문이었다. 이때 일본을 적대시하던 대다수의 한인들 사이에는 러시아국적을 취득하려는 경향이 급속히 증대하여 희망자가 3만 명에 이르렀다. 이때는 빵을 위해서가 아니라 호신책이었다. 힘없는 민족의 이주 생활은 이렇게 서러움이 겹쳤다.

6_ 연해주 이주 한인의 교육

　세계 어느 지역에서나 초기 이주민이면 다 겪는 일이지만 연해주 초기 이주한인의 최대 관심사는 의식주 해결과 자녀교육 문제였다. 그들은 땅을 개간하고 농사에 열중하면서 생활이 정착되어가자 자녀교육 문제로 고심하게 되었다. 더구나 자녀 교육열이 높기로 세계적 정평이 나있는 한민족으로서 그들은 자신의 모든 것을 희생하면서도 자녀교육에 열성적이었다. 그러나 이주 초기 시골 농촌에서 불과 몇 가옥이 이곳저곳에 산재해 있을 뿐 제대로 큰 규모의 한인마을이 형성되어 있지 않는 상황에서 학교시설, 선생, 재정 등 교육환경을 조성한다는 것은 여간 어려운 일이 아니었다.
　한인들은 그들이 이주하기 전의 조선에서와 같이 전통적인 한문 서당을 열고 『천자문』(千字文)과 『동몽선습』(童蒙先習)을 가르쳤다. 그 방법 밖에는 다른 도리가 없었다. 그나마도 한문 훈장을 초빙할 수 있는 마을은 다행이었고 그렇지 못한 마을에서는 상당한 먼 거리에 있는 서당에 자식들을 보냈다. 이러한 현상은 후일 많은 이주민이 들어와서 여러 지역에 한인마을을 형성했었지만 거의 비슷한 양상으로 전개되었다. 초기 이주 한인들은 전통적인 가치관에 얽매여 비교적 선진적이고 개화된 러시아인들과 접촉을 하면서도 재래의 습성에서 벗어나지 못해 한문 공부만이 교육의 전부인 양 생각했었다. 그도 그럴 것이 당시 조선 조정에서마저도 세계의 변화상이나 신교육에 눈을 뜨지 못하고 있는 실정이니 서당 공부에 열중할 수밖에 없었다.

이처럼 이주한인들의 자녀교육이 한문공부에 치중하는 것을 간취한 러시아당국으로서는 그들의 동화정책과 상반되는 현상을 곱게 볼 이가 없었으며 서당 교육을 허용하지 않았다. 러시아당국은 관립학교 외에 이주한인들이 독자적으로 교육하는 것을 강제로 단속하는 한편, 귀화를 조건으로 토지소유를 비롯한 많은 특권을 부여한다는 회유책을 쓰면서 러시아 교육을 받을 것을 종용하였다. 그러나 한인들은 러시아당국의 비위를 적당히 맞추면서 비밀리에 서당 교육을 계속했다. 서당 공부를 하다가 러시아 관리에 발각되면 곤욕을 당하게 되므로 관리가 온다 하면 모두 헤어지든지 그렇지 않으면 문을 닫고 숨을 죽인 채 관리가 지나가기를 기다리는 경우도 많았다. 어떤 부모는 러시아 교육을 기피하다가 당국의 강요에 견디기 어렵게 되자 이웃집 자제를 대신 고용하여 입학시킨 일도 있었다. 이주 한인들은 설령 자녀를 러시아학교에 입학시켰다 해도 그 목적이 인격도야에 있지 않고 일상 생활을 편리하게 할 수 있는 러시아어를 배우도록 하기 위해 학교에 보냈다.

이주 한인들은 자녀교육 문제로 갈등을 겪으면서도 반강제적으로나마 러시아학교에 진학하여 초등학교나 중학교까지만 졸업하면 그 자녀들은 대체로 하급관청 서기나 상점 점원이나 또는 통역을 맡는 직업을 구할 수 있었고 도시로 진출하는 기회를 얻게 되었다.

러시아정부는 한인들을 러시아화하기 위하여 많은 공을 들였다. 그 첫 시도가 교육정책이었는데 1860년대 말부터 1870년대에 걸쳐 민족학교를 세웠다. 이때의 민족학교라 함은 이주한인을 위한 민족학교로서 다시 말하면 한민족학교를 말하는 것이었다. 이 학교에서 수업은 러시아어로 했으며 모국어로 교육하는 것은 금지시켰다. 또한 교과내용도 모두가 러시아에 관한 것뿐이었다. 러시아당국은 이러한 교육시책을 확장하면서 한인들이 정착한 마을이면 학생 수가 불과 20~30명여밖에 되지 않아도 으레 민족학교를 세워 집요하게 러시아 교육을 장려했다. 이와 같은 정책은 극동 노령지역을 정치적 군사적 수단 외에 교육적 문화적으로 완전히 장악하려는 의도였다. 요컨대 제정러시아의 소수민족 정책의 기조는 대러시아주의에 입각한 동화정책이었다. 따라서 노령 이주한인에 대한 교육정책은 단적으로 표현하면 러시아화, 우민화, 예속민화정책이었다. 여기에다 러시아당국은 항상 러시아 교육과 국적 취득과 토지 분여를 연관지어 정책 고리로 활용했기 때문에 한인들의 마음을 동요시키는 데 충분했다.

러시아 교육을 받고 국적을 취득함으로써 땅을 분배받을 수 있다는 것을 알고 있던 한인들 중에는 빨리 그쪽으로 마음을 돌려 러시아당국의 시책에 순응하여 혜택을 받는 사람이 있는가 하면 동화를 거부하고 한민족의 전통을 지키려는 사람도 있었다. 전자에 속하는 사람들, 즉 귀화한인을 원호(元戶)라 하고 비귀화한인을 여호(餘戶)라고 불렀는데 그 비율은 늘 여호의 수가 많았다.

원호 중에는 민첩하게 러시아인들과 교제하여 토지와 부를 축적, 상류계층의 지위를 누리는 자들도 제법 많았다. 그런가 하면 여호는 늘

생활이 어려웠고 원호의 소작인이 되어 일종의 한인계층 분화 현상이 일어났다. 이들은 후일 블라디보스토크 시내의 신한촌(新韓村)에서 독립운동이 전개되었을 때와 1917년 러시아혁명이 일어났을 때 서로 다른 입장을 취하는 경우가 많았다. 즉 원호들은 시세에 영합하려는 경향인 데 반하여 여호들은 강한 민족심을 고수하려는 성향을 보였다. 특히 극동 노령지역에서 러시아혁명전이 5년여 계속되는 동안에 원호는 백계, 제정러시아 편을 지원했고(이때 반혁명 제정러시아는 일본군의 지원을 받고 있었다), 여호들은 혁명군에 가담하여 볼세비키혁명 성공에 한 몫을 했다.

한편 이주한인들의 러시아 정착 시간이 쌓이면서 여호들 간에도 그들의 자녀들이 앞으로 러시아에서 영주할 것을 냉철히 숙고할 때 현지 언어에 숙달하지 않으면 생활이 불편할 것이란 것을 터득하였다. 이주 후 20여 년이 경과한 1890년대에 접어들면서 그들은 자진해서 자녀들을 러시아 관립학교에 진학시키는가 하면 한인들 스스로 한인학교를 설립하여 자체 운영을 하였다. 이 당시 학교를 설립할 때는 러시아당국의 허가를 받지 않았고 물론 보조도 받지 않았다. 학교 재정은 한인들의 성금에 의존했으며 교실은 개인집을 활용하는 경우가 많았다. 이 시기 자녀교육에 대해서는 원호와 여호가 혼연일체가 되어 민족의 결속을 다졌다. 러시아당국은 한인들의 이같은 자세 변화에 긍정적인 평가를 하고 그들도 호의적인 반응을 보이면서 지금껏 러시아어로 러시아 교과목만을 교육해 오던 강경한 태도를 다소 완화하였다. 그리하여 한인 2세들의 모국어 교습을 위해 수업 종료 후 매일 2~3시간 모국어를 배울 수 있도록 학칙을 변경하였다.

극동 노령지역 이주한인들의 교육은 20세기 초에 이르러 새로운 전기를 맞이하게 되었다. 1904~5년의 러·일전쟁과 을사조약 등의 국제적 대사건을 거치면서 일본세력은 강화되고 러시아세는 상대적으로 약화되었다. 이러한 국제환경의 변화에 따라 일본의 침략의 손이 한반도와 연해주까지 뻗쳐와 연해주 한인들의 교육은 또다른 국면을 맞게 된 것이다. 1910년 일본에 의해 국권이 침탈당하자 애국망명지사들이 연해주에 모여들었다.

연해주 지역은 두만강 바로 건너편에 위치하고 있을 뿐 아니라 러·일전쟁에서 패배한 러시아가 일본에 대한 적개심을 품고 있어 조선 망명객들의 활동을 눈감아 주었기 때문에 다른 해외 지역보다 항일운동을 전개하는 데 유리한 점이 있었다. 한인들의 지도급 인사들이 블라디보스토크를 중심으로 결집하여 국권 회복을 위해서는 동포 자녀들에게 민족의식을 고취하고 광복투쟁에 헌신할 수 있는 민족교육을 실시해야 한다고 주장하였다. 독립운동의 분위기가 고조되면서 이에 영향을 받은 이주한인들은 2세들에게 민족교육을 하지 않으면 민족역량을 기를 수 없고 조국의 국권회복도 불가능하다는 자각을 하였다.

한인들은 그들의 이주 초기 러시아당국이 세운 민족학교와는 완전히 성격이 다른, 2세들의 민족교육을 위한 순수한 한민족학교를 각 지역마다 여러 곳에 설립하였다. 모두가 한인 독지가들의 기부에 의해 세워졌다. 학교 재정이 어려울 때는 교직원들이 무보수로 봉사했고 삯바느질하는 주부가 장학금을 낸 미담도 많았다. 이때 설립된 대표적인 학교는 계동학교(啓東學校), 세동학교(世東學校), 신동학교(新東學校) 등이 있었는데 재정이 어려워 운영난에 빠지자 1909년 이들을 합병하여 신한촌에 새로이 한민학교로 출범시켰다. 이 한민학교는 제법 현대식 설비도 갖추고 학생 수도 많았으며 단순히 학생들의 교육기능뿐만 아니라 한민족의 만남의 광장기능도 하였다. 이 당시 러시아측의 교육을 통한 러시아화 정책은 한인 계몽운동가들의 민족교육과의 대결에서 뒤졌다. 수치로 비교해 보면 러시아어로 가르치는 공립학교는 44개 교로 교원 88명, 학생 2,599명인 데 비하여 한인의 자금으로 설립한 민족학교는 182개 교에 교사 217명, 학생 5,750명으로 나타나 있다. 여기에서 한인들은 민족의 위기 국면을 맞아 어떻게 대응했으며 또한 민족정체성을 유지했었는가를 검증할 수 있는 시험대가 되었다.

7_ 항일독립운동기지 신한촌(新韓村) - 1

　1910년 한·일합방을 전후하여 해외 독립운동기지로서 주목을 받던 두 마을이 있었다. 그 하나는 만주의 명동촌이고 다른 하나는 연해주의 신한촌이다. 이 두 마을은 각기 만주와 연해주에서 이주한인들의 정신적 의지처로서 교육, 문화, 언론, 정보의 중심지였으며 독립운동의 요람이었다. 그러므로 이 두 마을은 민족사적 의의가 대단히 크므로 역사적으로 조사 연구하여 정리해 두어야 한다. 그러나 안타까운 것은 두 마을은 거의 폐허화 되었고 한인이주와 독립운동의 역사적 유적지로서 그 원형마저 찾기 어려운 실정이다. 특히 신한촌은 1937년 스탈린에 의해 중앙아시아로 강제이주당한 후 60여 년 풍상을 겪는 동안 마을의 흔적도 없어진 채 러시아인들의 아파트만 들어서 있을 뿐 선열의 숨결을 느낄 수 없다.

　1995년 필자가 신한촌을 찾았을 때 한민족의 애환과 선열의 얼이 어려있는 유서깊은 이 마을이 이렇게도 무참히 폐허로 변하고 기념 표지 하나 없이 방치되었는가를 생각할 때 가슴에 북받치는 울분과 안타까움을 금할 수 없었다. 지금도 중앙아시아의 타슈켄트, 알마아타 등지에 산재한 50여 만 고려인들은 신한촌을 마음의 고향으로 간직하고 있다.

신한촌의 유래를 살펴보면 1863년 13세대의 한인들이 연추(煙秋)의 지신혜로 이주한 이래 뒤이어 이주해 간 한인들은 연해주 동남부 지역, 포시에트 빨디산스크(水淸), 우수리스크(蘇王領), 블라디보스토크(海參威) 등지로 마을을 형성하여 정착했다. 이들 중 1874년 블라디보스토크시에 한인촌이 형성되었는데 새 땅을 개척한다는 의미를 부여하여 개척리(開拓里)라고 불렀다. 그 위치는 블라디보스토크 서남쪽 아무르만변 시의 중심에 자리잡고 있었으며 마을 형성 초기에는 한옥식 초가집 몇 채가 있었다. 블라디보스토크시의 규모가 커지고 현대적 도시로 면모를 갖추어 가면서 거기에 따르는 도시 근로자의 수요가 늘어나게 되자 이에 편승, 한인 수가 증가하여 1911년 이 마을이 폐쇄될 때는 400~500호에 달했다. 러시아당국은 개척리를 그들의 기마병영지로 책정하면서 겉으로는 한인촌에 만연된 콜레라를 근절한다는 이유를 앞세워 한인들을 강제 철거시켰다. 러시아당국의 명령에 따라 새로 옮겨 간 곳이 블라디보스토크시 외곽의 변두리였는데 새로운 한인의 마을이란 뜻으로 신한촌(新韓村)이라고 부르게 되었다.

이주한인들은 좌절하지 않고 다시 일어서 토막나무로 러시아풍의 작은 집을 짓고 큰 거리와 작은 골목을 닦으면서 신한촌을 건설하였다. 그리고 구개척리에 있던 한인사회의 운영기관들을 다시 설립하고 계동학교를 옮겨 와 한민학교로 개명하는 한편 시설을 대폭 확충하여 교육기능과 아울러 시민의 광장으로서의 기능도 겸하게 했다. 신한촌 마을 입구에 독립문을 세워 조국에 대한 정감과 현실을 인식케 하고 학교 정문 현관에는 태극문양을 새겨넣어 민족의식을 고취하며 또한 신한촌 한민회를 조직하여 한인사회 자치의 기반을 다져나갔다. 이렇듯 신한촌은 새로운 면모를 갖추고 활기를 회복하면서 독립운동단체들이 결성되어 해외 최고의 독립운동기지로 자리매김하게 되었다. 더욱이 이 무렵 국내에서는 1905년 을사조약의 체결로 국운이 기울고 1910년 국권이 일제에 침탈당하자 나라를 걱정하는 많은 애국지사들이 미주, 간도, 본국 등 각처에서 연해주로 결집함으로써 신한촌의 항일투쟁의 열기는 한층 고조되었다.

뿐만 아니라 신한촌은 시간이 흐르면서 그 규모도 날로 확장되어 번성기에는 주민이 약 5,500명에 이르렀고 한민회는 블라디보스토크지역 거류한인 1만여명을 관장하고 있었다. 교육기관도 초기에는 초등학교부터 시작하여 중등학교가 병설되고 전문학교와 사범대학까지 설립하여 2세교육에 조금도 부족함이 없었다. 또한 언론사도『해조신문』, 『대동공보』, 『신한민보』, 『권업신문』등 여러 개가 있었고 잡지로는 『애국혼』이 있었다. 이 신문들은 연해주 한인에게만 배포된 것이 아니라 만주와 멀리 미주에까지 보급되었다. 이러한 사실에서 보듯 연해주지역의 모든 한인사회는 사실상 신한촌의 영향권 안에 있었다.

신한촌을 중심으로 항일투쟁과 관련된 큰 사건들이 하루도 영일이 없이 많이 일어났다. 그중에서도 1907년 안중근(安重根, 1879~1910) 의사가 이곳 연추(烟秋)로 와 이등박문(伊藤博文) 암살을 위한 12인 단지회(斷指會) 조직이다. 이때 열두 사람의 동지들이 모여, "오늘 우리들이 지금까지 전혀 아무 일도 이루지 못하였으니 남의 비웃음을 면하기 어려울 것이요. 만일 특별한 단체가 없으면 어떤 일이고 간에 목적을

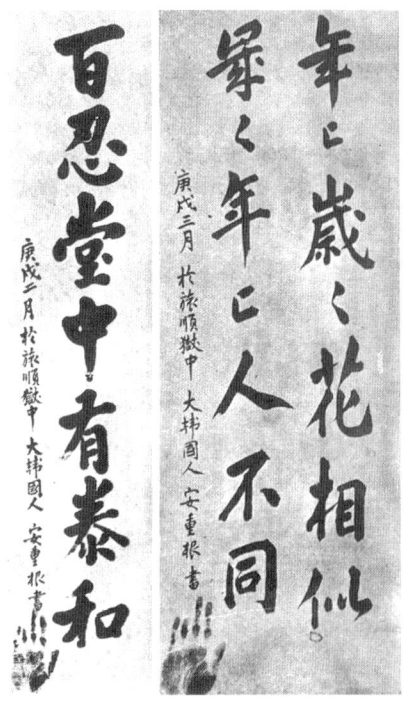
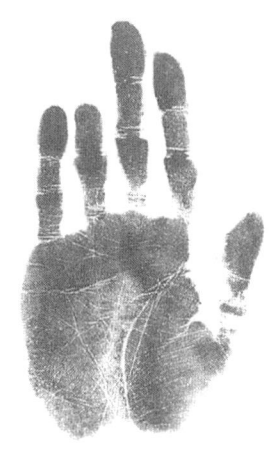

위) 단지혈맹(斷指血盟)의 수인(手印), 안중근 의사의 약지 끝 마디가 잘려 없다.

왼쪽) 안중근 의사 유묵(遺墨, 보물 제569호)

이루기가 어려울 것인 즉, 오늘 우리는 손가락을 끊어 맹서를 같이 지어 증거를 보인 다음에 마음과 몸을 하나로 묶어 나라를 위해 몸을 바쳐, 기어이 목적을 달성하자."고 결의하고 각각 왼쪽 손 약지(藥指)를 끊어 그 피로써 태극기 앞 면에 '대한독립(大韓獨立)' 네 글자를 크게 쓰고 하늘과 땅에 맹세하였다. 안 의사가 여순감옥에서 남긴 200여 점의 유묵(遺墨)에는 단지혈맹(斷指血盟)의 수인(手印)이 천추에 전한다.

　언젠가는 안중근 의사가 순국한 하얼빈 역 구내에 안 의사의 순국 장소를 확인할 수 있는 표석이라도 설치하여 우리 민족의 정기가 살아 있음을 일본인들에게 나아가 세계 만방에 반드시 알리도록 하기 위해 엄

청나게 변모된 하얼빈 역과 그 구내를 몇 번이고 방문하여 협의를 해 보았으나 마땅한 장소를 찾지 못하였을 뿐 아니라 당국과의 협의도 잘 안되었다. 우리 한민족이 살아 있는 한 언젠가는 또 누군가에 의해서도 꼭 해야 할 일이다.

또 13도의군(道義軍) 양성, 성명회(聲明會)의 한일합방 무효선언과 반일투쟁궐기, 권업회(勸業會)의 결성과 민족역량 배양, 망명임시정부(대한국민의회) 수립, 신한촌 4월참변, 그리고 1917년 러시아 볼세비키 혁명과 관련한 한인사회당 결성 등 이루 헤아릴 수 없을 정도로 많았다.

이 사건들에 대한 논급은 잠시 접어서 후술키로 하고 오늘의 신한촌에 관련된 이야기를 몇 가지 언급하는 것도 의의가 있을 듯 하다. 1989년 구소련권이 붕괴된 이후, 중앙아시아로 강제이주당했던 카자흐스탄, 우즈베키스탄, 키르기스탄 등의 고려인들 중 연해주로 다시 귀환하는 사람들이 늘어나고 있다. 이들은 농경에 뜻을 두고 옛 농촌마을을 답사하고는 반드시 신한촌에 들러 선조들의 발자취를 찾아본다. 그러나 앞에서 언급한 바와 같이 신한촌의 흔적은 없고 안내표지판마저도 하나 없는 것을 보고는 눈시울을 적시며 비통한 심정으로 돌아선다. 그들의 선조가 짐승만도 못한 취급을 당하며 끌려간 후 60여 년이 지나도록 선조의 넋을 위로하고 역사 유적지를 기록한 기념물 하나 없다는 것은 오늘을 살아가는 우리들에게 새로운 역사인식과 함께 자성할 일이 아닐 수 없다.

이에 본 해외한민족연구소에서는 1999년 신한촌 망명정부 수립 80돌을 맞아 신한촌기념탑을 세웠다. 탑 건립비를 마련하기 위해 고심하던 중 전국경제인연합회에서 지원을 받고 본 연구소 이사인 (주)백미산업

연해주 블라디보스토크 시내 신한촌에 건립된 「연해주신한촌기념탑」, 오른쪽 옆에 기념탑 탑문과 건립기가 보인다. 이 탑 광장에서 8·15광복절 기념식이나 3·1절 행사가 치루어 지고 있다.

(白眉産業) 이인기(李仁基) 사장이 거금을 쾌척하여 탑을 건립하게 되었다. 한 가지 첨언할 것은 탑의 민족사적 의의를 더하기 위해 웅장한 탑신 3개와 판석을 한국에서 다듬어 배로 수송하여 세운 점이다.

기념탑의 탑문(塔文)에는 다음과 같은 글귀가 새겨져 있다.

"민족의 최고 가치는 자주와 독립이다. 이를 수호하기 위한 투쟁은 민족적 성전이며 청사에 빛난다. 신한촌은 그 성전의 요람으로 선열들의 얼과 넋이 깃들고 한민족의 피와 땀이 어려 있는 곳이다. 1910년 일본에 의하여 국권이 침탈당하자 국내외 지사들은 신한촌에 집결하여 국권회복을 위해 필사의 결의를 다졌다. 성명회와 권업회의 결성, 한민학교의 설립, 신문 발간, 13도의군 창설 등으로 민족역량을 배양하고 1919년에는 망명정부(대한국민의회)를 수립하여 대일항쟁의 의지를 불태웠다. 그러나 한민족은 1937년 불행하게도 중앙아시아로 흩어지게 되고 신한촌은 폐허가 되었다. 이에 해외한민족연구소는 3·1독립선언 80주년을 맞아 선열의 숭고한 넋을 기리고 재러 중앙아시아 고려인들의 마음의 상처를 위로하며 후손들에게 역사인식을 일깨워 주기 위하여 이 기념탑을 세운다."

이 탑은 지금 중앙아시아에서 귀환하는 고려인들에게는 큰 위로가 되고 그들의 마음을 잡아주는 구심점 역할을 하고 있다.

이제 다시 논지를 되돌려 신한촌에서 일어났던 사건들을 간추려서 논급해 보자. 그 첫째는 성명회(聲明會)결성과 한일합방 반대운동이다. 회의 명칭은 '聲彼之罪 明我之冤'(상대의 죄를 성토하고 우리들의 원통함을 밝힌다)에서 따 온 것이다. 1910년 8월 30일 신한촌에는 비통한 소식이 전해졌다. 일본의 강압에 의하여 한일합방이 조인되었다는 것이었다. 이 비보를 접한 한인들은 한민학교에 700여 명이 모여 성명회를 결성하고 한일합방 반대 선언서를 발표하였다. 회의가 진행되는 동안 사람들은 울분을 참지 못해 비통하고 흐느끼는 분위기가 계속되었다.

선언 내용은 "오호라 해외재류동포여, 한번 머리를 들어 조국을 바라보라."로 시작하여 일본의 만행을 규탄하고 한일합방을 강력히 반대한다는 요지로 끝을 맺고 있다. 이와 같이 시작된 성명회의 합방반대운동은 그날 밤에 청년 50여 명이 결사대를 조직하여 일본인 거류지를 습격하였다. 이에 당황한 일본 영사관에서는 러시아 군부와 경찰 당국에 일본인 보호를 요청하였다. 이튿날 한인들의 행동은 더욱 격앙되어 결사대의 수는 1천여 명으로 늘어났으며 부녀자들까지 가담하기에 이르렀다. 그리고 그 다음날에는 러시아 군, 경의 감시로 블라디보스토크 시내에서 시위를 하지 못하게 되자 시 북방 2km 지점에 있는 진고개에서 다시 모임을 갖고 조국 독립의 결의를 재다짐하는 한편, 이범윤의 제의로 "두만강의 결빙기를 기다려 의병을 200명 단위로 부대를 편성하여 국내진공작전을 벌이고 총병력 1만여 명에 달하면 독립전쟁을 개시한다."는 안을 의결하였다. 그리고 선언서와 격문을 만주와 극동 노령지역의 한인들에 반포함으로써 그 활동 범위와 세를 확장하는 한편 선언서를 영어, 불어, 러시아어 등으로 번역하여 세계 각국 정부와 신문사에 발송하였다. 이에 일본은 러시아에 성명회를 제재할 것을 강력히 요구함에 따라 8월 30일 러시아 당국은 유인석, 이상설을 포함한 성명회 주요 인물과 13도의군(道義軍)의 간부 42명의 체포를 명하였다.

이때 이범윤을 비롯한 김좌두, 이남기, 권유상, 이규풍 등 8명은 시베리아 이르쿠츠크로 유형당했으며 유인석, 홍범도, 이종호 등은 다행히 피신하여 화를 면했다. 이로써 성명회의 활동은 더 이상 진척되지 못하게 되었지만 성명회 선언서는 한민족의 독립의지를 대변하는 최초의 합방무효선언으로서 그 이후 광복 때까지 줄기차게 전개된 항일독립선언의 원류가 되었다는 데 그 의미가 크다.

8_ 항일독립운동기지 신한촌 - 2

　신한촌에서 일어났던 독립운동 중 가장 큰 비중을 지녔던 단체는 권업회(勸業會)였다. 앞에서 논급한 바 있는 성명회는 일시적으로 섬광처럼 빛을 발하여 위세를 과시했으나 너무 급조된 조직체였고 지속적 행동이 따르지 못한 데다 러시아당국의 탄압을 받아 활동이 한 달도 채 넘기지 못하고 해체되었다. 이를 안타깝게 생각하고 사태의 진전을 주시하던 한인 지도자들은 보다 현실적이고 장기적인 안목에서 독립운동의 방략을 강구하게 되었다. 그 강구책으로 결성한 것이 권업회였다.

　권업회는 1911년 12월 19일 이상설, 이종호, 이동휘, 최재형, 최봉준, 이범윤, 유인석, 홍범도, 윤해, 정재관 등 당시 신한촌 한인사회에서 가장 신뢰를 받고 영향력이 있는 애국인사들의 여러 계열의 단합된 노력에 의하여 결성되었으며 임원에는 회장에 이상설, 부회장에 이종호가 선출되었다. 여기서 여러 계열의 지도자들의 단합이라 함은 상당한 의의가 있다. 왜냐하면 많은 애국지사들이 신한촌을 중심으로 운집해 있었으나 그들의 주장과 입장이 각기 달라 통일된 단일의견을 도출한다는 것은 그리 쉬운 일이 아니었기 때문이었다.

그 대표적 계열로는 첫째, 일찍이 연해주에 이주하여 원호(元戶)의 신분으로 경제적으로 사회적으로 안정된 지위를 가진 계열이다. 최재형, 최봉준, 김학만, 김병학, 차석보 등이 이 부류에 속한다. 둘째는 국내와 간도에서 일본에 항전하다가 연해주로 들어온 의병계열인 유인석, 홍범도 등이 이에 속한다. 셋째는 국내외에서 애국계몽운동을 전개하던 계열이다. 헤이그밀사로 활약하다가 미국으로 건너가 국민회조직에 참여하고 그 총회장 정재관과 함께 연해주로 건너온 이상설과 국내 신민회에서 활동하던 이종호, 이동휘, 김하구, 윤해 등이 여기에 속한다. 이 계열들이 권업회 결성에 단합하고 동일보조를 취했다는 것은 노령 한인사회에서 권업회의 위상과 비중이 얼마나 컸던가를 말해준다.

권업회는 그 명칭이 말해주듯 극동 노령 한인들에게 실업을 권장하고 근검절약정신을 기르며 교육을 장려하는 것이었다. 이 단체가 명칭을 권업이라고 한 것은 일본의 방해를 피하고 러시아 당국의 허가를 얻어 합법적으로 활동하기 위한 위장술이었고 실제는 독립운동이 주목적이었다. 따라서 권업회는 급진적인 의병항전을 하거나 울분과 감정에 의한 극렬적인 항일시위를 하기보다는 민족의 힘을 길러 장기적인 전략으로 독립전쟁을 해야한다는 데 역점을 두었다. 그리고 그 목표를 실천하기 위해 실업부, 교육부, 선전부, 검사부 등의 부서를 두고 교육 진흥, 신문 간행, 한인 자치활동, 토지 조차, 귀화문제 등의 업무를 추진하였다. 러시아총독은 한인들의 이와 같은 활동이 극동노령지역에 있어 정치적, 경제적, 군사적으로 도움을 주는 요소로 간주하고 권업회 활동을 적극 권장하였고 한인들은 이에 고무되어 힘을 얻었다. 그리고 극동 노령당국은 권업회로 하여금 연해주 한인의 자치기관의 지위를 부여하고 러시아당국의 행정 업무를 대행케 하였다.

　권업회는 국내외 소식과 정보 교환 그리고 민족의식 고양 등의 필요성을 절감하고『권업신문』을 간행하였다. 이 신문은 순 한글로 간행한 것이 특징이며 1주일 1회 4면으로 일요일에 간행되었는데 필진은 신채호, 장도빈, 이상설, 김하구, 윤해 등이 참여하여 민족지로서의 역할을 담당하였다.

　교육에 있어서는 권업회 본부 또는 지부의 관할 하에 있던 학교가 10개나 되며 학생 수는 1천 명을 상회하였다. 신한촌에서 제일 규모가 크고 모범교로 인정받던 한민학교는 신한촌 거류민회가 관할하였으나 거류민회가 권업회에 통합됨으로써 권업회에서 관장하였다. 권업회는 회세가 꾸준히 확장되어 번성기에는 회원이 8,579명에 이르고 하바로브스크, 수이푼, 스찬 등 한인사회가 있는 거의 모든 지역에 지회가 결성되어 10개 이상이나 되었다. 이처럼 권업회는 체계적이고 조직적으로 역동적인 활동을 함으로써 연해주 한인들의 구심체 역할을 하였다. 그러나 1914년 제1차세계대전의 발발로 러시아와 일본이 동맹국으로 제휴함으로써 권업회를 강력히 탄압하여 그 활동이 위축되었다. 블라디보스토크 주재 일본영사관에서는 이동휘, 이상설, 이종호, 유동열, 이강 등 중요인사들을 연해주에서 추방할 것을 요구하고 러시아 당국은 권업회를 해체시킴으로써 1914년 8월 단명의 비운을 맞았다.

　한편 권업회와 신한촌민회에서는 이에 맞서 신한촌 내 일본인의 상점을 철수케 하고 일본인의 출입을 금지했으며 만약 출입하는 일본인이 발견되면 한인 청년들이 사정없이 위해를 가했다. 이러한 한인의 강렬한 의기의 소식이 만주로, 미주로, 본국으로 전해지면서 온 민족의 독립의지는 더욱 결연해졌다.

　1919년 3·1독립운동 직후 연해주 블라디보스토크에서 망명임시정부(대한국민의회)가 수립되었다. 이 시기 임시정부는 한 달 사이에 블라디보스토크(1919. 3. 21.)와 중국 상해 임시정부(1919. 4. 11.) 국내 한성임시정부(1919. 4. 23.) 등 세 곳에서 수립되었는데 블라디보스토크에 수립된 임시정부가 제일 먼저 수립된 점과 대한국민의회란 명칭을 사용한 점이 이채롭다. 여기서는 지면상 대한국민의회에 대해서만 기술하고 다음 기회가 있으면 세 곳 임시정부의 특징과 통합과정을 언급하는 것이 좋을 듯하다.

　1918년 11월, 제1차세계대전이 끝나고 전후 세계문제 처리에 있어 윌슨 미국대통령이 민족자결주의를 제창함에 따라 약소민족해방운동이 급속히 진행되었다. 때마침 이듬해 1월 8일부터 파리에서 강화회의가 시작되자 피지배민족들은 독립을 쟁취할 수 있는 호기로 판단하고 저마다 강화회의에 대표를 파견하기에 열을 올렸다. 한민족 역시 이러한 국제정치적 상황을 충분히 활용하고자 하였다. 중국에 결성되어 있던 독립운동단체인 동제사(同濟社)는 그 하부 청년조직인 신한청년당의 명의로 미국 윌슨대통령과 파리강화회의 각국대표들에게 진정서를 보내는 한편 김규식을 한국민족대표로 파리에 파견키로 하였다. 그리고 선우혁, 김철, 서병호, 김순애(김규식의 부인), 백남규 등을 국내에 파견하여 파리강화회의의 소식을 전하고 그외 당원들을 만주, 러시아 등지의 한인들과 일본 유학생들에게 독립운동 봉기의 기회임을 알려, 국내외의 분위기를 고조시켰다.

　이에 호응하여 1919년 2월 25일 니코리스크(蘇王嶺, 현 우수리스크)

에서 전로한인회의(全露韓人會議)를 개최하였다. 이 회의에는 러시아 각지의 한인대표는 물론 북간도 대표 김약연, 정재면과 상해에서 온 여운형 등 80여 명의 대표가 참가하였다. 이 대회에서 문창범, 김하석, 장기영 등의 발의로 전로한족중앙총회를 확대 개편하여 대한국민의회를 창립하기로 의결했다. 이를 위해 각지의 대표들이 다시 집결할 때까지 이 회에 참석한 지방연회(聯會) 대표 15명이 임시연합 상설회의를 구성하여 임시국민의회 준비작업을 담당케 했다. 그리고 윤해, 고창일을 파리에 파견하여 김규식과 합류하도록 했다.

이러한 운동이 진척되어가던 중 1919년 3월 1일 본국에서 독립선언과 만세시위가 일어났으며 이 소식은 즉각 러시아 한인사회에 전달되었다. 이에 호응하여 1919년 3월 17일 블라디보스토크에서 대한국민의회를 개최하고 독립선언 발표와 경축시가행진을 하였다. 이어 3월 21일에는 대한국민의회 임시정부의 각료 명단을 발표하고 5개항의 결의문을 채택하였다.

  임시정부 각료명단
대통령 – 손병희,
부통령 – 박영효, 국무총리 – 이승만,
군무(및 선전)총장 – 이동휘, 탁지총장 – 윤현진,
내무총장 – 안창호, 산업총장 – 남형우, 참모총장 – 유동열,
강화대사 – 김규식.

  결의문
一. 민족자결주의에 입각한 한민족의 자주독립

一. 일본통치철폐

一. 파리강화회의에 독립정부 승인 요구와 국제연맹 참가

一. 독립운동의 실정과 정부수립의 사실을 각국에 통고

一. 이상의 목적이 달성되지 못할 때 대일혈전포고

대한국민의회 임시정부는 소비에트체제를 참작하여 국민의회가 입법, 행정, 사법을 모두 관장하도록 하고 그 안의 행정부를 임시정부로 설정했다. 국민의회 임시정부의 특징은 첫째, 의회주의 성격이 강하고 둘째, 극동노령과 간도의 수십만 교포를 배경하고 있으며 셋째, 독립군에 의한 무장투쟁을 강조하고 있고 넷째, 행정부 조직에 산업총장과 참모총장을 별도로 두어 교포의 산업진흥과 독립군을 양성하여 무력투쟁을 적극 추진하려는 기구를 갖춘 것이다.

또한 각료선임의 특징을 보면 임시정부의 정통성을 확립하기 위하여 3·1독립선언 대표 손병희를 대통령으로 추대했고 부통령에는 국내와의 연락 관계를 고려하여 박영효를 추대하였다. 그러나 손병희는 감옥에 있었고 박영효는 국내에 있었으므로 모두 명예직에 불과했다. 실질적으로 국정을 담당할 국무총리에 이승만과 내무총장에 안창호를 선임한 것은 이들의 명성과 미주독립운동과의 관련을 중시한 듯 하다. 김규식을 강화대사로 선임한 것은 이미 상해 신한청년당에서 파견한 기정사실을 임시정부 대표로 추인한 것이라 하겠다. 대한국민의회 임시정부는 1919년 9월 6일 3개 임시정부가 상해임시정부로 통합될 때 이에 합류하였다.

9_ 러시아혁명과 연해주 한인

혁명이란 구제도와 질서를 파괴하고 새로운 체제를 수립하는 군사적, 정치적 행위이다. 이 과정에서 야기되는 일련의 행동은 오직 물리적 힘에 의존하기 마련이다. 따라서 새 질서가 확립될 때까지 전복과 반전이 계속되는 가운데 광폭과 혼란의 소용돌이가 연속된다. 이 혁명의 소용돌이 속에 극동노령지역 한인들은 휘말렸다. 1917년 2월 러시아혁명이 발발하여 볼세비키 혁명이 성공하고 1922년 10월 25일 일본군이 블라디보스토크항을 떠날 때까지 5년 7개월 동안 연해주와 흑룡주에는 내전상태가 계속되었다. 이 전쟁의 와중에 러시아의 멘세비키파(백군)와 볼세비키(적군)파, 연해주에 진주한 일본군, 그리고 한인들의 원호(元戶)세력과 여호(餘戶)세력 간에 서로 각기 입장과 권익을 옹호하기 위하여 합종연횡하는 투쟁이 전개되었다.

사실 따지고 보면 러시아의 혁명은 어디까지나 국내 문제였는데 1918년 8월 일본군이 개입하여 멘세비키파를 도움으로써 전쟁 양상이 복잡하고 치열하게 되었다. 이곳 한인들은 제정러시아의 기존 체제를 지지하는 원호세력과 볼세비키혁명파를 지지하는 여호세력으로 갈라

서게 되었다. 혁명이 일어나던 초기 이주한인들의 거의 대부분은 혁명 이념에 대해서는 잘 아는 바가 없었고 조선의 전통적인 유불사상의 영향을 받아 신사조의 사상적인 동요는 없었다. 따라서 10월혁명이 폭발되고 원동(遠東), 즉 연해주지역에서 볼세비키혁명파와 반혁명 백파 간에 격렬한 전투가 일어났을 때까지 두 파 간의 대립에는 별 관심이 없을 뿐 아니라 러시아에 어떤 정권이 들어서든지 이주한인들에게는 특별한 상관 관계가 없는 것으로 알았다. 다만 한인 지도자들 간에 원호인 중심의 고려족 중앙총회와 여호인 중심의 한인사회당(후일 고려공산당) 결성 과정에서 한때 대립했었다. 원호인들 가운데 1914년 구라파 대전시에 징집당해서 서부전선에 참가하고 후에는 러시아 내전에서 백군의 일원으로 싸웠던 일이 있었다. 그러나 백군 측에서 활약한 한인의 수나 활동은 후일 적군 편에 가담한 세력에 비하면 아주 약했다.

 1918년 봄 러시아의 혼란한 틈을 타서 일본군이 블라디보스토크에 상륙하였다. 일본은 볼세비키를 섬멸하고 러시아에 구질서를 회복시킨다는 구실로 멘세비키파를 도와 원동지역 도시들을 점령하고 이곳 한인들을 일본의 식민지 국민으로 간주하여 조선에서와 같은 식민제도를 실시하려고 하였다. 이에 일본의 흉계를 간파한 한인들은 원호와 여호의 입장을 초월하여 혁명과 반혁명간의 내전 문제를 떠나서 항일투쟁이라는 명분으로 단합하고 일본군과 백군파를 배격하기 위해 볼세비키파를 도와 무장투쟁을 전개하였다. 볼세비키파에 가담한 무장세력 중엔 만주에서 연해주로 넘어온 대한독립군단(김좌진, 홍범도, 이청천 등이 지휘)과 러시아령 내의 혁명세력(한국독립을 위한) 및 일반 거류민 등이 포함된 실로 막강한 세력이 있었다. 이때 한인들은 정규군이라기보다는 주로 빨치산 부대를 조직하여 게릴라전으로 전과를 올렸는데 원동지구에서 활동한 한인 빨치산 부대만 47개나 되고 그 인원 수는 1만 명이 넘었었다는 기록이 전해지고 있다.

이렇듯 한인들이 백군토벌전에 참가한 동기는 사상적인 이유에서가 아니라 이 혁명전을 이용해서 국내 진격을 위한 군사훈련을 쌓고 무장을 갖추는데 있었고 아울러 일본군은 볼세비키의 적인 동시에 한인의 적이라는 공통점이 있었다는 것은 두말할 필요가 없다. 그러므로 한인의 전투 상대는 백군과 직접 교전한 적도 있었으나 대체로 일본군과의 접전이 많았고 전과도 크게 올린 바 있었다.

볼세비키혁명 이후 한인사회의 주목할 동향은 볼세비키혁명을 적극 지지하면서 "조선해방운동은 러시아의 공산주의자들이 달성한 사회주의 방법으로 투쟁하자."는 사회주의 혁명운동이 발흥한 것이다. 연해주 민족운동의 지도자 이동휘는 1918년 2월 하바로프스크에서 원동소비에트 인민위원장 크라스노취코프, 원동소비에트 집행위원회 외교부장 김알렉산드라와 손을 잡고 한인사회당 조직에 착수했다. 먼저 중국과 러시아 양국에 산재한 조선인 정치망명자를 망라한 항일운동 망명자협의회를 개최하였다. 이 협의회에는 치타에서 온 고성삼을 비롯하여 흑하(黑河)에서 이원해, 한자문, 옴스크에서 김용환, 심백원, 블라디보스토크의 한인신보 주필 김하구, 수청(水淸) 사범학교의 장기영, 최태열 등이 왔으며 또한 훈춘에서 신민단 단장 김규면, 북경에서 온 유동열, 서간도 독립단 대표 양기탁, 그리고 북만 밀산에 잠시 피신해 있던 홍범도, 김성무 등이 회집했다. 특히 국내외 항일민족운동가 중에서 신망이 두터운 한족회 대표 이동녕이 참가했으며 그외 김립, 박애,

이한영, 안공근, 윤해, 오하묵, 이인섭, 오와실리, 임호 등 후일 공산주의운동에 깊이 관여한 인물들이 참가했다.

이동휘의 사회로 열린 이 협의회는 러시아 볼세비키혁명과 조국독립운동과의 관계 설정과 이념 문제를 두고 양분되었다. 한 파는 민족주의적 입장을 고수, 광한단(光韓團)을 조직하여 볼세비키 원동집행위원회의 후원만을 받자는 주장인 데 반하여 다른 한 파에서는 볼세비키혁명을 적극 지지하고 이 연계선 상에서 조국의 독립을 쟁취하자는 주장을 했다. 이러한 의견 대립은 끝내 합일점을 찾지 못하고 결렬되었으며 민족주의 입장을 견지하던 계열은 탈퇴하였다.

이동휘를 중심으로 한 김알렉산드라, 유동열, 김규면, 이인섭, 김립, 한형권 등은 1918년 6월 하바로프스크에서 당 창립총회를 개최하고 위원장에 이동휘, 부위원장에 김규면을 선출했다. 이동휘는 1919년 4월에 당본부를 블라디보스토크로 옮기고 고려공산당이라 개명한 후 모스크바에 가서 레닌을 만나 당의 승인을 받은 다음 1919년 8월에는 상해로 가서 임시정부 국무총리에 취임하였다. 이러는 가운데 1920년 6월 레닌정부와 임시정부 간에 다음과 같은 조약이 체결되었다.

1. 한국정부는 공산주의를 채택하고 선전활동한다.
2. 소비에트 정부는 한국 독립운동을 지원한다.
3. 시베리아에 있어서의 한국군 집결과 훈련을 허용하고 보급은 소비에트정부가 담당한다.
4. 한국군은 지정된 소비에트군 사령부에 예속된다.

이에 따라 레닌은 원조금 200만 루블의 지급을 지시했으며 제일차 지원금 60만 루블이 한형권에게 수교되었다. 이 지원금의 사용에 대한 내용이 불명확하여 의혹이 쌓이는 가운데 파쟁이 생겨 고려공산당과 임시정부까지 분열을 초래하게 되었다.

한편 1920년 4월에는 이른바 4월참변이라는 대사건이 발생하였다. 1920년 3월 12일 니콜라예프스크 항에 머물고 있었던 일본군과 일본 민간인들이 볼세비키군대의 습격을 받고 전멸된 사건이 발생하였다. 볼세비키군이 이 습격을 감행할 때 한인 무장독립군도 가담하였는데 한인부대의 공격이 치명적이었다. 이에 일본의 시베리아주둔군은 이주 한인에 대하여 격분하고 4월 5일 밤, 블라디보스토크 시내 볼세비키 기관을 모조리 섬멸하고 신한촌을 습격하여 아수라장으로 만들었다. 신한촌 뿐 아니라 우수리스크, 하바로프스크, 포시에트, 스챤 등지에서도 한인들을 공격하고 대량 검거, 방화, 파괴, 학살 등의 만행을 자행하였다. 자료에 의하면 300여 명이 살해되고 380여 명이 체포되었으며 한민학교와 한인신보 건물을 불태우는 한편 한인단체들의 중요한 서류와 기물을 파괴, 압수해 갔다. 그리고 국민의회 사무소에 헌병대 분견대를 주둔시키고 자위대라는 헌병보조기구를 설치하여 신한촌을 통제했다.

4월참변 후 신한촌 한인 지도자급 인사 조영진, 박대성, 이설, 함서인, 이동환, 이형욱 등은 민심의 동요를 진정시키고 새로운 활기를 진작시키기 위하여 그 수습책으로 거류민회를 조직하였다. 그러나 최상위급에 있던 한인지도자들은 신한촌을 탈출하였고, 일본군도 한인들 회유책으로 친일단체, 한인거류민회를 조직하고 식량, 교육, 의료 등

선심책을 폄으로써 이에 동조하는 원호 한인들이 있었다. 친일 거류민 회원의 상당수는 한인 재산가층으로서 일본 주둔군의 통제에 대한 협조와 호의적인 생각을 가졌다. 그들은 연해주가 공산화되는 사태를 저지하는 세력으로서 일본 주둔군의 역할을 이해하고 있었기 때문에 지시하는 대로 협조하는 자세를 취하였던 것이다.

   이러한 신한촌의 분위기가 조성되면서 종전의 독립운동기지로서의 신한촌의 기능은 쇠퇴하였다. 그러나 4월참변 이후 일본의 직접적인 감시와 집요한 회유에도 불구하고 일부 한인들은 계속해서 항일투쟁을 전개하였다. 같은 해 5월 신한촌의 양주순, 윤병한, 김태준, 김봉식, 이동화, 장주섭, 김병익, 심원회 등 15명은 암살단을 조직하여 일본 고관, 친일한인, 독립운동 군자금 헌납을 불응하는 한인들을 암살하려고 기도했다. 연해주에 주둔하고 있던 일본군이 볼세비키와 한인유격대에 의해 1920년 10월 블라디보스토크항을 철수하고 신한촌의 독립운동도 재기의 기회를 가지게 되었으나 연해주가 소비에트화됨에 따라 독립운동의 형태가 직접적인 것으로부터 간접적으로 또는 실천적인 것으로부터 지원적인 것으로 바뀌게 되었다.

10_ 연해주 한인의 강제 이주 - 1

중앙아시아의 카자흐스탄, 우즈베키스탄, 키르기스탄 공화국과 그 외 여러 지역에 무려 40여만 명의 고려인들이 잊혀진 역사의 뒷편에 소외된 채 어렵게 살고 있다. 그들은 누구이며 어떤 연유로 중앙아시아의 반 사막지대에 정착하게 되었는가. 여기에는 한민족의 한 맺힌 숨은 사연이 있다. 그들의 지금의 생활 상태는 어떠하며 앞으로 장래는 어떻게 될 것인가?

이 물음은 21세기 한민족의 진로를 개척함에 있어 반드시 배려되어야 할 과제들이다.

130여 년 전 조선 말기의 사회적 경제적 상황은 실로 어려웠다. 좁고 척박한 땅을 경작하며 살던 농민들에게 밀어닥친 환경적 위협은 그들로 하여금 월강이라는 피맺힌 결단을 요구했다. 가렴주구에 시달렸고 설상가상으로 몇 년째 지속된 흉년은 가난한 서민들로서 감내하기 어려운 고통이었다. 1863년 겨울, 생활에 쪼들린 함경도 북단의 민초(民草) 13가구가 새 생활의 활로를 찾아 얼어붙은 두만강을 건너 우수리강 유역에 주위 사정을 살피면서 조심스레 봇짐을 내렸다. 그들은 모든 것이 낯설고 어려운 이국 땅에서 인내와 끈기와 필사의 노력으로 새로운 삶의 터전을 가꾸었다. 당시 조선 조정에서는 이주를 억제하였으나 이주는 가속되어 1930년대에는 20만 명을 상회했다. 이주한인들은 토지 분여와 귀화 문제를 비롯하여 자녀교육과 종교 문제, 조국 독립운동과 러시아혁명을 거치면서도 민족 정체성을 견지하며 자신들의 앞에 펼쳐진 신천지를 '약속의 땅'이라고 생각하고 열심히 피땀을 흘려 생활 터전을 닦아 나갔다.

그러던 어느날 갑자기 이들은 공산당의 청천벽력같은 강제이주 명령에 의해 가축을 운반하는 화물열차에 실려 그동안 정들었던 연해주를 떠나 이역만리 중앙아시아의 황량한 벌판에 내팽개쳐졌다. 이주에서 또 이주하는 유랑의 신세가 된 것이다. 열차에 짐짝처럼 실려서 한달여 동안 주야로 달리는 과정에서 이들은 무엇을 생각했을까. 힘없는 조국과 민족의 서러움을 절감하면서 서글픈 민족 유전(流轉)을 생각하지 않았을까.

근대 민족국가 성립 이래 오늘에 이르기까지 모든 사회 구성원들의 운명은 조국과 민족의 명운과 결부될 수밖에 없었다. 인류가 보편적 가치로 추구하는 휴머니즘이란 어디까지나 하나의 목표 문화(goal culture)로서 제창되었을 뿐, 실제의 국제 관계에서는 엄연히 국가와 민족의 이해관계에 결부되고 그것도 힘에 의해서만 좌우되었을 따름이다. 근래 21세기에 접어들면서 세계화의 목소리가 높아지고 있다. 마치 세계화만이 시대적 조류이며 모든 일을 해결할 수 있는 것처럼 주장한다. 이러한 담론 중에 민족의 위상과 정체성을 운운하면, 이는 시대 착오적이고 국제사회에서의 소외를 자초하는 것이라고 일축한다. 과연 그러한가. 세계화만 추진하면 한민족이 당면한 통일 문제를 비롯한 국내외적 제반사가 해결될 것인가. 그러나 지구 여러 곳에서 야기되고 있는 분쟁은 거의가 민족문제임을 간과해서는 안된다. 향후 국제관계에 있어 행위의 주체는 국가가 아니라 민족임을 직시해야 할 것이다.

　1937년 9월부터 12월 사이에 극동 노령 한인들은 스탈린에 의해 중앙아시아로 강제이주당했다. 그 인원 수는 지금껏 정확히 밝혀지지 않았으나 대략 18만 정도로 알려져 있다. 한인들은 불과 출발 4~5일 전에 이주 통보를 받았고 왜 떠나야 하는지 어디로 가는지도 몰랐으며 물어볼 곳도 없었다. 러시아 당국은 이주 통보를 한 후 한인들의 여행을 중지시켰고 마을과 마을 간의 교통을 차단시켰다. 경찰이 한인마을을 포위하여 한 사람도 이탈자가 없도록 강경조치를 했으며 만약 반항하거나 유언비어를 퍼뜨리는 자가 있으면 엄벌에 처한다는 공포 분위기를 조성하였다. 이에 앞서 한인 지도자급 인사 약 2,500명을 사전 검거하여 소요의 가능성을 미연에 방지하였고 수송열차가 떠난 후에 은밀히 이들을 처단하였다.

　한인들을 실은 첫 열차는 9월 21일에 블라디보스토크역을 떠났다. 막 추수가 시작될 무렵이었다. 한인들은 그동안 온 정성을 들여 알뜰히 일군 농토와 농작물과 집과 가축과 농기계와 그 외 모든 재산을 다 버려둔 채 단지 며칠간의 식량과 옷가지를 가지고 열차에 올랐다. 열차에는 가축 분뇨냄새가 지독하여 코를 들 수 없을 뿐 아니라 차가 달리면 널빤지 사이로 찬바람이 들어와 추위가 말할 수 없었다. 거기에다 더욱 곤란한 점은 차가 달리는 사이 대소변을 봐야 할 때는 어처구니없는 일이 생겼다. 특히 노인과 어린이들의 경우에는 염치고 체면이고 차릴 수 없이 실례를 할 수밖에 없었다. 목적지까지는 대개 40여 일이 걸렸는데 사람은 모두가 지쳤고 식량도 떨어졌다. 겨울이 닥쳐오자 노인과 어린아이들은 병마에 시달렸고 추위와 굶주림으로 많은 사람들이 죽어갔다. 사람이 죽으면 흰옷이나 헝겊을 흔들어 사람이 죽었음을 알렸다. 위생 상태가 극도로 불량하여 전염병이 생겼고 여자들의 머리와 남자들의 옷에는 이가 득실득실했다. 열차가 역에 도착하면 여자들은 창을 열고 머리칼을 털었고 남자들도 속옷을 벗어 털었다. 이가 하얗게 쏟아져 나왔다. 좀 큰 역에 열차가 서면 경비병들이 병자를 조사하여 데려갔다. 완치하여 돌려보낸다고 약속을 하고 데려간 후로는 실종되었다. 이러한 소문이 나돌자 가족 가운데 환자가 생기면 알리지 않았고 병자도 앓는 티를 내지 않으려고 애썼다. 이러한 강제이주는 실로 사람으로서는 견디기 어려운 비인간적인 만행이었다. 수송 과정에서 왜 이주하느냐, 어디로 가느냐를 따져 묻거나 또는 비인도적 처우에 대하여 항의하는 사람은 다음 역에 도착하면 연행되어 행방을 모른 채 실종되어 버렸다.

　강제이주의 원인에 대해서 대체로 두 가지 설이 있다. 첫째는 한인들을 일본의 스파이 내지는 적어도 잠재적 스파이로 간주하여 원동지구를 떠나게 했다는 것이다. 극동에서 일본과 전쟁을 하게 되면 한인과 일본인을 구별하기 어렵고 일본의 스파이가 암약하기 쉬운 토양을 근절하는 것이 최상책이라고 판단했다는 것이다. 사실 러시아의 입장에서 생각할 때 광대한 영토의 변경 지역에 굳이 적군의 식민지 출신 이민들을 신뢰해야만 할 어떤 이유도 없었다. 또 한편으로는 스탈린은 극동에 거주하는 한인들의 항일운동이 일본의 대러시아 선전의 구실을 줄 수 있다고 생각할 가능성도 있었다는 것이다. 게다가 이 지역에 한인들이 너무 밀집해 살고 있었기 때문에 자칫 자치구를 요구하지나 않을까 하는 불안감도 갖고 있었다는 추측도 있다.

둘째는 중앙아시아에 버려져 있던 광활한 땅을 개척하여 식량을 생산하기 위해서였다는 설이다. 영토에 비해 인구가 적었던 러시아로서는 국토를 개발할 인력이 필요했던 것도 사실이다. 연해주에서 한인들이 황무지를 개간하여 옥토로 만들고 늪을 수전으로 만드는 한인들만이 가진 경작능력을 익히 보아 왔었다. 이러한 근거를 종합해 볼 때 러시아 당국으로서는 능히 이주 계획을 세울 만 했었다. 그리고 후술하겠지만 이 계획은 적중하였다. 지금까지 강제이주의 원인에 대하여 한인 스파이설이 지배적이었으나, 근래에 중앙아시아 현지 답사와 새로 발견되는 자료에 의하면 두 가지 이유가 합쳐진 것임을 알 수 있을 듯하다. 한 자료에 의하면 강제이주 훨씬 전 1920년대 중반에 한인들이 산발적으로 중앙아시아로 이주한 기록이 있고 1924년에는 우즈베키스탄의 수도인 타슈켄트 교외에 최초의 콜호즈(집단농장)가 성립되었으며 1928년엔 카자흐스탄의 크질, 오다주에서도 집단으로 쌀 농사를 지었다는 기록이 있다.

중앙아시아의 버려진 황량한 벌판은 제정러시아 때부터 유배지로 유명한 곳이다. 여기에 내버려진 고려인들은 주택도 식량도 아무 대책 없이 바로 불어닥친 겨울을 나는 데 온갖 고생을 다 겪었다. 한인들이 연해주를 떠나올 때는 모든 대책이 강구되었다고 선전했고 수확하지 못한 농작물 손해도 배상해 준다고 했다. 그러나 그것은 전연 실천되지 않았고 어떻게 영하 20~30도의 혹한의 겨울을 넘기느냐 하는 생존의 문제만이 눈앞에 가로놓인 것이다. 필자가 타슈켄트에서 만난 한 노인의 회상을 들어보면 참으로 눈물겨웠다. 그의 일행이 들판에 하차한 것은 저녁 6시 경이었다. 들판 군데군데 모여앉아 밤을 지새우는 것이 마치 양의 무리가 떼를 지어 서 있는 것 같았다. 사람들은 인산인해를 이루어 밤새도록 우는 어린이의 울음소리와 노인들의 기침과 한숨소리로 한 숨도 자지 못하고 꼬박 밤을 새웠다. 이들에겐 죽음만이 강요되었으며 살길이라곤 찾을 수 없는 적수공권으로 고립무원의 고도에 팽개쳐진 상황에서 암담과 절망밖에는 아무 것도 없었다.

그러나 이러한 절망 속에서도 생존을 위한 성스러운 인간의 희구(希求)는 끊어지지 않았다. 무에서 유를 창조하는 고려인의 끈질긴 인내와 근면과 필사적 노력은 죽음 앞에서 생환할 수 있는 힘을 발휘케 하였다. 사지에서 소생하는 한민족의 저력은 자연과 인간을 새롭게 조화시키는 역사의 장을 열게 하였다. 한민족의 열정은 폭발했고 황무지는 옥토로 변해 갔다. 도전에 대한 응전이었다.

11_ 연해주 한인의 강제 이주 - 2

대장간에서 많이 달구어진 쇠가 더욱 단단하듯이 이주 한인들은 민족 유전(流轉)의 역경을 거치면서 더욱 강인하고 끈질긴 생명력을 발휘하였다. 중앙아시아의 허허벌판에 내던져진 한인들은 슬퍼하고 분개할 겨를도 없이 눈앞에 닥친 겨울을 어떻게 넘기느냐에 여념이 없었다. 땅굴을 파고 갈대를 베어 움막집을 지었다. 겨울을 나는 동안 추위와 굶주림으로 많은 사람들이 죽어 갔다. 극도로 불결한 위생상태와 아무런 의료대책이 없는 데다 전염병마저 만연되어 병에 걸렸다하면 속수무책으로 죽음만을 기다릴 수밖에 없었다. 죽어가는 어린이를 안고 애절하게 몸부림치는 어머니의 모습은 차마 볼 수가 없었다.

이 당시 이주 한인들이 첫 겨울을 나는데 얽힌 이야기는 말과 글로서는 다 표현할 수 없고, 오늘날 우리로서는 상상도 할 수 없는 생지옥이었다. 필자가 타슈켄트 교외의 고려인 집거촌에서 한 노인과 만나 밤을 지새우며 강제이주와 정착과정에 관한 이야기를 들으면서 메모를 해나가다가 눈물이 흐르고 또 흘러 메모지가 다 젖었다. 차마 들을 수 없는 사연들을 들으면서 왜 우리 민족은 이토록 고통과 수모를 겪어야 했던가? 어질고 착하게 평화를 사랑하며 열심히 살아가는 한민족이 단지 힘없는 이유 때문에 이리 내몰리고 저리 내쫓겨야 했던가? 비정한 국제사회에 오직 힘만이 정의인가 하는 상념에 잠기면서 중앙아시아 고려인들의 불운의 역사를 되뇌게 하였다.

잔인했던 겨울이 지나고 봄이 되자 한인들은 물을 찾아 강가에 모여들어 수로를 만들고 황무지를 개간하여 논을 일구었다. 조상들이 "굶어 죽어도 종자벼는 베고 죽는다."고 했던 속담대로 그들은 이주 당시 관헌들의 눈을 피해 볍씨를 몰래 숨겨 가져갔다. 이것이 그들에게는 유일한 희망이었다. 이곳 토양은 다행히도 몇 천년 묵은 초원지대라 땅이 비옥하여 비료 없이도 농사를 잘 지을 수 있는 천혜의 조건을 제공해 주었다. 이러한 자연의 덕분으로 한인들은 첫해 추수 후에 가옥을 마련할 수 있었고, 이듬해에는 상당한 수준의 생활 기틀을 닦을 수 있었다. 그리고 해를 거듭하면서 관개시설을 갖추고 드넓은 초원을 개간하여 4~5년 사이에 중앙아시아 벼농사 주역의 위치를 확보하였다. 예로부터 중앙아시아의 토착민들은 쌀을 주식으로 하고 있었으나 관개시설을 제대로 개발하지 못해 논벼를 재배할 줄 몰랐고, 밭벼농사에만 의존했다. 쌀을 주식으로 하는 토착민들이지만 쌀은 귀한 식량으로 여기고 생일이나 귀한 손님이 올 때가 아니면 쌀밥을 먹지 못했었다.

벼농사에 숙달되어 있던 한인들은 중앙아시아의 광활한 황무지를 비옥한 논으로 전환시켜 벼농사에 박차를 가했다. 빠른 시간 내에 생활의 터전을 닦을 수 있었을 뿐 아니라 다른 토착민족들과 공존할 수 있는 위치를 굳혔다. 한인들은 콜호스(집단농장)를 형성하여 최고의 벼 수확 기록을 세웠고, 이러한 한인들의 우수한 수도작 농법은 모스크바를

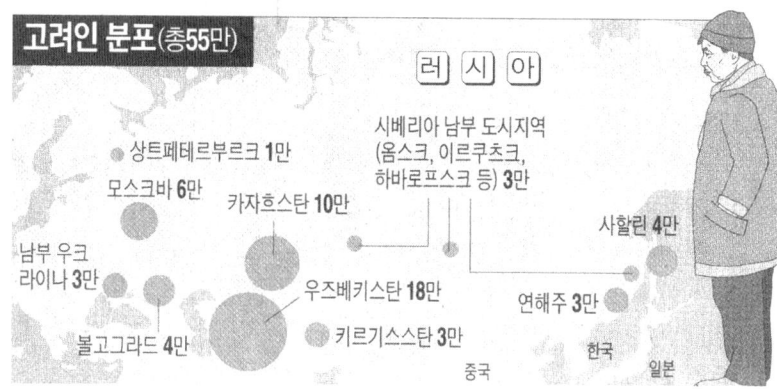

러시아 고려인 분포도 : 현재 고려인은 약 55만명이며 중앙아시아, 러시아, 우크라이나 등 구 소련 전역에 살고 있다. 이는 해외 한인 중 미국, 중국, 일본에 이어 네 번째를 차지하는 숫자이다. (2004년 8월 14일 조선일보에서)

통해 전 러시아권에 알려졌으며, 러시아 당국으로부터 영웅칭호를 받은 사람도 많았다.

한인들의 중앙아시아 첫 기착지는 카자흐스탄공화국의 우슈토베지역이었는데 벼농사에 성공하면서 자신감을 얻게 되자 점차 중앙아시아 전역으로 확산되어 갔다. 이 확산추세는 러시아 당국에게는 쌀농사지역의 확대와 증산이라는 좋은 측면과 함께 원래 강제이주의 주목적이었던 한인들의 보안문제가 뒤따랐다. 러시아 당국은 한인들의 경제 사회적 활동에 제약의 굴레를 씌웠다. 그것이 바로 전 한인에게 부여된 '조건부공민증' 이다. 이 조건부공민증 소지자는 거주공화국 이외의 지역에는 주거를 옮기거나 여행을 할 수 없으며, 국가기관에 취업할 수 없음은 물론 군에 입대하는 것도 금지되었고, 은행에서 돈 대출도 금지되었으며 취학에도 제한이 있었다. 또한 한인학교는 모두 폐쇄당했고,

한국어는 소수민족어로 인정받지 못하였으며 이로 인해 한민족의 문화와 정체성을 유지하는데 큰 타격을 받았다. 이러한 고려인에 대한 민족적 불평등과 제약들은 1953년 스탈린 사망 후에 겨우 해제되었다.

중앙아시아로 강제 이주된 한인들은 비록 정착과정에서 엄청난 고난과 역경을 감수해야 했었지만, 그러나 천혜의 자연조건에 힘입고 천성적 근면성으로 낯선 사회적·문화적 풍토에서 성공적으로 적응할 수 있었다. 이들이 중앙아시아에 뿌리를 내린 지 60여 년이 지나면서 지금은 중앙아시아 속의 한국인 사회를 이루고 있다. 처음에는 우선 농사에 손을 대었지만, 시간이 흐르면서 그들의 직업분야도 다양해지고 노동자, 전문기술직, 또는 교원, 의사, 그 외 사무직에 종사하는 사람도 많아져 1950년대 이후에는 한인들이 도시로 많이 유입되었다. 도시로 유입되는 큰 이유 중의 하나는 한인 특유의 자녀교육열이 높기 때문이었다. 한인들이 자녀교육에 대한 열성은 고국에 있을 때나 연해주로 이주한 후나 또는 중앙아시아로 강제이주 당한 후에나 그 열의가 식지 않았다. 자녀교육을 위해 도시로 전입해야 했고, 또 교육을 받은 자녀들은 농촌으로 돌아가지 않고 도시에서 직업을 구하고 체재함으로써 한인들의 도·농 간의 거주구성비는 역비례 현상이 일어났다.

우즈베키스탄공화국의 수도인 타슈켄트시의 코일류가(街)는 전 주민의 60~70%가 고려인으로서 '고려 서울'이라고 불리고 있다. 이 거리에 가면 한국음식을 만들 수 있는 재료들을 파는 가게가 있고, 고려식당이라고 하는 한국음식점도 있다. 이러한 거리가 형성되고 한국 고유의 전통적인 풍경을 볼 수 있는 것은 한인 집단농장의 영향 때문이었다. 일상생활에서 항시 접촉하고 공동작업을 요하는 집단농장에서 수

천명의 한국인들이 집단적으로 살고 있음은 한민족의 문화와 한국어를 유지하는데 크게 기여하고 있었기 때문이다. 이주 초기 거의 모두가 수많은 집단농장에 소속되어 있었기 때문에 외부와의 접촉은 별로 없었고, 따라서 한국어가 일상생활 용어가 되었으며, 한인의 생활풍속도 외부의 영향을 받지 않은 채 그대로 유지될 수 있었다.

설과 추석 때의 절차를 지내는 풍습이라든가 자녀 첫돌, 결혼식, 회갑연, 장례식 등은 한국에서와 별 다름없이 의식을 치렀다. 복장도 전통한복을 차려입었고, 음식은 평일에도 쌀밥과 김치를 빼놓을 수 없고 국수, 식혜, 떡, 그 외 한국 전통음식을 즐겨 먹었으며, 개장국도 선호하는 음식이었다. 고려인들에겐 이 모든 것들이 전래된 관습에 의한 것일 뿐, 그들의 가슴속에 조국을 크게 의식하지 않았던 것으로 생각된다. 두 번의 이주생활에서 조국과는 연계가 끊어졌고, 나이가 든 분들의 희미한 기억 속에 아련히 떠오르는 추억 정도가 고작이었다. 길게는 한 세기, 짧게는 반세기 이상 이국에서 생활하면서 조국에 의지해 본 일도, 구원을 받아 본 일도 없는 이곳 고려인들이 생활 속에서나마 옛 풍속을 간직하고 문화를 계승하며 잡혼을 거부한 채 한민족의 순수성을 지켜오고 있는 것이다.

그러던 중 중앙아시아 고려인들에게 상상조차 할 수 없었던 일들이 펼쳐졌다. 1988년 서울에서 올림픽게임이 개최되어 조국에 대한 새로운 사실과 인식을 갖게 된 것이다. 가난한 조국, 외국의 반식민지 상태로만 인식되어 있던 조국이 올림픽을 주최할 만큼 국력이 신장하고 잘 사는 조국으로 변해 있었던 것은 전연 상상 밖이었다. 그들은 이 새로운 사실에 눈을 뜨면서 자랑스런 조국과 민족적 자긍심을 가지게 되었다. 세계 속에서 한국의 위상이 높아짐에 따라 지난 세월 비극의 과거를 가슴속에 간직한 채 인고의 삶을 살아온 고려인 사회는 이제 새로운 역사의 장을 열고 있다. 그들은 한 민족구성원의 행·불행이 그 민족 공동체 자체의 번영에 의하며 좌우된다는 사실을 절감하고 있다. 특히 고르바초프 집권 이후 러시아 내의 변화와 아울러 한국과의 문호가 개방되면서 한국의 물질적 정신적 영향력은 중앙아시아 고려인사회에 물밀듯 밀려들어갔다. 사고의 대혁명이 일어난 것이다. 알마아타와 타슈켄트에 대기업이 진출함으로써 경제 사회적 인식의 변화는 가속화되었고, 이곳 고려인들과 한국과는 정신적 시간적 거리를 단축시켜 놓았다.

그러나 고려인들은 카자흐스탄, 우즈베키스탄 등이 러시아로부터 독립하면서 또다른 국면을 맞게 되었다. 신생국가들이 독립하게 되면 거의가 하나같이 그들의 역사를 찾고 언어를 부활시키며 자기 민족의 종교를 지키려고 한다. 이러한 신생국의 건국적 과제에 고려인들이 적응해야 하는 것이다. 거주국의 역사를 배우고 언어를 배우며 그들의 종교를 믿도록 강요당하고 있다. 지금껏 러시아 역사와 러시아어에 익숙해 있으며 종교문제에는 별 관심을 갖지 않고 살아온 고려인들이 이제와서 또다시 러시아 국적을 가질 것이냐 거주국 국적을 가질 것이냐 하는 선택의 기로에 섰던 것이다. 중앙아시아 고려인들은 끝없는 시련의 연속에서 고뇌하고 있다. 이러한 그들의 처지에 대해 우리는 앞으로 어떻게 대책을 강구할 것인가의 과제를 함께 고뇌해야 할 것이다.

제 4 장

사할린에 버려진 한인(韓人)들

1_ 사할린(Sakhalin)[29]에 버려진 한인들을 생각하며

어떤 민족이 대이동을 했거나 여러 곳으로 흩어져 살게 된 데에는 그럴만한 사유가 있기 마련이다. 타민족(국가)의 침략을 받아 자기 영토에서 지탱하지 못하게 되었거나 또는 강제징용이나 이주를 당했기 때문이다. 우리 민족의 경우 해외에 600여만 명이 거주하게 된 것도 이러한 범주에 속한다. 한국 근대사에서 특징지울 수 있는 것 중 하나가 열강들의 간섭과 농락에 의해 주권을 상실하고 그 여파로 민족이 세계 여러 곳으로 흩어지게 된 것이다. 따지고 보면 중국 조선족이나 중앙아시아 고려인이나 재일 한인들이 이와 같은 운명으로 모국을 떠나게 된 것이다.

필자는 1980년대부터 해외 한인들에 대한 관심을 가지면서 그들의 이주 배경과 정착 과정 또는 현재의 상황과 미래에 야기될 문제들에 대하여 꾸준한 연구를 해왔다. 즉 그들은 왜 모국을 등지게 되었는가 그

---

[29]. 러시아공화국의 동부, 하바로프스크(Khabarovsk)지방의 한 주를 이루는 섬으로 러·일전쟁후 섬의 남반부는 일본영토로 되었다가 제2차세계대전 후 소련이 점령하였음.

리고 현지에서 생활의 뿌리를 내리는데 어떠한 애환이 있었으며 앞으로 어떠한 미래가 예측되는가에 대한 관심사이다. 중국, 일본, 중앙아시아에 거주하고 있는 교포들의 이주배경과 그들이 처한 상황의 공통점은 비정한 국제사회에 있어 힘없는 민족이 받은 불행한 결과이며 지금도 모국으로부터 무관심 속에 버림받고 있다는 점이다. 그 중의 한 지역으로서 사할린 교포들에 대하여 그 실상을 알아 보고자 한다.

태평양전쟁이 일어나기 전후 수만 명의 한인들이 사할린에 강제 연행되었다. 1945년 8월 일본이 패망할 당시 그 수는 약 4~5만 명으로 추산되었다. 종전 후 일본정부는 사할린에 거주하고 있던 일본인을 본국으로 철수시키면서 한인들은 철수 대상에서 제외시켰다. 이른바 일본국민이 아니라는 이유 때문이었다. 이들이 사할린으로 징용되어갔을 때는 '대일본 제국의 명예로운 황국신민'이란 신분으로 데려갔음에도 종전 후에는 그대로 방치되어 버림받은 기민(棄民)이 되었던 것이다.

그 많은 사람들이 왜 사할린으로 가게 되었으며 해방 후 조국으로 귀환하지 못하고 늙고 병들어 망향의 한을 안은 채 동토(凍土)의 땅 이역에서 고향 하늘을 바라보며 죽어가야 했던가. 이는 제2차세계대전의 전범국인 일본 제국주의의 야망 때문에 저질러진 결과다. 거기에다 전후 교활한 일본정부의 불성실하고 무책임한 태도와 세계대전 후 사할린의 영유권을 갖게 된 소련 당국의 고의적인 회피와 그리고 특히 한국 정부의 일본정부 내지 연합국 최고 사령부와의 귀환 교섭을 게을리하고 무기력했던 자세 때문이었다.

2_ 우리 동포들이 사할린으로 가게 된 까닭은

　청·일전쟁(1894~5)과 러·일전쟁(1904~5)에서 승리한 일본은 그 여세를 몰아 아시아의 패권을 잡기 위해 혈안이 되었다. 1910년 한반도를 강점하고 뒤이어 만주에 진출하기 위해 군사력을 강화하는 한편 산업을 일으키는데 몰두하였다. 1937년에 일어난 중·일전쟁의 장기화와 1941년부터 시작된 태평양전쟁으로 인해 수많은 일본인 남자가 징병되면서 노동력 부족이 한층 심해졌다. 이에 대처하기 위해 일본 정부는 한국인 노동력을 확보하기 위한 몇 가지 조치들을 시행했다. 국민동원령을 내려 1939년이래 매년 일본본토와 남양방면에 한국노동자를 대량 수송했다. 한국노무자들을 광공업과 토목건축업 분야에 취로시켰는데 체격과 인내력이 월등함으로 우수노동력으로 평가받았다.

　전쟁이 격화되고 장기화되면서 한국 노동자 확보는 더욱 절실해졌으며 이에 따라 일본정부는 강제적 산업동원의 색채를 띠어갔다. 1939년 9월 일본 정부는 '조선인 노동자 모집요강'과 '조선인 노동자 이주에 관한 사무취급 절차'를 제정하고 한국 노동자 집단모집을 개시했다. 이것은 일본정부가 전국의 사업주로부터 구인(求人)요청을 받아 그 필요성이 인정되면 시, 군에 할당하여 인원을 모집하는 제도이다. 말이 모집이지 민간기업의 모집에 각 개인이 자유의사에 따라 응모하는 것이 아니었다. 기업주의 뒤에는 일본정부가 관여하고 있어 사실상 한국 노동자의 자유의사에 의한 결정은 아니었다. 이 모집에 피하려는 자에게는 압력을 가하여 응모하지 않을 수 없도록 강압하였다. 1941년 6월 조선 총독부 내에 조선 노무자협회가 설치된 후부터는 총독부와 협회가 일체가 되어 사실상 사람사냥을 자행했던 것이다. 당시 강제 징용해 가던 장면을 연상해 보면 18세기 유럽인들이 아프리카 흑인 노예를 사냥하던 것과 비슷하다 할 것이다. 평소 관헌에 대해서 절대 복종하는 한국 농민들에게 있어서 경찰을 동원한 총독부의 시책에 거역한다는 것은 거의 불가능했다. 그리고 한국인 노동자 동원의 최후수단은 국민징용령에 의한 동원이다. 전쟁수행을 위한 국가총동원 체제하에서 일본국 내에서는 이미 1939년 10월부터 시행되었고 한국에 대해서는 민족적 반발과 저항을 우려하여 그 적용을 형식상으로 보류하고 있었다. 그러나 실제에 있어서는 일본인에게 적용한 이상으로 강제징용을 감행하였다.

당시 각종 자료에 의하면 1944년 말 현재 한반도에서의 동원계획 인원수는 최저 90만 명에서 최고 160만 명이라는 기록이 있다. 이들 중 사할린에 징용된 자의 수는 4~6만 명으로 추산되고 있다. 전황이 악화되면서 사할린에서는 채탄을 해도 선박부족으로 석탄 반출이 어렵게 되면서 다수의 탄광이 폐쇄되었다. 이에 따라 1944년부터는 광부들을 일본 본토로 전용하기 시작하여 한국인 탄광노동자도 1~2만 명이 일본본토로 보내졌다. 이리하여 종전시에는 약 4만 명의 한국노동자가 사할린에 남게 되었으며 이들 대부분은 남한 출신이었다.

사할린(가라후도: 樺太)은 북해도의 소야해협(宗谷海峽)을 사이에 두고 북위 약 45도에서 55도에 걸쳐 위치한 섬이다. 원래는 아이누, 위루타, 니부히 등 소수의 섬주민이 살고 있었는데 18세기에 들어와 러시아와 일본의 세력이 미치기 시작하면서 양국 간의 충돌지역이 되었다. 1905년 러·일전쟁 후 북위 50도 이남지역은 일본령이 되었고 이북은 러시아령으로 되었다. 일본에게 있어 사할린은 초기에는 주로 대러시아 군사전략상의 관점에서 중요시되었으며 남부 사할린을 영유한 직후의 인구는 불과 1만2천 명 정도였다. 그러나 영유 이후 어업, 임업, 석탄채굴, 펄프공업 등을 중심으로 경제개발이 진행되면서 대량의 노동력이 소요되었다. 1930년대 이후 탄광개발이 급속히 추진되어 많은 인구가 유입되었고 1945년 종전시에는 약 45만 명에 달했다.

사할린에 유입된 노동력 인구 중에는 초기부터 한국인이 포함되어 있었다. 1910년 이래 일본의 식민지 지배 하에 놓여진 한국에서는 토지조사 사업이라는 명목 하에 농촌의 토지재편성이 강행되었는데 이 과정에서 대량의 농민이 토지를 잃게 되었다. 토지가 유일한 생계수단이던 농민들이 토지를 잃게 되자 일부는 한국의 도시로 일부는 일본으로 살길을 찾아서 이주했다. 이를 두고 오늘날 일본 정부나 한·일관계의 연구자들은 결코 강제징용이 아니었다고 주장하고 있다. 그러나 종전 시까지 200만 명이상의 한국인이 일본으로 가게 된 사실을 강제성을 띠지 않았다고 주장하는 것은 설득력이 없다. 강제성을 띤 제일 극명한 자료는 1942년 2월 일본 내각 결의로 정해진 '반도인 노무자 활용에 관한 방책'과 이를 뒷받침하는 조선총독부의 '선인내지이입 알

선요강(鮮人內地移入斡旋要綱)' 등이다. 여기서 '선인'은 조선인을 말하고 '내지'는 일본을 말한다.

종전 당시 사할린 거주 한인 수는 일본정부 자료와 재사할린 한인거류민회가 조사한 근거에 의하면 약 4만3천 명으로 추정되었다. 그후 반세기 이상의 세월이 흐르면서 당시의 고령자들은 거의 사망하였고 새로운 출생에 의한 인구변동이 있었지만 지금은 대략 4만 명 정도로 추정하고 있다.

3_ 사할린 한인들의 생활상

사할린 한국인들은 비행장과 도로건설에 동원된 토목노동자와 공장에서 일하던 소수를 제외하고는 대부분이 탄광노동자였다. 주로 탄광에 많이 투입된 것은 체력검사 결과 월등한 강인성이 인정되었기 때문이다. 탄광은 안전시설이 미비하여 폭발사고가 빈발했다. 자료에 의하면 1939년에서 1943년까지 5년 사이에 탄광사고로 인한 사상자는 무려 3만2천 명(이중 사망자 550명)에 이른다. 이처럼 위험성이 높은 작업이었기 때문에 갱 내의 상태가 조금이라도 나쁘면 갱 내에 들어가기를 꺼렸다. 그러나 기업주는 최대한 생산을 올리기 위해 탄광부를 극력 갱내에 투입시키려했다. 따라서 노무관리는 극도로 강압적이며 폭력적일 수밖에 없었다.

이러한 최악의 노동환경 하에서 한인노동자는 하루 10~12시간의 노동을 강요당했다. 형식상으로 8시간 노동제를 정하고 있었으나, 전시체제 하에서 8시간 노동이란 상상도 할 수 없는 일이었다.

탄광부들의 생활은 일본인, 한국인을 가릴 것 없이 극히 어려웠지만 한국인의 경우는 특히 비참했다. 이들의 일상 식사는 잡곡과 콩이 섞인

밥에 멀건 된장국과 말린 삼치 몇 조각이 고작이었다. 과중한 노동에다 영양실조로 인해 체력이 저하되고 건강을 해친 자가 속출하였다. 그러나 현장 감독은 병결(病缺)을 인정하지 않았고 그대로 노동을 계속 강요함으로서 병사자가 많았다. 고통을 이기지 못해 도주를 시도한 사례도 많았으나 성공하지 못했고 붙잡힌 경우에는 반죽음의 형벌이 가해졌다. 이처럼 가혹한 노동환경에다 일본인 노동자들과의 차별이 심하여 더욱 분노와 서러운 생활을 할 수 밖에 없었다. 한국 노동자가 연행되었을 때는 일당(日當) 4~5원에서 7~8원의 조건이 제시되었으나 실제로 받는 돈은 2원에서 4원 정도에 불과했다. 전후 한인귀환운동을 해오던 이희팔씨의 증언에 의하면 1943년 5월 화태인조석유(樺太人造石油)회사에서 제시한 조건은 일당 갱내-6원 50전, 갱외-4원 50전으로 되어 있었지만 실제로 지급된 금액은 갱내-3원 50전, 갱외-2원 50전이었다. 그의 경우 한달에 약 70원 정도의 수입이 되어야함에도 식비 18원, 회사 적립금 4원, 물품 8원 등을 공제당하고 나면 한달에 6원 정도를 받았을 뿐이었다고 한다. 나머지 35원은 보국저금이라는 명목으로 강제 저축당했다.

  한국인 노동자의 모집에 있어서 처음에는 대개 2년 계약으로 되어 있었지만 대부분 기간이 만료된 후에도 연장을 강요당했다. 한인 노동자들은 연장을 거부하려했지만 사실상 불가능했다. 고용주체는 형식상 기업주이었지만 한인노동자확보는 국민총동원령에 의한 일본정부였기 때문에 내무성의 취로기간 연장강요지시에 따라 억류될 수 밖에 없었다. 한인근로자들은 기간연장에 반대하는 집단행동도 있었지만 경찰, 헌병 등의 공권력에 의해 무참히 진압되었다.

이러한 가혹한 생활이 계속되던 중 1945년 8월 15일 제2차세계대전
이 종전되자 사할린은 한때 치안부재의 무질서한 상태에 빠지게 되고
한인들에게 가혹한 행위를 하던 일본인이 살해되는 사건이 발생하게
되었다. 종전은 한인에게는 압박의 나날로부터의 해방이며 꿈에도 그
리던 조국으로의 귀향을 의미하는 것이었다. 사할린 한인들은 귀향에
대해 일본인보다 낙관적으로 생각했다. 한인들은 연합국에 의해서 해
방되었으므로 패전국 일본인보다 먼저 귀환되는 것이 당연한 것으로
생각했던 것이다. 그러나 이들이 품었던 기대는 산산히 부서졌다. 일본
인 본국 송환은 1946년 12월부터 개시되었지만 한국인의 귀환은 허용
되지 않았다. 이곳에 온 한인은 일본인과 마찬가지로 대일본제국의 신
민으로서 일본의 전시경제를 떠받든 산업전사로서 사할린에 끌려왔었
지만 이들의 귀환문제에 대해서는 일본정부는 한치의 관심도 보이지
않았었다. 소련도 한인들의 귀국을 허용하지 않았으며 오히려 앞으로
사할린 개발을 위해 필요한 노동력으로 간주하고 억류책을 실시했다.
종전에 따라 조국으로 돌아가려던 이들의 꿈은 물거품이 된 채 소련의
공산치하 사할린에서의 다시 긴 억류생활이 시작되었다.

당시 이곳에 버려진 한인들의 심경을 우리 모두 가슴에 손을 얹고 한
번쯤 생각해 보자!

4_ 한인들이 사할린에 남게 된 사유

일본이 포츠담 선언을 수락함으로써 제2차세계대전이 끝나자 대일본제국은 패망하였다. 일본 식민지였던 만주와 대만은 중국에 복귀되었으며 한국은 독립되었다. 이와 같은 체제의 격변에 따라 800만 명 이상의 인구 대이동이 시작되었다. 즉 중국과 동남아시아에 주둔해 있던 일본군의 본국 송환, 또는 한국, 중국, 동남아시아에 있던 일본 민간인의 송환, 재일 한국인의 본국 송환 등이 그것이다. 송환문제는 연합국 측과 일본정부가 다 함께 빨리 추진되어야 할 과제로 인식하고 있었다. 연합국 측은 전후 체제를 빨리 수립하기 위해서였고 일본 정부는 자국민 보호차원에서였다.

그러나 소련은 대전 중 2천만 명 이상의 희생자를 냈었기 때문에 전후복구 사업을 위해 포로나 억류민간인들의 노동력을 활용하려고 했다. 따라서 소련 점령지구에서의 송환업무는 지연되었다. 종전 후 사할린에 있어서의 소련 점령군 당국의 정책은 이같은 사실을 실증하였다. 8월 27일 소련 점령군 사령관의 명령과 포고를 통해서 직장으로의 복귀와 석탄의 증산을 거듭 지시했다.

소련에 있어서 전후복구사업을 위해 구 적국민(舊敵國民)의 송환은 지체되면 될수록 좋고 또한 송환자 수가 적으면 적을수록 좋다는 것이 소련당국의 본심이며 정책의 기조였다. 때문에 맥아더 사령부와 협정도 지연시켰을 뿐 아니라 협정체결 후에도 연합국 총사령부의 협정준수요청도 무시한 채 협정내용 마저 지키지 않았다. 만일 소련이 사할린 한국인들 송환에 관하여 성의만 있었다면 일본경유가 아니라 소련 극동지역을 경유해서라도 얼마든지 귀환시킬 수 있었다. 그러나 이와는 정 반대의 입장을 취한 소련의 태도 때문에 귀환의 저해요인이 되었던 것이다.

1946년 9월에 이르러서야 비로소 소련은 일본 주둔 맥아더 연합국 최고사령부에 대해 사할린, 치시마(千島)를 포함한 소련 점령지구로부터의 송환을 10월부터 개시할 용의가 있다고 통고해 왔다. 10월부터 11월에 걸쳐 양 당국 간에 송환교섭이 진행되어 12월 19일에 소련지배 하의 영역으로부터의 일본인 포로와 일본국민의 철수 및 북위 38도 선 이북의 북조선으로의 재일 조선국민 송환에 관한 협정이 체결되었다.

이 협정에 따른 송환대상자는 '일본인 포로와 일본국민'으로 규정되었는데 이 '일본국민' 속에 한국인이 포함되었는지의 여부가 이들의 운명에 결정적인 의미를 가지고 있었다. 가령 포함이 된다면 송환대상자로서 일본 본토에 들어갈 수 있다. 일본까지만 가면 한국으로 귀환 할 수 있는 길이 열리는 것이다. 만약 포함되지 않는다면 사할린에 남게 되는 것이다. 사할린에서의 송환은 1946년 12월부터 1949년 7월까지 실행되어 약 29만3천 명의 일본인이 귀환했다. 그러나 이때 한국인은 송환대상에서 제외되었다. 일본의 패전으로 조국이 해방되었는데 당연히 송환될 줄 알고 기대하고 있던 그들의 절망감은 이만저만이 아니었다.

한편 맥아더 사령부의 한국인 송환에 대한 인식과 태도를 살펴보면 다분히 동정적이고 호의적인 생각을 가졌었던 것으로 추정된다. 종전 당시 연합국은 한국인을 일본의 지배에 의한 '노예상태'에서 해방된 민족으로 인식하였다. 그러나 아쉬운 점은 대체적인 인식은 그렇게 하면서도 맥아더 사령부의 일제하 한국과 한국인에 대한 지식과 정보는 매우 불충분한 것이었다. 일본에 주둔한 미 점령군은 말할 것도 없고 남한에 진주한 하지 중장 휘하의 군정요원들도 한국통치에 관한 하등의 지식도 준비도 없이 군정에 임했던 것이다. 군정당국의 관심은 오로지 눈앞에 닥친 혼란의 수습과 안정된 질서확립에 집중되었다. 해방 공간에서 야기된 좌우익 간의 이념갈등과 우후죽순처럼 생겨난 각 정파 간의 대립양상은 무정부, 무질서 상태의 극치를 이루었다. 한국으로부터 연일 이러한 보고만 접하고 있던 맥아더 사령부로서는 일본에 의해 징용되어 간 한국인에 대해서는 바른 이해가 될 수 없었고 전반적인 상황도 파악하지 못하고 있었다. 점령군 당국은 사할린에 한국인이 끌려와 있었다는 사실 자체를 정확하게 알지 못하고 있었다. 사할린에서의 송환에 관한 연합국과 소련 간의 협정자료에는 총사령부 담당자가 사할린에 한국인이 있다는 사실을 전혀 인식하지 못했으며 따라서 그들을 송환시켜야 한다는 생각은 더욱 할 수 없었다.

사할린 한국인 송환문제를 심도있게 논의된 것은 1947년 10월 '사할린에서의 한국인 조기 귀환연맹'이라는 서울의 민간단체가 제출한 청원을 계기로 시작되었다. 이 청원서에 의하면 약 4만여 명이 있는 것으로 되어 있고 일본정부의 점령군 사령부에 대한 보고에는 1만5천 명으로 되어 있다. 총사령부 내에서 어느 수치쪽이든 충분히 처리가능한 숫자이며 소련에 대해 일본인과 마찬가지로 송환을 요청해야 한다는 의견이 강했다. 그러나 남한의 미군정은 남한의 심각한 경제난을 이유로 송환자 인수에 소극적 자세를 보였다. 당시 남한에는 일본본토와 소련 점령지역 외의 여러지역(예컨데 남양군도)으로부터 150만 명이상의 한국인이 귀국했으며 남한의 경제는 극심한 상태였다.

맥아더 사령부는 1948년 3월 소련에 대해 재사할린 한국인 숫자와 그들의 귀환희망 여부, 그리고 이 문제에 대한 소련의 태도를 밝힐 것을 요구하는 서한을 냈다. 그러나 이 요구 서한에 대한 회답이 없었으며 그 이후 맥아더 사령부도 소련에 대해 그 이상의 구체적인 움직임을 보이지 않았다.

1949년 4월 주일 한국대표부가 맥아더 사령부에 제출한 청원을 계기로 다시 송환문제가 대두되었다. 한국대표부는 사할린 억류 한인들은 전쟁중에 강제로 연행된 자들로서 당연히 귀환조치를 해야한다고 주장하면서 한국과 소련 간에 외교관계가 없으므로 중재를 요청하였다. 이에 대해 점령군사령부 당국은 한·소 양국과 외교관계를 갖고 있는 제3국에의 중개를 시사하는 비공식 서한을 대표부에 보내오는 극히 형식적인 처리를 했을 뿐이었다. 미·소 간에 냉전이 심화되면서 미국이 소련을 상대로 적극적인 중재역을 할 의사가 없었던 것으로 추측된다.

다음으로는 사할린의 한국인 송환문제에 대한 일본의 태도가 우리의 주목을 끈다. 일본은 강제징용해 간 당사국으로서 모든 일차적인 책임을 져야 하기 때문이다. 후일 이른바 '사할린 재판'의 과정에서 일본정부는 당시 송환은 연합국의 책임 하에 수행된 것으로서 일본정부는 그에 관여할 수 없었으며 따라서 책임이 없다고 주장하였다. 이러한 주장에서 일본정부의 속셈을 엿볼 수 있다. 이 주장은 일견 형식논리로는 일리가 있는 듯이 보이나 본질적으로는 가당치 않은 주장이다. 물론 송환은 연합국의 지령에 따라 실행되었다. 연합국의 지령은 초헌법적 효력을 가지고 일본정부를 구속했기 때문에 일본정부는 이에 순응할 수밖에 없었다. 그러나 점령군의 한정된 요원으로 800만 명이 넘는 방대한 송환업무를 담당한다는 것은 어려운 일이었고 사실상 일본정부의 자료와 요청에 따라 시행되었다. 일본정부는 종전 후 점령군의 지령을 기다릴 것도 없이 일본인의 송환문제에 대해서는 열심히 정보를 수집하여 조속한 귀환 조치가 취해지도록 연합군 측에 요청하며 핍박한 재정 속에서도 예산조치까지 취했다. 그런데 문제는 이때 일본정부가 귀환대상으로 생각한 것은 자국민인 일본인만이었고 한국인(당시 제국신민)은 제외시켰다는 데 있다. 실제로 일본정부가 제공한 자료와 정보에 근거하여 연합국의 귀환지침에 내려졌음에도 일본정부의 책임이 없다는 것은 언어도단이다. 송환문제에 임하는 일본정부의 자세는 처음부터 한국인에 대해서는 관심밖이었으며 사할린에 강제징용돼 오게 된 사유와 그 수에 대해 점령군 사령부에 사실대로의 바른 보고를 하지 않았다.

 1947년 10월에 이르러서 점령군 사령부의 사할린 한국인 실태파악을 요구하는 자료에 약 1만5천 명 정도 있다는 것을 보고해 왔다. 일본의 허위적이고 간교한 태도를 엿볼 수 있게 한다. 일본은 한국인 송환에 관해서는 냉담했으며 조금도 노력하지 않았음이 여실히 입증된다.

일본이 강제징용해 간 사람들에 대해서는 일차적인 책임이 있으며 도의적으로 그들의 송환을 위해 노력과 성의는 다 했어야 했다. 종전과 동시에 일본인이 아니라는 이유로, 그리고 연합국의 지령에 의해 송환 업무가 시행되었다는 이유로, 일본에게 책임이 없다는 것은 본질을 외면한 지극히 교활하고 기만적 논리이다

　여기에서 또 한가지 집고 넘어가야 할 것이 있다. 종전 후 일본정부의 한국인의 국적에 대한 문제이다. 일본정부는 한국인은 일본의 패전과 동시에 '카이로 선언'에 입각해서 일본인이 아니며 따라서 일본국적을 이탈하게 되었다고 간주했다. 카이로선언은 미·영·중이 "적절한 과정(in due process)을 밟아서 한국을 독립시킬 것을 결의한다."라고 되어 있는데 '적절한 과정을 밟아서' 라는 표현을 쓴 것은 종전과 동시에 한국이 독립한 것이 아니며 연합국과 일본 간에 강화조약의 발효까지는 일본국적을 상실하지 않는다고 강력히 주장한 것도 일본정부였다. 강화조약은 1952년에 발효되었다. 일본정부는 한편으로는 한국인이 일본국민의 지위에 있다고 주장하면서 다른 한편으로는 일본인 송환의 대상에서는 제외시킨 것이 일본정부의 이중성을 잘 나타낸 것이다. 통상 전통적인 국제법 관행에 따르면 강화조약이 체결될 때까지는 전전의 상태가 법적으로 유지되는 것으로 간주함으로 강화조약 미체결인 동안은 그들은 여전히 일본국민의 지위에 있는 것이다. 그러나 국민으로서의 보호와 개인의 권리와 이익을 보장하는 등의 국가의 중요한 임무 측면에 관한 한 한국인을 일본국민으로 취급하지 않았다.

5_ 사할린에 남아 있는 한인들의 처지

사할린에 잔류한 한인들은 세 부류로 분류된다. 첫째, 전전(戰前) 또는 전쟁 중에 징용되어와서 전후(戰後) 귀국하지 못한 한국인, 둘째, 종전 직후 북한에서 건너온 파견 노동자, 셋째, 소련 본토에서 온 한국계 소련인이 그것이다.

이들 중 북한에서 파견된 노동자는 파견 기간이 만료되면 본인의 희망에 따라 북한으로 귀환되었고 소련에서 온 한국계 소련인들도 귀환 문제로 고심할 일은 없었다. 전후 사할린이 소련의 영토가 되었음으로 자국민의 신분이기 때문에 하등 문제될 것이 없었다. 다만 한국인의 처지가 문제였다. 그들에게 있어 사할린은 기본적으론 자신들의 의사에 반해서 끌려 온 땅이며 이들의 최대 관심사는 하루 빨리 고향으로 돌아가는 것이었다.

그러나 이들의 대부분은 남한 출신으로 이들이 돌아가야 할 땅은 1948년 8월까지는 미군정 하에 있었고 그후로는 반공을 국시로 하는 한국이었기에 사회주의 건설을 서두르는 소련의 온정과 지원을 받는다는 것은 상상도 못할 일이었다. 더구나 미·소 간에 냉전상태가 심화되면서 귀국을 희망한다는 것 자체가 당국과 주위로부터 의혹의 시선을 받게 되었다.

　한국인들은 사할린 잔류가 장기화 됨에 따라 국적문제가 대두되었다. 소련 당국과 북한 영사관은 한국인들에게 소련국적이나 북한국적을 갖도록 강력히 압박했다. 그러나 이들은 소련 또는 북한국적을 완강히 거부하고 차라리 소련법상 무국적의 신분을 유지하려 했다. 이러한 자세는 그들에게 법적으로 사회적으로 중대한 불이익을 초래했다. 소련은 한반도에서 유일 합법정부로서 북조선 조선민주주의인민공화국을 승인하고 남한정부의 존재는 인정하지 않았다. 한국인의 입장은 더욱 어려워졌다. 이러한 압력과 실제 생활상의 편의 때문에 1950년대부터 조금씩 소련이나 북한국적을 취득하는 사람들이 나타나기 시작했다. 그러나 대다수는 그렇게 될 경우 한국에 돌아갈 수 없게 된다는 생각에서 끝까지 버텼다. 이에 소련정부도 할 수 없이 그들을 무국적자로 취급하였다. 무국적자는 출국은 말할 것도 없고 국내 이동의 자유도 크게 제약되었으며 감시의 대상이 되었을 뿐 아니라 자녀들에게 고등교육을 받게 할 수 없었다. 무국적을 고집하는 자는 반공 국가인 한국이나 일본제국주의에 친근감을 가지고 사회주의 건설에 충성심이 결여된 분자로써 많은 지탄과 고난을 받아도 당연한 것으로 여겨졌다.

　사할린 한인들은 사할린에 뼈를 묻고 싶은 사람은 한 사람도 없었다. 해방된 조국에서 그들을 학수고대하고 기다리는 부모, 형제, 처자식들을 생각하면 하루라도 빨리 고향으로 돌아가고 싶어했지만 냉혹한 국제 정치적 역학관계와 힘없는 민족의 무력한 대책으로 인해 수 많은 한인들이 영원히 돌아오지 못한 불귀의 객이 되었다.

해방정국에서 38선 이남에 많은 정당사회단체가 있었지만 해외한인들의 귀환문제에 대해 구체적인 대책을 강구하거나 논의한 기록은 찾아볼 수 없으며 더구나 사할린 한인들의 귀환문제를 깊이 배려한 흔적도 찾아볼 수 없다.

사할린 한인의 귀환문제는 1958년에 이르러 비로소 본격적으로 논의되기 시작했다. 이러한 계기를 마련하게 된 것은 박노학 일행이 천신만고 끝에 일본 본국에 귀환됨으로서이다. 1956년 러·일 국교 정상화가 이루어져 사할린에 억류되었던 일본인(수형자(受刑者), 또는 소련의 필요에 의해 억류되었던 기술자, 한국인과 결혼한 일본여인)이 귀환 허가를 받아 본국에 송환하게 되었는데 1957년 8월부터 1959년 9월에 걸쳐 총 2,345명이 귀환되었다. 이 가운데 일본여인과 결혼한 한국인 남편과 그 자녀들이 많이 포함되어 있었다. 한국인 가운데 혹자는 일본여인과 혼인을 했더라면 하고 아쉬워하는 사람들도 있었다. 이때에 박노학, 이희팔, 심계섭 등 3인은 가족과 함께 1958년 1월 송환되었다. 이들 3인이 떠나올 때 잔류한인들이 자기네들도 빨리 귀국할 수 있도록 한국정부와 일본의 관계요로에 교섭해 줄 것을 눈물겹게 애원했었다. 박노학 일행은 그때의 처절했던 광경을 가슴에 새기고 그 후 30년 간이나 온갖 시련과 애로를 겪으면서 줄기차게 사할린 교포의 귀환운동을 전개했다.

특히 박노학은 송환선에서 이승만 대통령에게 보낼 교포송환 탄원서를 준비했다. 박노학 일행은 일본에 도착하자마자 생활의 근거도 마련하기 전에 사할린교포 귀환운동에 착수했다. 그들은 동경주재 한국대표부를 방문하여 당시 최규하 참사관에게 이승만 대통령에게 보낼 탄원서를 제출했다. 박노학에 따르면 이때 최규하 참사관은 국제정치 정세를 이야기하면서 매우 비관적인 전망을 비쳤다고 한다.

1958년 2월엔 박노학 일행과 바로 뒤를 이어 귀환한 20명이 모여 사할린 억류 귀환자동맹(후에 사할린 귀환 재일 한국인회로 명칭 변경)을 조직했다. 이 귀환자 동맹은 처음에는 우선 자신들의 생활 안정을 위한 조직이었다. 이는 당시 그들이 처한 입장과 다음에 올 귀환자를 생각할 때 당연한 처사였다. 그들은 일본인 부인에 딸린 더부살이 존재로서 겨우 귀환이 허가된데 불과했다. 따라서 그들에게는 일본인이 받는 송환자 수당도 여비도 지급되지 않았다. 송환자에게 제공되는 주택은 다행히도 함께 귀국한 부인이 일본인이기 때문에 같이 살게 허용되었던 것이다. 한가지 일본인들의 비인도적 처사의 예를 들면 귀환 열차에서 도시락을 지급하는데 일본인 부인과 그 아이들에게만 나눠주고 한국인 남편은 제외되었다.

이러한 처사에 대해 일본인들은 부계혈통주의를 엄격히 적용하는 일본 국적법에 따른 당연한 처사라고 생각한 것이다. 일본 국적법에 따르면 일본여인이 한국 남성과 결혼하면 한국남성의 호적에 등재되어 일본국적을 상실하게 되며 아이들은 당연히 한국인인 것이다. 그럼에도 도시락을 일본부인에게 지급하는 것은 일본의 피를 생각해서이며 아이들은 이유야 어떠했든 일본의 피가 섞여있기 때문에 온정주의를 베풀어 식사를 제공한 것이라고 주장하였다.

이와 같은 인식이 팽배한 일본사회에서 사할린 귀환 한국인이 살아간다는 것, 나아가 사할린 잔류 한인의 귀환운동을 전개한다는 것은 이루 형언할 수 없이 험한 가시밭길이었다. 그들이 일본정부와 사회에 대하여 자신들의 주장을 전달하고 실현시킨다는 것은 거의 불가능했다. 더욱이 한국은 이승만의 통치 하에 있어 개인적으로 강한 반일감정을 가진 이 대통령의 반일 태도 때문에 더욱 어려움을 겪을 수밖에 없었다. 외무성, 후생성, 법무성, 일본적십자사 등 사할린 한인 귀환과 유관한 기관에 탄원서를 내고 방문했었지만 그들 기관의 반응은 "일본과는 관계없다."는 태도를 보이며 매우 냉담했다. 시간이 흐르면서 일본 사회에서는 식민지 지배의 책임이라든가 죄책감은 전혀 보이지 않았다. 이미 일본사회에는 한·일관계, 특히 사할린 한인들의 귀환문제에 대해서는 정부도 민간도 도저히 넘을 수 없는 거대한 벽이 쌓여가고 있었다.

박노학 일행이 그래도 큰 기대를 건 것은 한국정부와 재일본 대한민국거류민단이었다. 이들의 진정서를 접수한 한국정부와 거류민단의 반응은 일본 식민 통치가 빚은 동포의 운명을 좌우하는 중대사이므로 대의명분상 당연히 적극적으로 대처해야 한다는 생각을 하면서도 일본에 대해 강한 요구나 항의를 하지 못했고, 소련의 비인도적 태도에 대해서도 적절한 대책을 강구하지 못했다. 한국정부는 1959년 처음으로 일본에 대해 사할린 잔류한인 귀환문제에 일본정부가 협력해 줄 것을 요청하였다. 그러나 이 교섭은 지극히 형식적인 것에 불과했고 일본정부도 별로 반응을 보이지 않았다. 박노학 등이 이 문제를 한·일회담의 의제로 채택해 줄 것을 거듭 청원했으나 한국 정부는 이를 받아들이지 않았다.

한편 국제정치 정세도 사할린 한인의 귀환을 지연시킨 큰 장애요인이 되었다. 소련, 일본, 북한의 관계와 미·소 관계는 이데올로기가 대립되는 동서관계로 연결되면서 귀환문제를 어렵게 작용했다. 우선 북한은 사할린 한인 귀환을 강경하게 반대했다. 북한 당국은 사할린 한인의 대다수가 남한 출신이며 그들의 귀환은 남한으로의 귀환임을 잘 알고 있었기 때문이었다. 북한 입장에서 볼 때 남한은 미국의 군사점령하에 있으며 미국의 괴뢰정권이 지배하는 것으로 인식되고 있었다. 따라서 남한으로의 귀환이란 용납될 수 없는 일이었다. 만약 귀환한다면 한반도의 유일한 합법정부가 성립되어 있는 북한으로 돌아와야 한다는 것이다.

소련 또한 일본에 대한 인식은 미국의 군사기지화되어 있는 땅이며 한국 역시 반소반공의 기치를 든 괴뢰에 불과했다. 소련은 대중국과의 관계가 악화되면서 북한과의 관계를 더욱 공고히 할 필요성을 느끼고 있어 사할린 한인문제에 관한 한 북한과 공동보조를 취하고 있었다. 한·일간의 관계 역시 이승만의 대일적대 감정의 심화와 일본의 한국에 대한 무책임과 경시의식이 팽배되면서 정치적, 감정적 대립이 더해 갔다. 이러한 상황에서 일본정부가 소련정부에 대해 사할린 한인 귀환문제를 진심으로 교섭해 줄 분위기는 전연 아니었다. 이 모든 요인들이 사할린 한인들에겐 불리하게 작용하였고 후일 재일 교포의 북송문제로 비화되었다.

6_ 계속되는 유형(流刑)의 삶

사할린 한인문제는 제국주의에 의한 식민지적 유산이었음에도 전후 처리에 있어 당사국(한국, 북한, 일본, 미국, 소련)의 이해상충과 냉전체제로 인해 40여 년 간 역사의 미아상태가 되었다. 안타까운 것은 간교한 일본과 미·소의 태도는 그렇다 치더라도 한국마저 해방 후 산적한 건국과제와 외교적 미숙과 사할린 한인의 처지에 대한 이해부족으로 적극적 노력을 기울이지 않았던 점이다.

일본 여인과 결혼한 덕으로 일본 본토에 귀환하게 된 박노학(朴魯學), 이의팔(李義八), 심계섭(沈桂燮) 등의 불고가사하고 눈물겨운 노력이 있었지만 민간외교의 한계에 부닥쳐 별로 진척이 없었다. 한가지 어처구니없는 사실은 1965년 한·일조약 체결 당시 박노학은 사할린 한인귀환문제를 협상의제로 채택해 줄 것을 필사적으로 간청했었지만 주일 한국대사관은 사할린문제를 의제로 상정하면 한·일조약체결이 어려워진다는 핑계로 외면했다. 이 때 한국정부는 대일청구권과 경제협력문제에 급급하여 사할린 한인문제는 소홀히했던 것이다. 그러나 한·일기본조약 부속협정으로 재일교포의 법적지위와 대우에 관한 협정이 체결되어 재일한국인이 영주권을 취득할 수 있는 길이 열렸다. 그런데 재일한국인 법적지위 문제는 논의하면서 사할린 한인문제는 왜 거론도 하지 못하고 제외되었는가. 너무나 안타깝고 아쉬운 점이다.

외교란 상대적이기 때문에 어떤 사안을 거론한다고 해서 당장 해결되지는 않는다 하더라도 거론할 만한 기회가 주어졌을 때 문제 제기라도 해 두는 것이 성숙된 외교전략이다. 비록 미결로 남더라도 그렇게 해두어야 다음에 협상의제로 상정하기가 쉬워지는 게 외교적 상식이다. 이것은 비단 외교에서만 그런 것이 아니라 일반 사회생활에서도 같은 이치이다. 이렇게 볼 때 당시 한국외교의 미숙함을 여실히 들어낸 것이다.

사할린 한인의 귀환문제와 관련하여 일본인의 고마운 미담이 있다. 한국에서는 정부차원이나 학계나 언론계에서조차 이들에 대해 거의 무관심으로 지내고 있을 때 일본 지성들은 일본 정부의 부당한 처사를 질책하고 사할린 한인을 구제하기 위해 앞장 섰었다. 일본 동경대학 법학부의 오오누마 야스아키(大沼保昭) 교수는 사할린 한인의 처지를 깊이 통찰하고 귀환운동을 전개했다. 그는 『전쟁책임론 서설』과 『사할린에 버려진 사람들』 등의 책을 펴내어 일본당국에 대하여 사할린 한인의 귀환 문제는 그 일차적 책임이 일본에 있음을 지적하고 인도적 입장에서 일본정부가 그들의 귀환을 도와야 한다고 촉구하였다. 그는 일본정부에 대해서만이 아니라 모스크바까지 가서 소련당국에 같은 취지로 교섭하는 등 무한한 노력을 쏟았었다.

뿐만 아니라 20대의 다카키 겐이치(高木健一) 변호사는 『사할린과 일본의 전후책임』이라는 저서를 내면서 오오누마 교수와 함께 한인의 귀환을 위해 관계요로에 주의를 환기시키며 사할린 재판에 온 정열을 쏟아 부었다.

다카키 변호사는 박노학씨 등과 만나 사할린 잔류한인들의 실정을 듣고 "일본의 사정 때문에 강제 연행했던 한국인을 사할린에 남겨둔 채 자신들만 귀환한 것은 우리 부모 세대의 일본이다. 그러나 지금도 그들을 방치하고 있는 것은 우리 현대의 일본인이다."라는 생각이 들어 큰 충격을 받았다고 한다. 그는 소송을 결심하고 21명의 변호인단을 구성하여 사할린 재판실행 위원회를 결성했다.

변호인단은 귀환 의사를 명백히 밝힌 64명의 사할린 한인으로부터 소송위임장을 받아 그 중 4명을 원고로 하고, 일본국을 피고로 하여 1975년 12월 1일 동경지방재판소 민사3부에 사할린 잔류자 귀환 청구 소송을 제기했다. 청구 취지는 "피고국이 원고들을 본국으로 귀환시키도록 판결을 요청한다."는 것이었다.

소송규모는 매우 커서 길고도 험난한 재판으로 예상되었으며 변호사 전원이 무보수를 각오하고 참가하였다. 소송의 주된 내용은 종전시 일본정부의 송환정책과 조선인 모집 연행정책에 관련된 법률과 실태를 밝히는 것이 필요했으며 아울러 전후 30년에 걸친 일본정부의 무책임과 태만 등도 밝혀야만 했었다. 그리고 사할린을 지배하고 있는 소련의 영향과 또 한국에의 귀환을 절대 반대하고 있는 북한 등의 실태도 파악해야 하는 과제들이었다.

원고측은 1). 원고들은 일본의 강제 연행 정책에 의해 사할린에 보내졌으며 전후에는 방치되었다. 2). 원고들은 강제연행 당시 일본국적을 보유하고 있었으며 최소한 사할린에서 일본에 귀국할 때까지는 일본국적을 상실하지 않는다. 따라서 원고들을 송환대상에서 제외한 피고 국가의 행위는 위헌 위법이다. 3). 인간은 누구를 막론하고 국적을 가질 권리가 있으며 이를 불법하게 박탈할 수 없다.(세계인권선언 15조) 4). 피고 국가는 과거 강제연행했으면서도 원상회복조치를 강구하지 않고 방치한 당사자로서 당연히 원고들을 귀국시킬 의무가 있다는 주장을 폈다.

변호인단은 재판진행과 아울러 홍보활동을 매우 활발히 전개했다. 재판진행 상황을 알리기 위해 「사할린 재판 실행위원회 뉴스」의 발행, 일반시민과 매스컴에 대한 호소와 전단 살포, 심포지엄과 보고회 개최, 국제회의에서의 호소, 여론환기를 위해 영화 「망각의 해협」을 제작하고 심지어 미국잡지에 광고까지 게재하는 등 다채로운 홍보를 했다.

14년 간 계속되어 오던 사할린재판은 1989년 6월 소송취하라는 형식으로 끝났다. 그러나 소송의 효과는 과소평가할 수는 없었다. 사할린 한인의 일본 입국을 위한 도항증명서 발행에 있어 재소일본대사관이 입국을 허가한다는 방침을 세웠다. 그 외 일본관계요로에 여론을 환기시켰으며 그 여파는 한국정부에도 경종을 울려 사할린 잔류 한인에 대한 관심도가 높아진 것이다.

다카키 변호사의 활동으로 사할린 한인 귀환문제의 자료를 발굴하고 여론을 환기하여 일본정부에 압력까지 가했으며 특히 한국의 가족을 증인으로 법정에 세워 일본사회에 호소할 기회를 만든 것은 다카키 변호사 등의 큰 공적이었다. 후일 그 공적이 한국에 알려져 1989년 12월 9일 한국정부로부터 한국국민훈장 모란장을 수여받았다. 이 모란장은 대단히 명예로운 훈장으로서 외국인으로는 처음 받은 것이었다. 우리가 일본에 대한 원한과 적개심은 결코 지울 수 없지만 일본지성들의 국경을 초월한 인도애적 그리고 정의감에 입각한 선행에 대해서는 고마움도 기억할 만한 일로 생각된다.

이와 같이 박노학과 일본 각계 인사들이 한일 양국의 당국에 대하여 노력을 기울이고 있었지만 막상 사할린 한인사회에는 그 소식조차 모르는 상태에서 자신들의 국적문제로 하루도 편한 날이 없이 정신적 고통을 당했다. 한국과는 통신마저 끊어진 상황에다 소련과 북한은 각기 그들의 국적을 취득하도록 교묘한 수단으로 선동하고 집요하게 강요했다. 그러나 한국으로의 귀국을 고대하고 있던 한인들은 만약 북한이나 소련 국적을 취득하게 되면 영원히 한국으로의 귀환이 불가능해질 것이라는 일념으로 이를 거부했고 따라서 소련국적법에 의거해서 무국적의 신분이 되어 여러 가지 불이익을 감수해야만 했다.

이처럼 정신적 고통과 불이익을 받고 있던 중 1950년 6·25전쟁 발발 이후 한인들은 본의 아니게 부득이 북한과 소련국적을 취득한 사람이 많아졌다. 북한 국적을 취득한 사람들은 북한측의 감언이설에 속기도 했었지만 소련 국적을 취득한 사람들은 자녀들을 소련본토로 유학시키기 위한 방편으로 만부득이 동조한 사례가 많았다. 그러나 후일 1980년대 말과 1990년대 초에 걸쳐 한국으로 귀환 가능성이 보이게 되자 다시 무국적으로 되돌리려고 해서 대혼란과 고난을 겪는 사태가 벌어졌다.

사할린 한인들은 이러한 고생스런 생활 가운데서도 자녀 교육열은 대단히 높았다. 자녀의 높은 교육열은 비단 사할린 한인뿐 아니라 만주, 연해주, 중앙아시아로 이주해 간 한인들도 똑같은 양상이었으며 이는 후일 한인 2, 3세대의 사회적 진출의 밑거름이 되었고 각 지역마다 한인들의 위상을 높이는데 원동력이 되었음은 앞에서도 언급한 바 있지만 국제적으로 정평이 나 있다.

사할린의 경우 1947년 한글을 가르치기 위한 한인 학교가 세워진 후 그 수가 급속히 증가하여 1963년에는 사할린주 내에 32개 학교가 설립되었고 학생 수는 7,239명에 달했다. 한 때 브레즈네프 시대에 한인학교를 폐쇄했었지만 한인들 자녀교육열은 식지 않았다. 심지어 당시 중학생 가운데는 만학하는 학생이 있어 21세 또는 23세에 졸업하는 사례도 있었다. 그리고 한인학교가 문을 닫게 되자 소련학교로 옮겨가 학업을 계속하였다. 아울러 한인들은 교육열만 높을 뿐 아니라 생활 적응력도 강했다. 여러 가지로 자신들을 목죄어 오는 불안한 생활에서도 좌절하지 아니하고 한민족 특유의 근면과 성실로서 서로 이웃을 도우면서 새 삶의 터전을 개척해 나아갔다. 휴가기간에도 쉬지 않고 부업으로 돈을 저축해 집을 장만하고 텃밭에서 채소 등의 농작물을 가꾸어 자녀에게 안정된 생활환경과 대학교육의 기회를 제공했다. 부모들의 근면함을 보고 자란 많은 자녀들이 러시아 본토대학에 진학하여 졸업 후에는 기술직과 전문직에 진출하여 한인들의 사회적 신분을 향상시키는데 한 몫을 했다.

또 한가지 세계적으로 정평이 나 있는 한민족의 특성은 귀소본능이 강하다는 점이다. 이를 고승제 교수는 한국인의 조국회귀형적(祖國回歸形的)성격이라고 간파한 바 있다. 한민족은 세계 어느 곳에 정착하든 조국의 언어와 풍습을 고수하고 전통문화를 지키며 민족정체성을 유지하여 기회가 주어지면 언제라도 귀향할 강한 귀소본능을 가지고 있었다. 이러한 예는 간도나 연해주로 이주한 한인들의 생활상과 멀리 중앙아시아로 강제 이주당했던 한인들의 생활상에서도 얼마든지 찾아볼 수 있다.

조국의 패망으로 인해 강제징용되어 간 한인들은 자신들의 의사와는 상관없이 이역땅에 갇힌 신세가 되어 살을 에이는 추위와 굶주림과 내일을 예측할 수 없는 고독 가운데서 끝없이 자신과 싸워야 했다. 수십 미터 지하 갱도 안에서 석탄을 캐내는 위험한 일을 수십 년 동안 해 나가는 가운데 신체적 고통과 질병을 참고 견디며 심리적 고독을 극복한다는 것은 가히 초인적인 힘이 아니고서는 불가능한 일이었다. 인생으로서의 회의, 불안, 갈등을 겪으면서도 결코 좌절하지 않고 감내할 수 있었던 것은 조국에 대한 향수와 가족에 대한 애착과 기다림이 있었기 때문이었다.

7_ 사할린에 남아 있는 한인들에게 희망을

사할린 잔류 한인의 귀환문제는 1988년 서울 올림픽을 계기로 활기를 띠기 시작했다. 올림픽대회가 서울에서 개최된다는 뉴스가 온 세계로 전파되면서 사할린 한인들은 모국방문의 기회를 얻을 수 있을까하는 희망에 부풀었다. 주최국으로서도 세계 모든 나라에 한국의 발전상을 소개하고 국위 선양과 국제적 위상을 높이기 위한 각별한 노력을 기울이면서 특히, 해외한민족들에게 모국방문의 길을 열어주기 위해 관계국들과 교섭을 하였다. 이와 더불어 사할린 한인과의 통신도 비교적 활발해졌다.

1989년, 한국 이산가족협회가 조직되고 당시 사할린 노인회장이던 박해동씨가 일본과 한국으로 다니면서 사할린 한인문제를 환기시켰고 일본측에서도 이들의 귀환문제를 정치 문제화했다. 외상급 수준에서 재사할린 한인 귀환 문제에 대해 소련측의 호의적 검토를 요청했다. 이는 당시 한·소 간에 국교가 없었으므로 한국을 대신해서 일본이 대소 교섭을 한 것이었다.

1989년 7월, 대한적십자사와 일본적십자사 간에 재사할린 한국인지

원공동사업체가 설립되었다. 이 공동사업체의 주된 임무는

첫째, 일본 경유로 한국을 방문하여 가족과 재회하는 사할린 한인에게 경제적 보조를 하는 것이고, 둘째, 전세기편으로 사할린 한인이 고향방문과 가족재회를 실현토록 하는 것이었다. 1989년 8월 한국정부와 대한적십자사의 조사단이 사할린으로 가서 당국자와 회담했다. 이 때는 아직 한국과 소련 간에 국교수립이 되지 않고 있었지만 양국관계는 우호적이었으며 이 회담에서 소련측은 한국을 최종 목적지로 하는 출국허가를 내주겠다고 언명했다. 이 언명은 사실은 1988년 9월부터 실제로 이루어져 온 사할린 잔류 한인의 조국 방문을 정식으로 허가한 것이었다.

한편 1988년 말 일본 의회에서 일본과 한국 양 적십자사가 협력하여 대규모 가족재회사업을 추진하기 위해서는 일본정부의 예산 뒷받침이 꼭 필요하다고 인정하고 1989년 사할린 관계 예산을 5,800만 엔으로 책정했다. 1989년 3월 일·소 실무자 회의에서 한·일·소 3국 적십자사 간 협의를 제안했고 소련 역시 전향적인 자세를 보였다. 아울러 일본측은 한국 가족의 사할린 방문을 허용하도록 제안하였고 소련측은 이를 수락했다. 이리하여 4월에 한국 가족의 사할린 방문이 최초로 실현되었다. 대구의 중·소이산가족회 이두훈 회장이 사할린으로 가서 부친묘소에 고향에서 가져 간 술을 따르고 오열했다. 이두훈 회장은 필자와 같은 고향 성주인으로서 인터뷰를 할 때 척추를 다쳐 병석에 누워 있으면서도 그 때 일을 회상하며 눈시울을 붉혔다.

이상과 같은 일련의 국제적 동향과 함께 한국에서도 정책적 변화에 시동이 걸렸다. 1989년 국회에서 '사할린동포의 모국방문 및 귀환촉진

결의'가 채택되었고 외무부에서도 '사할린동포 귀환문제로 대소, 직접 교섭을 추진할 방침'을 표명한 동시에 '역사적, 정치적, 도의적 책임에 의한 일본의 협조를 계속 모색해 갈 방침'도 표명하였다. 1990년 10월 에는 한·소 국교가 수립되고 서울과 하바로프스크 간에 정기항공편이 취항되면서 사할린 한인 귀환문제는 진전이 빨라졌다. 같은 해 가을에 사할린주 한인노인회가 결성되어 활동이 더욱 활발해졌다. 이 한인노인회에서 영주귀국사업에 대한 일본의 지원을 강력히 요구하기 시작했다. 요구내용은 대략 다음과 같다. 일본정부의 사죄, 영주귀국지원, 영주귀국 후의 안전생활보장, 강제연금의 배상, 한국과 사할린 간의 자유왕래지원과 연 1회 성묘지원 등이었다.

1990년 2월 8일 최초의 전세 비행기가 120명의 한인을 태우고 유주노사할린스크에서 서울로 향해 날았다. 실로 역사적이고 감격적인 일이었다. 1990년 4월 18일 일본 중의원 외무위원회에서 이가라시 고조는 나카야마 다로외상에게 사할린 한인 문제에 대해 일본의 사죄의 뜻을 표하도록 종용했고 나카야마 외상은 "한인들이 일본정부의 의사에 의해 강제이주되어 노동력을 착취당한 분들이 전쟁종결과 함께 조국으로 돌아가지 못하고 현지에서 살 수밖에 없었던 비극에 대해 일본으로서 진심으로 이분들에게 죄송하다는 마음을 가지고 있습니다."라고 하였다.

다음달 1990년 5월에 한국 노태우 대통령이 방일했다. 이 때의 수뇌회담에서 가이후 도시키(海部俊樹) 총리는 "사할린 한국인 귀환 문제에 큰 진전이 보이고 또한 양국적십자사의 협력이 순조롭게 진행되고 있는 것은 기쁜 일이다. 앞으로도 인도적인 관점에서 성과있는 한·일협력이 이루어지도록 노력하겠다."고 말했다. 이에 대해 노대통령은 "재사할린 한국인의 특수한 조건을 감안하여 자유롭게 조국을 왕래할 수 있도록 배려를 바란다."고 말했다.

1991년도 사할린관계 예산으로 1억 2천만 엔이 책정되었고 1992년도 예산은 1억 2537만 4천 엔이 책정되는 등 일본측의 구체적인 성의가 보이기 시작했다.

한국정부도 사할린에서 영주귀국하는 동포들에게 영구임대주택을 무상으로 공급하기로 하였다. 1996년 5월 건설교통부는 사할린 동포들의 영주귀국을 지원하기 위해 이들에게 임대기간 30년 이상의 주택 500가구분과 요양시설을 무상으로 공급키로 하였다. 그리고 한·일양국은 협의과정을 거쳐 일본에서 32억 3천만 엔을 건축비로 지원하고 한국정부는 부지매입비를 부담키로 합의함에 따라 아파트와 요양원이 건립되었다.

영주귀국 대상자 선정 원칙은, 1) 자립적으로 움직이면서 생활할 수 있는 사람, 2) 한국에 친척이 있는 사람, 3) 사할린에 남은 자식들이 한국에 간 부모에게 물질적 도움을 줄 수 있는 사람, 4) 한국의 변화된 생활양식에 적응력이 있는 사람, 5) 남북한 분단상황을 고려하여 적합한 사람 등으로 되었다.

국내외 사할린 동포귀환을 위한 여론과 여건의 성숙으로 인해 1998년 드디어 800여 명의 사할린 동포의 귀환이 성사되었다. 이들을 위한 정착촌 건설을 위해 한국정부가 대지를 마련하고 일본정부가 아파트 건립자금을 제공하여 경기도 안산시 '고향마을'을 비롯해서 서울, 인천, 춘천, 경북 등 5곳에 정착촌이 건립되었다. 이후로 귀환자 수가 늘어나서 지금은 약 1,300여 명 정도가 영주귀국하여 있다. 연령 분포는 70대의 부부가 주류를 이루고 있으며 한 아파트에 두 사람을 원칙으로 하고 있다.

　사할린 동포의 귀환은 한 때 신문, TV 등 언론에 대대적으로 보도되었고 많은 사람들의 주목을 받았으나 시간이 흐르면서 이들에 대한 사회적 관심은 시들해지고 귀환자와 사할린에 남아 있는 가족 간에는 새로운 이산가족 현상이 나타나게 되었다. 경북 고령에 있는 대창양로원(大昌養老院)에서 일어난 사건에서 귀환자들의 심정을 읽을 수 있는 사례를 볼 수 있다. 이 양로원은 재일동포 오가문씨(80세 할머니)가 사재를 털어 세운 것으로 귀환자 선발기준에서 고령 독신자를 우선순위로 정했는데 얼마나 고향에 오고 싶은 마음이 간절했던지 노부부 간에 이혼하는 괴이한 사태가 발생했다. 이런 경우 대개 남자들이 귀환하고 부인은 사할린에 남아서 자식들과 그대로 지내는 것이 보통이다. 또다른 사례는 사할린에서 이혼하고 각각 귀환해서 남처럼 지내는 사람도 있다. 그들은 부부라는 것을 수개월 동안 속이고 지내다가 결국 부부라는 것이 알려지게 되자 나중에 아파트를 얻어 현재 함께 사는 부부도 있다. 이런 사실이 알려지자 처음에는 남의 빈축의 대상이 되었지만 시간이 흐르면서 얼마나 고향이 그리웠으면 그렇게까지 했겠는가하고 이해하는 쪽으로 민심이 바뀌었다. 남편이 귀환한 후 사할린에서 자식들과 함께 지내던 부인이 후일 달리 수속을 밟아 나오게 되면 남편은 다시 결합할 것을 결심하고 그 사실을 적십자사에 알려 새로운 아파트를 신청한 경우도 있다.

　필자가 그들의 귀환 후의 생활상을 알아보기 위해 2004년 11월 14일

안산시 고향마을을 찾았다. 마침 점심 때가 되서 대표자격인 세사람(고창남-안산시 고향마을 영주귀국자 노인회 회장, 김종수 부회장, 김진각 러시아 노인회 총무)과 안산시에서 파견 근무하고 있는 직원(박경혜)을 한정식집으로 초대해서 점심을 함께 했다. 나이가 70대가 되어서인지 2세들인데도 비교적 한국말을 불편없이 구사했다. 충분한 시간을 가지고 여러 가지 궁금한 사항에 대해서 아주 자유로운 분위기에서 대화를 나눌 수 있었다. 처음에는 다소 서먹하고 마음을 열지 않았었는데 필자가 자신을 소개하고 명함을 건넸더니 안도하는 표정으로 바뀌면서 생활의 여러 측면을 솔직하고 자세하게 일러 주었다.

대략 요약하면 생활은 2인 기준 월 75만 원 정도 지원받고 있는데 큰 불편없이 지낼만 하며, 아파트는 약 25평으로 여러 가지 시설이 갖추어져 있어 사할린에서의 생활에 비하면 월등히 나은 수준이라고 했다. 필자가 방문한 가정에는 모든 가전제품이 구비되어 있으며 에어콘까지 설치되어 있었다. 필자가 "우리집엔 에어콘이 없는데 나보다 훨씬 잘 사시는군요." 했더니 모두 한바탕 웃으면서 부인하는 기색은 아니었다. 모국(한국)에 대한 감상(감정)이 어떠냐고 솔직히 말을 해보라고 했더니 망설임 없이 즉답을 하는데 한마디로 "감사한다."는 것이었다. 노후에 모국에 돌아와 이만큼 안정된 생활을 하니 얼마나 고마운지 모르겠다고 했다.

화제를 돌려서 애로사항이나 희망사항 등도 기탄없이 토로해 줄 것을 요청해 보았다. 희망사항으로 첫째, 사할린에는 아직도 3만여 한인이 있는데 그 중 특히 3천 명 가량의 독거(獨居) 노인들이 영주귀국을 희망하고 있으나 한국에서 수용시설 부족으로 이들을 받아드릴 수 없는 것이 안타깝다는 것이었다. 연차적으로 예산을 세워 귀환 희망자의 수용규모를 확대해 주었으면 하는 바램이었다. 혼자 지낼 분들께는 아파트 한 채까지는 필요없고 그 절반규모만 해도 만족하다는 것이다. 둘째, 사할린에 남아있는 자녀들 중 한국에 와서 모국어 연수를 희망하는 학생들에게는 자유로운 출입국과 최소한 6개월 이상 체재할 수 있는 비자를 받을 수 있도록 해 주었으면 하는 소망이었다. 다음으로 특이한 사항은 노부부들이 생활하다가 한 사람이 먼저 세상을 떠나 혼자 지내는 경우가 발생하는데 한 아파트에 2인 생활을 원칙으로 하고 있기 때문에 같은 처지의 동성(同性) 2인을 함께 동거하도록 했더니 노인들끼리 불화가 빈번하여 동성 2인 동거가 어렵다는 것이다. 그래서 한 아파트를 각각 생활할 수 있도록 개조양분(改造兩分)해 주었으면 하는 당장의 절실한 요망도 있었다.

그리고 2002년 11월 5일자 고창남 노인회 회장 명의로 한국외교통상부 장관에게 제출한 요망사항에는 고향마을 입주자 사망시 사할린에 남은 고인의 자녀들이 항공왕복료 지원을 받아 무비자로 한국에 입국하여 장례식에 참석할 수 있도록 해 줄 것과, 고향마을 입주자 부부 중 한 분이 사망하는 경우 자녀 한가족이 남은 분을 모시고 살 수 있도록 해 줄 것을 요망하고 있다. 그러나 지금까지 회신은 없다고 했다.

점심 식사 후 귤 두 상자를 사가지고 귀환자들이 함께 소일하는 경로당에 들렀다. 남자 경로당에 들렀을 때는 무거운 분위기를 느꼈다. 필자를 대하는 태도가 무심, 무표정하고 주름진 얼굴에 그늘이 드리워져 있었다. 말 못할 근심이 있는 듯 수심에 차 있는 인상이었다. 놀이로는 장기, 바둑, 마작 등을 하고 있었으나 그들 역시 밝은 표정은 아니었다.

한편, 여자 경로당에 방문했을 때는 대단히 반기는 기색이며 분위기가 밝고 명랑하며 활기에 차 있었다. 마침 화투놀이를 하고 있기에 언제 배웠느냐고 물었더니 한국에 와서 배웠다면서 매우 재미있다고 했다. 이곳 생활에 불편은 없느냐고 솔직한 답을 유도해 봤더니 이구동성으로 아주 만족하고 있다면서 대형 TV와 냉장고 등을 가리키며 이만한 시설을 갖추고 있는데 더 이상 바랄 것이 없다고 했다.

그러나 화제를 바꾸어 사할린에 남아있는 자녀들에 관한 이야기가 나왔을 때는 모두가 착잡한 심경에다 애절한 눈빛이 역력했다. 이들은 사할린에 남겨진 자녀들의 사진을 들여다보면서 자기들은 새로운 이산가족이 되었다고 했다. 고향에 대한 향수로 고국에 왔지만 사할린에 있는 자식에 대한 그리움은 말할 수도 없이 간절하다고 했다. 어찌보면 이들은 두 고향이 있는 셈이다. 처음 태어나 어린 시절을 보내던 고향과 사할린 자녀들이 있는 곳이 또한 고향이다. 그러나 이들은 어느 곳에도 마음이 정착되지 못하고 안산시 고향마을이라는 중간지점에 엉거주춤하게 자리잡고 있는 것이다. 이들은 평생 그러했듯이 지금은 또 다른 외로움으로 삶을 이어가고 있다.

힘없는 조국과 냉전체제로 인해 버려진 이들은 평생을 그리움으로만 살아가야 할 것인가. 사할린 한인들에게 한국은 무엇인가. 국가로서의 존재가치와 기능을 다하고 있는가. 다시 한번 묻지 않을 수 없는 질문이다. 지금 사할린에 잔류하고 있는 3만여 명의 한인 가운데 불과 천여 명이 귀환해서 500여 채의 아파트에 수용하고 있는 것으로 그들의 한을 위로하고 귀환대책이 강구되었다고 하기엔 너무나 미흡하다.

사할린에 버려진 지 60년의 세월이 흐르는 동안 온갖 풍상 가운데 징용당한 1세들은 망향의 한을 안은 채 거의 불귀객이 되었고 2세들도 70고개를 넘고 있다. 한국정부는 겨우 아파트 대지만 제공하고 일본의 공사비용 부담으로 지은 아파트 500채에 불과 천여 명을 수용하고 있다. 이 사실은 세계 열두번째 경제대국이라고 자부하고 있는 한국으로서 대외적으로 국가체면이 말이 아니며 부끄러운 일이다. 거기에다가 그후 10년이 지난 지금까지도 더 이상의 대책과 진척이 없다. 한국정부는 자국민 보호대책과 의지가 실종되었다 해도 변명할 여지가 없다.

귀환한인에게 한국은 기대한 만큼 따뜻한 조국과 고향은 아니었다. 가족 또는 친척 간에 한두 번 상봉으로 동질적인 한국적 구성원으로 받아들여지지 않았으며 한국으로 귀환한 고독한 노인과 사할린의 자녀들 간에 새로운 장벽이 생기고 다른 양태의 이산 문제가 생겼다. 이들의 지나간 인생을 보상해 줄 그리고 잔류한인들이 조국에 대한 뜨거운 애정을 느낄 수 있는 정부의 좀 더 적극적인 대책은 불가능한 것인가. 정부의 자국민을 보살피는 대책의 규모와 방법 여하에 따라서는 귀환하지 않은 잔류한인들이 사할린 내에 한민족 문화를 유지하며 새로운 한국촌의 영역을 형성할 수도 있지 않을까. 만약 그렇게 된다면 사할린 한인사회는 지난날의 불우했던 과거가 전화위복이 되어 국경을 초월한 한민족공동체의 한 지역 단위로 승화될 수도 있을 것이다. 향후 21세기를 지향함에 있어 우리들의 민족적 과제로 삼아야 할 것이다.

제 5 장

21세기 나라와 민족의 자산
해외 한민족

1_ 지금부터라도 해외 한민족에게 관심을

1). 21세기를 내다보며

21세기를 전망하는 미래학자들의 공통된 견해는 다음 몇 가지로 특징지어진다.

첫째, 통신과 교통 수단의 발달로 세계가 1일 생활권화되고 IT산업의 발달로 고도의 정보화사회가 형성되며 모든 분야에서 세계화 추세가 가속될 것이다.

둘째, 국경의 벽이 낮아지고 대영토주권의 개념과 인식이 바뀌면서 그 대신 미래에는 새로운 문화적, 경제적 개념의 영토가 출현될 것이다.

셋째, 각국은 20세기의 특징인 정치적, 경제적 이데올로기의 대립을 지양하고 국가적 실리 추구에 치중하며 지역별 그룹화 현상이 대두될 것이다.

넷째, 동서와 남북간의 많은 인적 교류로 다민족사회의 형성과 복합문화시대가 도래할 것이다. 그러나 각 민족들은 생존전략상 각기 정체성을 견지하기 위해 온갖 노력을 경주할 것이다.

다섯째, 핵, 환경오염, 자원고갈, 생명공학, 인권 등은 전인류의 최대 관심사로 부각되며 나날이 발달하는 과학기술문명의 극치는 인류 공멸을 초래할 우려가 있어 공동 대처 방안을 강구할 것이다.

이상에서 지적한 항목 중 민족문제 특히 해외교포문제와 관련하여 우리의 관심을 끄는 항목은 첫째, 둘째, 넷째이다. 즉 세계가 1일생활권화되고 모든 분야에서 세계화 추세가 가속화될 때 여기에 어떻게 대응해야 할 것인가. 국경의 벽이 사실상 없어지고 문화적 또는 경제적 영토가 출현될 때 해외 한민족이 집거하고 있는 지역을 어떻게 가꾸며 우리의 영역화할 것인가. 그리고 다민족사회의 형성과 복합문화시대가 도래할 때 우리는 어떻게 한민족 정체성을 유지할 것인가가 향후 민족 생존전략상 최대의 과제가 될 것이다.

해외에는 우리 교포가 약 700만 명이 살고 있다. 중국에 200만 명, 미주에 230만 명, 일본에 60~70만 명, 구소련권(CIS)에 45만 명, 그리고 동남아, 유럽, 중남미, 중동과 아프리카 등지에까지 산재하고 있으며 날로 증가 추세에 있다. 오늘날 해외교포에 대한 인식이 바뀌면서 국력을 평가하는 기준으로 그 나라 사람들이 얼마나 해외에 진출하고 있느냐 하는 상황치가 활용되기도 한다. 즉 해외교포는 국가의 큰 자산으로 간주하기 때문에 많이 진출한 수에 비례하여 국력이 신장되었음을 평가한다는 뜻이다. 이처럼 해외동포는 나라와 민족이 뻗어가는 데 소중한 존재이며 이에 대한 관심도도 날로 높아지며 새롭게 인식되어 가고 있다.

2). 민족 통합 문제

　인간에게 있어서 혈통과 뿌리가 같다는 것은 매우 큰 의미를 갖는다. 사람은 그 혈통과 지연에 근거하여 사회를 구성하고 문화를 창조하면서 삶을 영위하였고 작게는 가족이라는 이름으로 크게는 민족이라는 이름으로 존재해 왔다. 한민족은 같은 혈통을 지닌 단일민족으로 고대에는 만주와 연해주를 포함한 넓은 지역을 무대로 고유한 문화를 꽃피웠고 이후 고려시대와 조선시대를 거치면서 이를 계승, 발전시켜 온 문화의 뿌리가 세계 그 어느 민족보다도 튼튼한 민족이다.

　그러나 이같은 문화적 번영을 누렸음에도 불구하고 19세기 말 외세에 의한 강제 개항 이후 근대사의 격동기에 열강의 틈바구니 속에서 을미사변·아관파천·을사조약 등의 수난을 거듭하다가 급기야 일제에 국권까지 상실당하는 비운을 겪었다. 이것은 우리 민족이 국제정세의 변화와 시대의 흐름에 자주성을 잃고 능동적으로 대처하지 못한 까닭이며 이로 인해 우리는 세계사의 주체의 지위에서 객체의 지위로 전락하게 되었다. 이렇게 역사의 주·객의 지위가 바뀌었다는 것은 한민족사에 있어 최대의 불행이었다. 그 여파는 오늘에 이르기까지 지속되어 내적으로 국토분단과 민족분열과 갈등의 상황에 처해 있고 외적으로는 아직 역사주체로서 국제적 위상을 확보하지 못한 것이 오늘의 솔직한 우리의 모습이 아닌가 생각된다.

　그러므로 앞으로 21세기에 한민족이 지향할 역사적 제일의 과제는 역사 주체로서의 지위를 확보하고 한민족을 통합하는 일이다. 여기서 한민족 통합이란 물리적 힘에 의한 인위적, 지역적 통합을 의미하는 것이 아니라 세계 도처에 산재해 있는 한민족이 민족의식과 민족문화를 승화시켜 그 정체성을 제고하고 공동운명체적 연대감을 인식케 하여 함께 번영을 도모하는 것을 뜻한다.

지금 해외에는 120여 국가에서 약 700만 명에 가까운 교포가 산재해 살아가고 있다. 이 수는 날로 늘어나 남북한을 합한 인구의 10%에 육박하고 있다. 그러나 지금껏 우리는 이들의 이주 배경과 현지에서의 고충과 장래 문제에 대하여 깊은 관심이나 협조를 소홀히 한 채, 한민족 통합의 필요성을 마음속 깊이 절감하지 못했던 것이 사실이었다. 그러기에 한때 한국의 교민정책은 기민정책(棄民政策)이라는 비판을 받았었다. 교포에 대한 관심도 대책도 없이 그냥 내버렸다는 비아냥조의 비판이었다. 지금도 교민정책의 기조는 "현지에 적응하여 열심히 살아라"이다. 이미 이주한 이상 조국에 대한 미련은 갖지 말고 빨리 현지인으로서 생활 자세를 확고히 하라는 뜻으로 해석된다. 근래 대통령들이 해외 나들이할 때 교포들의 환영연회 석상에서 행한 연설의 내용에서도 이런 측면을 엿볼 수 있다. 물론 기본적으로 옳은 말이다. 그러나 교민들을 애정으로 보살피고 가꾸어 민족일체감을 심어 주는 교포 정책적 내용이 담겨졌으면 하는 아쉬움을 느끼는 교포들의 바람도 큰 것이 사실이다.

일찍이 중국 신해혁명(辛亥革命)때 손문(孫文)은 물심양면으로 지원을 해 준 화교를 '혁명의 어머니'(華僑爲革命之母)라고 했다. 또 한편 덩샤오핑(鄧小平)은 1982년 일본을 방문했을 때 그를 환영하는 화교들에게 "중국은 화교들의 거주지가 어디든 국적이 어느 나라이든 여러분들은 중화인민으로 간주한다."고 선언했다. 화교들은 감동했다. 그리고 자긍심을 가졌다. 십수 억의 인구를 가진 중국이 인구가 아쉬워서 한 말이겠는가. 이 짧은 말 한마디에서 중국의 화교정책을 읽을 수 있다. 교민정책은 적어도 향후 100년 즉 21세기가 어떻게 변할 것인가를 내다보고 입안해야 할 것이다.

밖으로 눈을 돌려 향후 한 세기를 조망해보면 시·공을 초월하는 통신 및 교통수단의 발달과 지역공동체의 형성으로 인해 국경과 주권의 개념은 퇴색되고 경제권 또 문화권 중심의 새로운 형태의 영역, 이른바 문화적 영토 또는 경제 영역이 출현할 것으로 예견된다. 이 현상은 21세기에 예견되는 인류사의 획기적 변화의 핵이라 할 만하다. 유럽연합(EU)과 미주국가들의 블록화(NAFTA) 또는 구 소연방의 와해와 새로운 민족주의 대두 등에서 감지되는 바와 같다. 이와 같은 세기적인 변화와 관련하여 우리의 관심을 끄는 것은 세계 여러 지역에 집거하고 있는 한민족의 장래와 관련한 문제이다. 이들은 3~4세대로 내려가면서 모국어를 잊고 민족에 대한 의식도 희미해져가고 있지만 그러나 조상들의 정성스런 교육의 영향으로 예절, 풍습, 생활양식 등 한민족의 문화적 원형을 간직한 채 쉽게 동화되지 않고 민족정체성을 견지하려는 의지를 갖고 있다. 지금 이 시점에서 해외 한민족의 장래를 생각할 때 대단히 중요한 상황에 처해 있음을 인식해야 한다. 이들은 방치하면 동화되어 버릴 수도 있고 잘 보살피고 관심을 가지고 배려하면 한민족의 일원으로 존속될 수도 있는 기로에 서 있기 때문이다.

흔히들 모든 것이 세계화 추세인데 민족정체성을 유지한다는 것이 무슨 의미가 있느냐고 반문하는 경우가 있으나, 지금 아시아에서도 성공하는 나라들은 모두가 자기정체성을 뚜렷하게 견지하고 있다. 일본은 신도(神道), 중국은 중화사상(中華思想), 대만은 삼민주의(三民主義), 싱가폴은 유교적 민주주의 등을 국책의 기저에 깔고 있다. 뿐만 아니라 EU가 형성된 유럽에서도 각국은 편의적인 유럽 통합을 구성했을 뿐 자국의 문화와 정체성을 확보하는 데는 조금도 소홀함이 없다. 앞으로도 상당한 기간 동안 민족문제는 상존할 것으로 예측된다. 지금 지구 여러 곳에서 발생하는 국지분쟁의 원인은 거의가 민족문제와 종교문제로 야기되고 있음을 간과할 수 없다.

앞으로 국경의 벽이 허물어지고 영토주권의 개념이 퇴색되며 문화적 영토의 출현이 가능하다면 한민족이 집거하고 있는 지역은 문화적, 경제적 접근방법으로 우리의 영역화함이 바람직하다. 다만 이 과정에서 주재국과 충돌이나 갈등이 야기되어서는 안된다. 배타적, 폐쇄적 민족주의가 아니라 주재국의 착실한 시민으로 적응하고 융화하면서 의식의 내면에서 "우리는 한민족이다", "우리는 하나다"라는 긍지를 가지고 민족정체성만 견지하면 되는 것이다. 가령 연변이나 타슈켄트에 집거하고 있는 한민족이 국제법상으로 그 나라 국적을 가지고 또 살고 있는 나라가 중국이거나 우즈베키스탄이라 하더라도 조국과의 유대가 강화되고 한민족 문화를 간직하여 정신적으로 한민족임을 인식하고 있으면 그들이 집거하고 있는 지역은 사실상 우리의 문화 영역이 되는 것이다.

이렇게 볼 때 해외에 지역단위로 집거하고 있는 교포들의 비중과 위상은 대단히 중요하다. 이들은 지난날의 인식처럼 모국으로부터 지원과 보호를 받아야 하는 부담스런 존재가 아니다. 모국과 연계하여 국력이 해외로 진출, 신장해 나아가는 데 있어 필요한 교두보로서 국가의 큰 자산이다. 그들은 민간외교관으로서 또는 우리 문화 홍보요원과 한국기업과 상품의 세일즈 맨으로서 훌륭한 역할을 하고 있다. 타쉬켄트, 알마아타 등지에 우리 기업들이 빠른 시일 내에 진출하고 자리를 잡을 수 있는 것도 이곳 고려인들이 한인사회를 형성하고 있기 때문이다. 이들은 현지 사정에 밝고 현지어에 능통하며 또는 거주국의 관료나 산업 분야의 중요한 자리에 있는 사람이 많아 우리 기업들이 진출할 때 여러 가지 정보와 편의를 제공하고 상품 선전원으로서 역할을 다 해 주고 있다.

지구상에는 지도에 나타나 있지 않은 한국이 여러 곳이 있다. 해외한민족이 한 지역을 중심으로 집거하며 문화적 경제적 영역을 형성하여 모국과 긴밀한 유대와 일체감을 간직하면 이는 시·공을 초월하여 사실상 본국 영토의 일부분이 되는 것이다. 중국의 연변조선족 자치주를 위시하여 중앙아시아의 타쉬켄트, 알마아타에 수십만 명씩 집거하고 있으며 미국, 일본, 유럽, 동남아시아 여러 곳에 한인사회를 이루고 있다. 이 지역들은 우리의 의지와 노력 여하에 따라서 우리의 문화적, 경제적 영역이 될 수 있다. 그 접근방법은 문화적, 경제적 네트워크(Network)를 통하여 가능하다. 결코 정치적, 군사적 접근방법을 취해서는 안된다. 문화적으로 한민족 정체성을 견지하며 한민족 경제망을 구축하여 공동이익과 번영을 추구하는 것은 매우 합리적이고 자연스런 방법이다.

그 한 예로서 하와이와 일본과의 경우를 생각해 보면 쉽게 이해된다. 하와이는 진주만사건으로 일본과 악연이었지만 오늘날 사실상 일본의 영토화 되어가고 있다. 일본인들이 상권을 거의 장악하고 토지를 매입하며 정치적으로도 일본계가 주지사와 연방의회 의원으로 선출되며 주의회에는 68%의 의석을 차지하고 있다. 일본 중고교 학생들이 하와이 수학여행 중 비행기에서 내릴 때 일장기를 손에 들고 펄럭이면서 내리는 것을 많이 보게 되는데 그들은 아마도 하와이가 일본 영토의 한 부분처럼 착각하는 듯 했다. 실제로 미국은 하와이주에 형식적인 주권 행사를 하고 있을 뿐이다. 그러나 미·일 간에 하등의 마찰이나 불편함이 없이 하와이는 잘 유지, 번영하고 있다. 양국 간에는 이익이 상반되지 않고 상호 호혜 이득을 보기 때문이다.

이러한 예에서 볼 수 있듯이 앞으로 21세기는 어떠한 나라이든 단일민족국가로만 존속할 수 없고 다민족국가 형태가 되는 것은 불가피한 일이며, 따라서 복합문화 구조를 형성하게 마련이다. 지난 20세기는 이념적 동·서의 대립관계였다면 앞으로 21세기는 남·북의 협력관계가 더 활발히 진척될 것이다. 남·북의 관계란 부유국과 빈곤한 나라와의 관계를 말한다. 여기서 예상되는 것은 노동자의 생존권적 대이동이다. 여기에는 반드시 민족의 문제가 수반되기 마련이다. 혈통과 뿌리를 같이하는 민족적 노동자군(群)이 타국에서 생존권을 향유하고 그 혈연에 의한 자연스런 집거촌이 형성된다는 것이다. 이때 그 혈통과 뿌리를 관리하는 모국과는 계속 유대가 강화될 수밖에 없다. 우리 정부도 이러한 점들을 전망하면서 해외교민정책의 기조를 정립해야 할 것이다.

3). 적극적인 해외교민 정책을 펴야

우리는 해외교포를 소중히 생각하며 아끼고 가꾸어야 한다. 도의적으로도 그러하거니와 21세기 한민족이 지향하는 전략적 측면에서도 그러하다. 우리는 지난날의 민족사를 회고, 반성하고 앞으로의 진로 모색을 위해 고뇌하고 분발하며 슬기롭게 대처하여야 한다. 우리에게 가장 교훈이 되는 이스라엘의 예를 생각해 보자.

(1) 이스라엘의 경우

이스라엘 민족은 영토를 잃고 2000년 동안이나 세계 여러 곳에 흩어져 온갖 시련을 겪었지만 헤르츨[30], 바이츠만[31], 벤구리온[32] 같은 위대한 지도자를 배출, 시오니즘(Zionism)[33]으로 정신적 유대를 강화하여 오늘의 이스라엘공화국을 재건하였다. 1948년 5월 14일 오후 4시 팔레스타인 지역에 흩어져 있던 65만여 명의 유태인들은 라디오에서 흘러 나오는 한 지도자의 목소리를 들으며 흘러내리는 눈물을 어찌할 수 없었다. "우리는 유태민족의 역사적이며 본질적인 권리와 유엔의 결의에 의해서 팔레스타인에 유태국가를 수립하고 이를 이스라엘이라고 부를 것을 선포한다." 이 목소리의 주인공은 제1차 세계대전 이후 유태인

---

30). 헤르츨(Theodor Herzl, 1860~1904), 헝가리 출신의 오스트리아 저술가로 *The Jewish State*(1896)를 저술하고 정치적 Zionism의 창시자로 First Zionist Congress in Basle(1897)을 조직하였음.
31). 바이츠만(Weizmann, 1874~1952), 러시아 태생의 이스라엘 화학자로 Zionism의 지도자, 초대 이스라엘 대통령(1949~1952).
32). 벤구리온(David Ben-Gurion, 1886~1973), 폴란드 태생의 이스라엘 정치가, Zionism운동의 지도자로 이스라엘공화국 확립을 선언하며 초대 수상과 국방장관(1949~1952)을 겸임.
33). 세계 여러 곳에 흩어져 있는 유태인이 그들 조상의 땅인 팔레스타인에 유태민족 국가를 건설하려는 민족주의 운동. 1948년 이스라엘의 독립으로 실현됨.

의 시오니즘 운동을 이끌었으며 신생 이스라엘 초대 수상으로 선출된 벤구리온이었다.

유태인들은 서기 73년 로마에 의해 나라를 잃고 세계 각지로 흩어졌다. 반유태운동이 전 유럽에 확산될 때 그들은 항상 지금 우리에게 시대적 정신이 무엇이며 시대적 명제가 무엇인가를 자문자답하면서 어떠한 박해에도 굴하지 않고 밝은 미래를 연상하며 항상 희망 속에 살아왔다. 유태인은 패배를 기념하는 민족이다. 그들은 패배일에는 반드시 쓴 나물을 식탁에 올려 패배의 쓴맛을 되씹어 본다. 민족의 패배를 문서나 말로써 전해주는 것만으로 불충분하고 쓴 음식물로 민족의식을 재생시킨다. 그리고 식사 마지막으로 '아라자'를 마신다. 이것은 최후의 승리를 상징한다.

뿐만 아니라, 그들은 민족을 나무에 비유한다. 유태인들은 "과거라는 대지에다 싱싱한 뿌리를 내린 한 그루의 큰 나무"라는 것이다. 뿌리로 대지의 영양분을 흡수하기 때문에 불행하게 밑둥이 잘려도 그 옆에서 지표를 뚫고 새싹이 돋아나므로 결코 멸망하지 않는다고 생각한다. 과거라는 대지가 공급해주는 영양분은 조상들이 물려준 교육, 문화, 철학, 종교 등이며 이를 통해 그들은 '유태인다움'의 정체성을 견지해 가는 것이다. 오늘날 전 세계의 유태인들은 씨줄과 날줄에 의한 유기적인 한 장의 직물처럼 잘 짜여져 있다. 이 짜여짐을 떠나서는 존재할 수 없으며 국내외의 구별이 없다. 유태인들은 히브리어로 '하베림코트 이스라엘'이라 한다. 모든 유태인은 '한 덩어리'라는 뜻이다. 이 형태가 바로 유태인공동체인 것이다. 오늘날 해외 한민족 문제를 고려할 때 유태인공동체는 우리들의 선망의 대상이며 한 모델로서 참으로 많은 교훈을 던져주고 있다.

　내 집 식구는 내가 보살피고 가꾸어야 한다. 그래야 남으로부터 대접을 받는다. 마찬가지로 우리 민족을 우리가 서로 돕고 거두지 않으면 타민족으로부터 멸시당하고 박해와 천대를 받는다. 중앙아시아에는 많은 독일인들이 살고 있다. 연해주 한인들이 강제이주 당했던 것처럼 그들도 강제이주당했던 것이다. 1924년 모스크바 근교 볼가강 유역에 독일인들이 자치주를 형성하고 살고 있었는데 1941년 독·소전쟁이 일어나자 스파이라는 누명을 씌워 중앙아시아로 추방했었다. 러시아에 고르바초프가 집권하고 개혁·개방 정책이 시행되자 독일정부는 재빨리 손을 써서 중앙아시아에 산재하는 독일인들에게 모국으로 귀환하거나 볼가강 유역으로 귀환할 선택권을 주었다. 많은 사람들이 모국으로 귀환하였고 또는 볼가강 유역으로 재집결하여 제2도이치 자치공화국 수립에 박차를 가하고 있다. 이 얼마나 자기 민족을 보살피고 배려하는 좋은 본보기인가.

　(2) 이탈리아의 경우

　이탈리아를 보면 이탈리아 재외동포가 전세계 무대에서 활동하고 모국에 미치는 영향 등을 고려하여 해외 이탈리아 공동체를 구성했다. 그리하여 해외 이탈리아인의 지위 향상과 그 결집된 역량을 모국 발전에 동력화시키고 있다. 외무부 산하에 전담기구를 두고 많은 인력과 예산을 투입하여 '해외 이탈리아인협의회'와 '해외 이탈리아인위원회'를 운영하고 있다. 전자는 주로 외무부가 주관하고 후자는 거주국의 이탈리아인 간의 자치적 성격을 띠고 있다. 이들은 상호간 깊은 유대와 협력을 하며 궁극의 목표는 국내외 이탈리아인의 권익 및 지위향상과 민족정체성 유지와 그리고 문화창달에 역점을 두고 있음을 알 수 있다.

(3) 독일의 경우

독일은 재외동포정책을 해외 독일인에 대한 정책과 재이주한(국내로) 독일인에 대한 정책으로 양분하여 시행하고 있는데, 전자의 업무는 외무성에서, 후자의 업무는 내무성에서 담당하고 있는 점이 특이하다. 외무성의 해외 독일인에 대한 정책은 주로 문화정책에 초점을 맞추어 게르만족의 정체성 홍보와 유지에 역점을 두고 있다.

특히 세계 1, 2차대전의 전범국으로서의 이미지 쇄신과 함께 자국민의 우월성을 직간접적으로 홍보하고 있다. 한편 재이주 독일인에 대한 정책은 구소련과 동유럽 지역으로부터 재이주하는 독일인의 정착 지원에 주안점을 두고 있다. 통독 이후 최근까지 약 250만 명이 구소련과 동유럽 지역으로부터 재이주했으며 그들에 대한 재이주비, 정착비, 언어연수비, 의료보험비, 연금, 산재보험 그리고 전쟁 피해 보상비 같은 것이 포함되어 있는데 그 예산 규모는 우리의 상상을 초월한다. 이에 대하여 국내에서 반대여론도 적지 않으나 독일 정부는 재이주민의 긍정적 기여 부분을 강조하며 자국민 보호에 매우 적극적이다.

(4) 프랑스의 경우

프랑스 역시 재외동포를 긍정적으로 인식하고 있다. 프랑스는 해외 프랑스인을 프랑스에 행운을 가져다주는 존재로 생각한다. 해외 프랑스인이 국익 증진, 문화 전파, 무역 증진, 경제적 위상 제고에 주효한 성공 조건으로 기능하고 있다는 것이다. 따라서 프랑스의 재외동포정책은 국익 증진과 무역 증진 면에서 해외프랑스인을 활용하는 현실적인 목표를 지향하고 있다. 그 중 특기할 점은 '선혜택, 후단합' 원칙을 세워 먼저 해외 프랑스인에 대한 지원을 시행한 연후에 단합과 모국에 대한 기여를 요구하는 정책을 펴고 있다. 그 결과 해외 프랑스인은 본국 거주민과 동일한 수준의 사회복지 혜택과 교육 지원을 받고 있다. 또한 의회 상원에 재외동포 몫으로 의석을 배정하고 있는 점도 특기할 만하다. 더욱 놀라운 것은 이들 상원의원을 '재외국민고등위원회'에서 선출한다는 사실이다. 재외국민고등위원회는 재외프랑스인의 대표기관으로서 보통·직접선거로 150명의 위원을 선출하는데, 이 가운데 12명은 주지사가, 21명은 외무장관이 추천하도록 되어 있다. 이 위원회는 재외프랑스인과 관련한 제반 문제에 대해 모국 정부에 직접 의견을 제시할 수 있으며 연구보고서와 법률안도 제출할 수 있다. 이 위원회의 총회는 연 1회 파리에서 열리며 수시로 소위원회를 개최하고 상설 사무국까지 두고 있다. 이처럼 프랑스는 재외국민의 의견을 존중하고 권익보호에 소홀함이 없다.

(5) 그리스의 경우

그리스의 재외동포정책을 살펴보면 참으로 특이한 발상 위에 정책을 펴고 있다. 즉 이른바 은하수 모델에 근거하고 있다. 그리스와 재외그리스인 공동체는 같은 은하계에 속해 있는 별들로서 불가피하고 상호간에 영향을 미치는 궤도를 함께 주행하고 있다고 생각한다. 그리스는 모든 재외그리스인 공동체에 자신의 빛을 비추고 재외그리스인 공동체는 다시 그리스를 비춤으로써 서로를 더욱 밝게 하고 있다는 것이다. 이를 뒷받침하는 상징적인 기구로 '해외 그리스인협의회'를 설치하고 있다. 이 협의회는 그리스정부로부터 독립적이며 정부 정책에 대한 자문역할을 하고 있다. 구체적으로 재외그리스인의 교육, 생활과 노동조건, 문화적 정체성 문제와 병역, 조세와 같은 문제에까지 자문을 하며 본국정부는 이를 긍정적으로 받아들이고 있다. 이 협의회는 매 2년마다 열리는데 정부는 이에 대해 재정, 조직, 홍보 또는 정신적인 면에서 전폭적인 지원을 하고 있다. 그리스정부 역시 재외동포정책의 기조에는 은하수 모델을 착안하여 재외동포를 국가적 자산으로 생각하며 모국과 재외국민 간의 유대 강화와 일체감을 구축하고 있음을 엿볼 수 있다.

(6) 인도의 경우

그외 개발도상국으로 여겨지는 인도도 재외동포의 역량을 경제 발전에 활용하고 있다. 인도정부는 해외 인도인의 많은 자금력과 높은 과학기술 수준을 자원으로 인식하여 이들의 능력을 인도 경제성장에 유도하고 공헌할 수 있는 제도를 마련하고 있다. 지난 20년 동안 인도 당국은 해외 인도인에게 투자의 최우선권 보장, 투자액과 이윤의 거주국 송금권리 부여, 각종 세금 면제, 자유로운 부동산 거래, 외환구좌의 보유 허용 등과 같은 조치를 취함으로써 이들의 인도 투자를 유도하는 법적, 제도적 장치를 강구했다. 뿐만 아니라 해외에 거주하는 수준 높은 인도 과학자들의 모국을 위해 봉사할 길을 여는 데도 특별한 조치들을 취하고 있음을 볼 수 있다.

이처럼 다른 나라에서는 재외교포에 대하여 치밀한 배려와 기획 하에 모국과의 유대를 강화하고 일체감을 조성하며 아울러 그들의 권익옹호에 최선책을 강구하고 있다. 이에 비추어 볼 때 우리는 재외동포에 대하여 어떤 인식을 하며 어떤 배려와 정책을 세워왔는가 자문해 보지 않을 수 없다.

1945년 제2차 세계대전 종전 이후 오늘에 이르기까지 재일교포는 온갖 수모와 박해와 차별대우를 받고 있다. 한국정부는 이들의 권익과 교육과 민족정체성 문제에 대하여 실제적으로 따뜻한 손길 한번 내밀어 준 일이 없었다. 재일교포문제만 하더라도 일본 정부에 대하여 당당한 발언권을 행사하고 양국 간의 특수한 전후 문제 처리를 위해 노력한 것이 무엇인가. 재일동포는 과거 한·일 간의 특수한 관계로 인해 초래된 피조적(被造的) 존재이다. 그들이 일본에 산다는 것은 법률 이전에 역사적 사실의 문제이다. 왜 그들이 박해와 차별대우로 가슴에 한을 품고 살아야 하는가. 그들이 외국인으로서 지문날인을 강요당할 때 직업의 정당한 선택권을 갖지 못하고 억울함을 호소할 때 한국정부는 그들의 아픔을 치유해 주기 위해 진지한 자세를 가져본 일이 있는가. 흔히들 재일동포가 일본으로 귀화하는 현상을 보고 또는 2, 3세대들이 한국말을 못하는 것에 대해 비웃고 비난한다. 이들이 이렇게 된 것을 그들만의 책임이라 할 수 있겠는가. 한국정부가 재일교포들의 어려운 처지를 깊이 이해하고 그들의 권익 옹호와 2세들의 교육 문제에 대하여 좀더 적극적으로 대처했더라면 오늘과 같은 현상은 일어나지 않았을 것이며 민족정체성도 유지할 수 있을 것이다. 재일교포들이 한국의 교민정책에 대하여 기민정책(棄民政策)이라고 항의할 때 그렇지 않다는 정당한 답변을 할 수 있겠는가. 이 외에도 지적할 일들이 헤아릴 수 없이 많다.

또한 재중국 동포정책에 대해서도 기본 인식부터 잘못되어 있고 중국의 비위를 거슬리지 않는 정책으로 일관되고 있는 느낌을 불식할 수 없다. 재중동포는 그들이 이주하게 된 배경과 정착과정에서 특수한 존재이다. 그들은 자의에 의한 거주선택권이 없는 상황에서 중국에 살고 있으며 분단된 모국이나마 한국이 잘 살고 있음을 자랑스럽게 생각하고 있으며 한국에 의지하여 생활의 활로를 개척해 보려고 애를 쓰고 있다. 그러나 한국의 대중국 교포 정책의 졸렬로 그들의 가슴엔 한이 맺혀 있다. 재중국 동포에 대한 정책의 미숙함은 이루 다 열거할 수 없거니와 이 기회에 한 가지만 지적하면 재중동포와 구 러시아권 동포는 1998년 8월에 제정한 약칭 재외동포법 중 재외동포의 범위에서 제외되었다. 요컨대 정부가 중국의 비위를 맞추다가 벌어진 어처구니없는 불상사였다. 도대체 어떻게 재중동포와 구 러시아권 동포가 재외동포 범위에서 제외된단 말인가. 이들이야말로 우리가 각별히 관심을 가져 주어야 할 소중한 동포가 아닌가. 이 한가지 사실만으로 대중국 교포정책이 얼마나 미숙한가를 웅변하고 있다. 재중 200만 교포의 항의와 국내 여론의 비등으로 늦게야 깨달은 정부는 본법 시행령으로 보완하고 있지만 이 법에서 재외동포의 범위에서 제외된 중국교포와 구 러시아권 교포들은 그들 자신들에 대한 모국의 기본 인식 부족에 대하여 서운한 감정을 지울 수 없다.

한 가지만 더 구체적인 사례를 들어 보자. 중앙아시아 우즈베키스탄과 카자흐스탄, 키르기스탄 등지에는 연해주에서 강제 이주당한 고려인들이 모국과 절연된 채 역사의 뒷편에서 눈물겨운 통한의 생활을 해 오고 있다. 우리 정부는 중앙아시아 고려인들에게 무엇을 했는가. 1989년 한·러 국교가 수립될 때 러시아독립국연합(CIS)에 거주하고 있는 한민족에 대하여 충분한 연구를 하고 앞으로의 대책도 강구했어야 했다. 그 당시 정부는 북방정책 완수라는 업적 쌓기에 급급하여 이곳 한민족에 대한 깊은 배려는 하지 않은 채 30억 불이라는 어마어마한 돈을 한꺼번에 소련에 지원하였다. 고르바초프 대통령이 경제지원을 받기 위해 제주도에까지 왔을 때 1937년 스탈린의 한인 강제이주에 대한 사과 한마디라도 받아내고 한인들의 권익 옹호와 그 외 현안의 문제들에 대한 보장을 받은 다음 지원했어야 했다. 당시 다급했던 사정으로 보아 고르바초프는 우리들의 요구를 다 받아들였을 것이다. 그 30억 불을 연해주에 연간 1억 불씩 투자한다면 아마도 가히 경제적으로나 사회적으로나 혁명이 일어날 것이고 반세기 후에는 500만 한민족을 수용할 수 있을 것이다. 그렇게 되면 연해주는 우리들의 경제적 영토가 될 수 있을 것이다. 한나라의 정부나 민족 지도자에게는 적어도 이런 정도의 정책적 배려나 안목이 필요하다.

4). 세계 한민족공동체의 구성

해외동포에 대하여 여러 가지 용어가 혼용되고 있다. 동포, 교포, 교민 또는 해외한인, 거기에다 지역에 따라서 조선족, 고려인 등으로 부르고 있다. 모두가 같은 뜻이며 어떻게 부르든 의미상의 큰 차이는 없다. 그러나 엄격히 구별하자면 그 용어에서 풍기는 뉘앙스에 따라 약간의 차이는 있다. 이에 필자는 이번 기회에 이 용어를 정의(定義)하여 하나로 통일했으면 하는 희망과 아울러 제의를 하고자 한다. 결론부터 말하면 앞에서 열거한 용어들을 포괄적으로 다 수용할 수 있는 말로서 '해외한민족'으로 표현하면 좋을 듯하다. 이 용어의 정의가 잘못되어 어처구니없는 혼란과 큰 사건이 야기되었다.

앞에서도 잠깐 언급했지만 1999년 8월, 국회에서 "재외동포 출입국과 지위에 관한 법률(약칭 재외동포법)"이 통과되었는데, 재외동포에 대한 정의와 범위 때문에 큰 문제가 야기되었다. 재외동포를 정의함에 있어서 "이 법에서 재외동포라 함은, 1948년 8월 15일 대한민국 정부 수립 후 한국 국적을 가졌던 자로 재외(在外)에 거주하는 사람을 말한다."라고 되어 있다. 이 법 논리에 의하면 한국정부 수립 이전의 재외거주자, 예컨대 중국의 간도와 일본, 연해주와 중앙아시아, 사할린 등지에서 살고 있는 한민족은 재외동포 범위에서 자동적으로 제외(除外)되었다. 다시 말하면 한국정부 수립 후 자기 선택에 의해서 미주나 유럽, 동남아 등지로 이민간 사람은 재외동포이고, 일제 하에 생활고에 시달려서 또는 강제징용에 의해서 혹은 독립운동가의 후예로서 거주 이전의 선택권이 박탈당한 채 귀국할 길이 막혀 만부득이 해외에 거주하게 된 사람은 동포가 아닌 것으로 되어버렸다.

이렇게 됨으로써 재외동포 중 반 이상이 동포에서 제외되었다. 정작 이 법에 의해 권익 옹호와 지원을 제공받아야 할 사람은 바로 이들인데 재외동포라는 용어의 정의 때문에 거꾸로 불이익을 감수해야 함은 언어도단이다. 재중국, 재중앙아시아 지역 등지의 한인들은 이 법은 재외

(在外)동포법이 아니라 제외(除外)동포법이 되었다고 주장하면서 법 개정을 요구했다. 정부는 늦게나마 이 점을 깨닫고 법 시행령과 적용에서 구제할 방법을 강구하고 있다.

원래 이 법을 제정한 취지는 해외에 거주하는 동포들에게 권익 옹호와 편의를 도모해 주기 위한 것이었으나 중국정부의 항의 때문에 원래 의도대로 되지 못한 것이다. 즉 중국정부는 재중 한인들은 이미 중국으로 귀화하여 자기네 국민이 되어 있는데 재외동포법을 제정하면 재중국 한인들을 자극하여 혼란이 야기되며 양국 간에 외교적 마찰이 생긴다는 것이었다. 정부는 중국의 비위를 맞추기 위해 너무 전전긍긍하였다. 이 법에서 동포라는 용어 대신에 넓은 범위에서 다 포용할 수 있는 해외한민족이라는 용어를 채택했더라면 이런 혼란은 일어나지 않았을 것으로 생각된다.

700만 해외한민족은 과거나 지금이나 우리에게 소중한 존재로서 국가의 큰 자산이다. 우리는 이들을 잘 보살피고 배려하여야 한다. 도의적으로도 그러하거니와 21세기 한민족이 지향하는 전략적 측면에서도 그러하다. 우리는 지난날의 민족사를 회고, 반추하고 앞으로의 진로 모색을 위해 고뇌하고 분발하며 슬기롭게 스스로를 추스려야 한다.

21세기 우리 민족이 번성하고 세계 여러 나라들과 경쟁에서 이겨나가기 위해서는 지난 날 유태민족이 했던 것처럼 세계 한민족공동체(Korean Community - 약칭 K.C.)를 구성하는 것이다. K.C.의 성격은 비정치기구인 NGO로서 국경과 이념을 초월하여 국내외 7,000만 한민족 전체를 조직, 총괄하고 함께 번영을 도모하는 범세계적 한민족기구이다. 그러므로 목표를 수행함에 있어 대외적으로 저항이나 마찰이 없고 정부의 기능 이상으로 효율을 기할 수 있는 특징이 있다. 앞으로 NGO의 역할은 국내에서나 국제적으로 증대 추세이다. 국외에 많은 국민이 진출해 있거나 또는 자기 민족을 보유하고 있는 국가들은 거의 예외없이 세계적 기구를 결성하여 민족을 결속하고 본국과의 유대를 강화하며 상호 보완하고 있다. 우리도 세계 각처에 산재하고 있는 한민족을 한민족 네트워크(Korean Network)로 구축하여 한민족의 역량을 결집, 공동 번영의 길을 개척해 나아가야 할 것이다.

  이 대열에 어느 누구도 소외되어서는 안되며 특히 해외한민족은 그 위상을 향상시켜 역사주체로서 반드시 동참시켜야 한다. 해외한민족 중에서도 재중동포와 중앙아시아의 우즈베키스탄, 카자흐스탄, 키르기스탄 등지의 동포와 재일동포들은 오랜 세월 자의적 행동이 제약된 채 신분상 불확실한 상황에서 억울하고 서러운 한을 가슴에 품고 살아왔다. 이제 우리는 이들에게 따뜻한 동포애의 손길을 뻗쳐 위로 격려하며 경제적 문화적 접근방법을 통해 씨줄과 날줄로 민족 네트워크를 짜야 한다. 해외에 거주하는 한민족은 양적으로 많을 뿐만 아니라 질적으로 매우 우수하다. 세계적으로 명성이 높은 학자, 과학자가 있는가 하면 실업 면에서 성공한 상공인도 대단히 많다. 미주와 유럽 등지에는 이미 세계 한민족상공인회가 결성되어 있으며 네트워크를 형성하여 상호정보 교환과 상부상조하며 중국 화교들의 경제인회처럼 발돋움하여 그 세가 날로 증대하고 있다. 뿐만 아니라 미술, 음악 등 예술계에서도 뛰어난 인재들이 많다. 이들은 명성이 높고 경제 사회적인 지위가 향상될수록 지난날 가난했던 조국을 생각하고 조국에 무엇인가를 공헌하려는 뜻을 가지고 있다.

세계 여러 민족 중 한민족만큼 귀소본능이 강한 민족도 없다. 낙엽귀근(落葉歸根)이란 자연섭리를 몸소 체득하고 있다. 이들을 결속시킬 구심점이 형성되고 민족 진로를 개척할 비전 있는 리더쉽만 발휘되면 모국을 위해 공헌할 것으로 충분히 기대된다. 그리하여 모국과의 유대가 공고해지고 한민족이 일체가 될 때 우리는 명실공히 역사의 주체가 되고 향후 한민족의 역사는 웅비할 것이다.

세계 한민족공동체(Korean Community)의 업무는 우선 다음과 같이 요약해 볼 수 있다.

1) 남북한 내국인과 세계에 산재하고 있는 해외 한민족을 하나로 묶는 망(Korean Network)을 형성하여 민족역량을 결집, 배양한다.

2) 해외 교포에게 모국어와 국사 교육을 실시하고 문화 활동을 통하여 모국에 대한 애정을 심고 민족정체성을 인식, 견지하게 한다.

3) 교포 경제권을 결성하고 K.C.의 전세계적 유통구조망을 효율적으로 활용하며 상호 정보를 교환하여 교포의 이익을 증진하고 국제적 위상을 향상시킨다.(예: 중화경제권)

4) 매년 세계한민족대표자대회를 개최하여 민족 일체감 조성과 모국과의 유대 강화로 K.C.의 결속을 공고히 하고 한민족의 당면 문제를 토의한다.(예: 유대민족의 Zionism대회와 Jewish Congress)

5) 국제 무대에서 한민족의 역사주체로서의 위상을 확립하고 21세기 한민족의 진로 개척에 선도적 역할을 한다.

새로운 세기를 맞이하여 지난날의 불운했던 민족사를 청산하고 새 국운개척(國運開拓)의 길을 모색해야 한다. 지금이야말로 그 어느 때보다도 민족의 정신적 결속을 다지고 정치적, 경제적, 문화적 역량을 배양 결집할 때이다. 역사란 결코 우연히 이루어지는 것이 아니다. 행위주체의 의지와 정열의 산물이다. 강렬한 의지가 작렬할 때 역사는 웅비하고 나약할 때 쇠퇴한다. 이는 고금의 진리이다. 특히 격동기에 있어 지성들의 철학과 비전과 실천행동은 역사 발전의 동인(動因)이 된다.

유대 민족을 시오니즘(Zionism)으로 결속시켜 이스라엘을 건국한 헤르츨의 집념, 미국 독립전쟁 후 미시시피강 유역까지의 루이지애나 지역을 매입하여 오늘의 미국 영토를 이룩하게 한 제퍼슨의 구상과 의지, 또는 근 300년 간 소위 대영제국의 지배 하에 있던 인도를 단식과 무저항으로 독립을 성취한 간디의 정신, 세계 최강국인 프랑스와 미국 등을 상대로 두 차례나 전쟁을 치루어 오늘의 월남통일을 성취한 호치민의 민족애와 강렬한 의지 그리고 중국의 문화혁명 후 개혁과 개방 정책으로 오늘의 중국경제를 건설케 한 등소평의 철학 등은 오늘의 우리들에게 시사하는 바 크다.

우리 고금의 역사에서 고구려의 기상이 충천할 때 요동벌을 누볐고, 외세에 의지하고 눈치나 살필 때 나라를 잃었다. 이 이상 우리 가슴에 와 닿는 교훈이 있겠는가. 실천적 의지가 절실히 요청된다.

2_ 한민족의 자화상(自畵像)

역사란 결코 운명적으로 흘러가는 것이 아니라 한 민족과 그 구성원의 의지와 열정에 의해 창조되어 가는 것이다. 어느 시대든 시대정신이 있고 그 정신을 실현하려는 욕구가 있다. 이에 잘 부응하면서 역사를 주도해 갈 때 위대한 역사가 창조되는 것이다. 우리는 삼국통일의 위업을 이룩한 신라의 당시 지도자와 국민의 의지에서, 또한, 일본 명치유신과 근대화를 추진한 주역들의 사관에서, 좋은 사례(史例)를 찾아 볼 수 있다.

역사가 창조되어 가는 과정을 살펴보면 그 중심에는 항상 역사를 발전시키는 추진 핵(核, Core)이 있고 그 주위에는 그 핵이 분열하여 위력을 발휘할 수 있도록 뒷받침하는 역사전도그룹(Historical Bearing Group)이 있다. 그 핵이 작렬할 때 새 역사의 지평은 열리고 웅비의 나래를 펴가는 것이다. 역사창조는 대중에 의해 이루어진다는 대중사관설이 있지만 어디까지나 역사주도는 핵을 중심으로 하는 즉, 코아그룹이 하는 것이다. 다만 역사창조의 바탕은 대중에 뿌리를 내려야 할 것이며 대중의 지지 없이는 불가능한 것이다.

지금 우리 사회에는 각 분야에 엘리트층이 두텁고 국민대중은 지적으로 대단히 향상되어 있으며 지향행동에 있어서도 매우 성숙되어 있다. 2002년 월드컵 경기 때 국내외에 보여준 젊은 지성들의 행동은 더없이 정열적이면서도 공중도덕과 질서를 지키는데 있어서는 일찍이 유례를 찾아볼 수 없는 성숙된 행동양식을 보여 주었다. 많은 사람들이 불상사가 일어나지 않을까 우려할 정도로 인파를 이루었지만 우려는 기우이었고 세련된 그들의 행동에 전 세계가 감동하고 찬사를 아끼지 않았다.

실로 우리 국민의 수준은 높고 위대하다. 바르게 인도할 지도자의 철학과 리더쉽과 접목만 하면 무한한 힘을 발휘할 수 있다. 젊은 층의 대중이 시대변화의 물결을 형성했었다. 우리 사회에는 두터운 엘리트층이 있고 젊은 지성들의 예지(銳智)가 번뜩이는가 하면 천산(天山)을 움직일 수 있는 대중의 위력도 있다. 그러나 이 엄청난 에너지들을 하나로 결집하여 새로운 민족진로 개척에 동력화(動力化)할 수 있는 핵이 있느냐 하는 물음 앞에 "그렇다."라고 긍정적인 대답을 하기에는 미흡한 것이 오늘날 우리의 현실이다. 분명 시대는 변하고 국민 역량은 무한한 가능성을 지녔는데도 그 변화에 자주적, 능동적으로 대응을 하지 못하고 있는 것이 안타깝고 문제의 심각성이 있다 하겠다.

고대 그리스인들은 시간을 양과 질의 두 측면에서 인식하였다고 한다. 양으로서의 시간을 크로노스(Chronos)라고 불렀고 질로서의 시간을 카이로스(Kairos)라고 했다. 크로노스는 연대기적(年代記的) 시간을 가리키는 것이요, 카이로스는 질적인 변화의 시간 즉, 무엇인가를 결정하고 결정된 사항을 행동으로 옮겨야 할 바로 그 시간을 가리킨다. 결코 놓쳐서는 안될 기회, 그 역사적 순간이 카이로스의 시간이다. 지금 우리는 분명 카이로스의 시간을 맞이하고 있다.

우리는 21세기를 맞이하면서 '북핵'이라는 민족존망(民族存亡)을 가늠하는 난제에 봉착하고 있다. 이 위기를 민족적 차원에서 근원적으로 극복하는 의지가 절실히 요청된다. 이 카이로스의 시간을 허송해서는 안된다.

이와 같은 역사인식 하에서 우리 사회의 시대정신이 무엇이며 지향할 바가 무엇인가를 골똘히 생각해야 할 것이다. 다시 말하자면 지난날에 대한 자성(自省)과 함께 오늘날의 솔직한 민족 자화상을 그려야 한다는 것이다.

지난 한세기 동안 우리는 세계사의 격변기에 자주적·능동적으로 대처하지 못해 역사주체의 지위에서 객체의 지위로 밀려나 열강의 이해에 따라 흥정의 대상이 되었고, 그 결과는 국토분단과 민족분열을 초래하여 지금껏 민족 최대의 비극과 시련을 겪고 있다. 제2차 세계대전 종결 후 60년이란 시간이 흐르는 동안 지구상에 유일하게 분단국으로 남아 있다. 남북은 서로 상대방을 주적으로 인식하고 국방예산을 팽창함으로서 경제·사회적 발전을 저해하고 있다. 특히 북쪽에서는 무리한 군비강화에 몰두하여 극심한 식량난으로 국민을 기아 상태에 빠뜨리고 있다. 외견상으로 남북화해 무드가 조성되는 것 같지만 내면으로는 상호 불신의 벽이 높아만 가는 실정이다. 남북 쌍방은 지난날에 대한 민족적 각성 없이 강대국들의 희롱하던 20세기적 분단유산을 안은 채 오늘날 북핵이란 가증스러운 현안 문제로 서로 강대국들의 눈치를 살피며 줄다리기를 하고 있는 것이 오늘날 우리들의 솔직한 자화상이다.

흔히들 한·미공조만이 북핵 문제를 푸는 유일한 길이라고 한다. 과연 그럴까. 이것은 우선 잠정적으로 불을 끄는 미봉책은 될 수 있을지언정 근본적 해결책은 아니다. 6·25 전쟁 이후 한·미는 혈맹관계를 유지해왔고, 또 그래서 당면한 안보태세를 강화하기 위해 현실적으로 한·미공조가 절대적으로 필요하기도 하지만, 남북간의 문제는 남과 북이 당사자인 것은 부인할 수 없으며, 근원적인 문제 해결은 당사자 간에 합의가 없이는 불가능하다.

모든 사안은 본질을 올바르게 파악하고 접근을 시도해야 근원적 해결책의 실마리가 풀릴 것이다. 남북간 문제의 본질은 무엇인가. 외세로 인한 분단이다. 물론 분단의 책임이 우리에게 전혀 없는 것은 아니다. 우리들이 좀 더 현명한 대응을 했었더라면 하는 아쉬움이 있다. 제2차 세계대전 후 오스트리아 지도자들의 감옥에서의 대연합 정신이 분열을 극복하고 통일을 성취한 교훈을 되새겨볼 때 더욱 그러한 생각이 든다. 하지만 8·15 해방 당시 남북에는 미군과 소련군이 각각 점령했기 때문에 분열의 시발이 된 것은 분명한 사실이다.

오늘날 북핵 문제는 전세계의 관심사가 되었고 한반도 문제는 주변 열강과 연결되어 있다. 이들 중 어떠한 나라도 진정 한반도의 통일을 바라는 나라는 없다. 솔직히 내심으로는 통일되는 것을 원치 않으며 최선책으로 고착된 현상유지를 바랄 뿐이다. 그것은 자국의 이익을 위해서이다. 이것이 바로 비정한 국제정치의 현실이다. 그러함에도 한·미공조만이 바른 선택이고 진정한 의미의 민족 공조의 방법은 없는 것인가. 과연 누구를 믿을 것인가. 남북 간의 문제는 냉엄한 현실의 문제이므로 감상적 생각은 금물이라고들 한다. 그러나 감상적 마음 속에 순수성과 이상이 있다. 언제까지나 순수성과 이상은 외면당하고 현실에만 충실하고 매달린다면 통일의 실마리는 언제 어디에서 찾을 것인가. 어떤 사안이든 그 속에 현실과 이상은 공존한다. 어느 한쪽에 치우치면 균형을 잃게 된다. 양면을 조화시킬 때 옳은 방안이 도출되는 것이다.

이렇게 볼 때 남북 간 문제의 본질은 무엇이고 그 근원적인 해결 방법은 어떻게 접근해야 할 것인가를 좀 더 대승적이고 포괄적이며 민족 존망의 차원에서 고뇌하고 시도해야 할 것이다. 우리는 카이로스의 때를 놓쳐서는 안된다. 성숙된 민족의 거대한 에너지를 총결집, 동력화하여 민족자존의 길을 열어야 한다. 역사전도의 핵(核)의 역할을 담당할 지도자는 반드시 출현할 것이다. 우리 한민족의 에네르기는 다시 한번 분출될 것이다.

이것은 한민족사에 있어 시대적 요청이며 필연이기 때문이다.

참고문헌

저서

강성학 외 5인, 『시베리아와 연해주의 정치경제학』, 리북, 2004.
국사편찬위원회 편, 『한국 근대의 북방영토와 국경문제』, 백산학회, 2004.
김명호 역, 『스탈린체제의 한인강제이주』, 건국대학교 출판부, 1994.
김연수, 『모스크바 한국인』, 도서출판 국풍, 1983.
김철수, 『연변항일 사적지 연구』, 연변인민출판사, 2001.
류연산, 『혈연의 강들』상하, 연변인민출판사, 1999.
박영석, 『한민족 독립운동사 연구』, 일조각, 1982.
―――, 『일제하 독립운동사 연구-만주, 요령 지역을 중심으로』, 일조각, 1984.
박중현, 『간도자료집』, 2004.
박 환, 『러시아 한인 민족운동사』, 탐구당, 1995.
송우혜, 『윤동주 평전』, 도서출판 푸른역사, 2004.
신용하, 『한국 민족독립운동사 연구』, 을유문화사, 1985.
―――, 『한국 근대 민족운동사 연구』, 일조각, 1988.
유인진, 『코리안디아스포라-재외한인의 이주, 적응, 정체성』, 고려대학교 출판부, 2004.
윤병석, 『한국독립운동의 해외사적 탐방기』, 지식산업사, 1994.
이광규·전경수 공저, 『재소한인-인류학적 접근』, 집문당, 1993.
―――, 『재중한인』, 일조각, 1994.

───『격동기의 중국 조선족』, 백산서당, 2002.
이상근,『한인 노령 이주사연구』, 탐구당, 1996.
이성환,『간도는 누구의 땅인가』, 살림출판사, 2004.
이순형,『사할린의 귀환자』, 서울대학교 출판부, 2004.
임계순,『우리에게 다가온 조선족은 누구인가』, 현암사, 2003.
장 홍,『유럽통합의 역사와 현실』, 고려원, 1994.
정인섭,『재일교포의 법적지위』, 서울대학교 출판부, 1996.
정태수,『소련 한족사』, 대한 교과서 주식회사, 1989.
한국독립유공자협회,『중국동북지역 한국독립운동사』, 집문당, 1997.
정판룡,『세계속의 우리 민족』, 료녕민족출판사, 1999.
한상복·권태환,『중국 연변의 조선족』, 서울대학교 출판부, 1993.
현규환,『한국유이민사』上, 대한교과서주식회사, 1967.
최길성,『사할린-유형과 기민의 땅』, 민속원, 2003.
최창모,『이스라엘사』, 대한교과서주식회사 , 1995.

논 문

국민대학교 한국학연구소,「해방후 중국 지역 한인의 귀환문제 연구」,
    한국 근현대 과제 제2회 귀환문제연구 국제학술심포지엄, 2003.
김 게르만,「카자흐스탄 한인사회의 당면과제 및 전망」, 전남대학교
    국제학술회의 논문집, 1998.
김춘선,「북간도지역 한인사회의 형성 연구」, 박사학위논문, 1998.
박창욱,「중국 조선족 역사와 금후 전망」,『한민족공영체』1·2호
    (사)해외한민족연구소 간행, 1993·1994.

백태현,「고려인 중앙아시아 이주의 역사적 배경」, 중앙아시아 고려인 문화, 언어 국제학술회의 발표논문, 카자흐스탄 알카타, 1997.

반병률,「강제이주 이전의 한인사회 동향 1923-1937」, 러시아의 변화와 한·러관계 한국슬라브학회 제11차 학술대회 발표논문, 경희대학교, 1997.

부가이 니콜라이 표도로비치, 최정운 역,「재소한인들의 수난사」, 세종연구소, 1996.

신기석,「한민족의 대륙관계사-간도귀속문제」, 백산학회, 1996.

신승권,「연해주 한인의 이주과정 및 생활상」,『한민족공영체』3호, (사) 해외한민족연구소 간행, 1995.

─── 「중앙아시아한인의 이주과정 및 생활상」,『한민족공영체』4호, (사) 해외한민족연구소 간행, 1996.

유한배(학구),「한민족 러시아 이민사 서설 – 한민족 공동체 구상과 관련하여」, 세종연구소, 1999.

이일걸,「간도협약에 관한 연구」, 박사학위논문, 1990.

이종훈,「중앙아시아 한인문제와 정책과제」,『한민족공영체』2호, (사) 해외한민족연구소 간행, 1994.

최장근,「일본의 간도분쟁 개입과 청일 간도문제 교섭과정」,『한민족공영체』6호, (사) 해외한민족연구소 간행, 1998.

최창모,「시온주의 운동의 이념과 유대민족 통합전략」,『한민족공영체』5호, (사) 해외한민족연구소 간행, 1997.

외국문헌

고바야기 히데오, 임성모 역, 『「滿鐵」일본제국의 싱크탱크』,
　　　도서출판 산처럼, 2004.
김 블리지미르, 조영환 역, 『재소한인의 항일투쟁과 수난사』,
　　　국학자료원, 1997.
『延邊朝鮮族自治州槪況』執筆班, 大村益夫 역, 『中國の朝鮮族』,
　　　(有) 共同出版印刷, 1989.
林えいだい, 백인숙 역, 『證言, 樺太朝鮮族虐殺事件』,
　　　소문출판인쇄사, 1993.
大沼保昭, 이종원 역, 『사할린에 버려진 사람들』, 청계연구소, 1993.
田口家久治, 『民族의 政治學』, (社) 法律文化史, 1996.
요시다 세이지, 현대사 연구실 역, 『나는 조선사람을 이렇게 잡아갔다-
　　　나의 전쟁 범죄 고백』, 청계 연구소, 1989.
高木健一, 『サハリンと日本の戰後責任』, 東京風社, 1990.
大沼保昭, 「サハリン殘留韓人と日本の戰後責任」,『海外同胞』30, 1988.
岡部一明, 『多民族社會の到來』, 御茶の水書房, 1991.
田中俊郎, 『EUの政治』, 岩波書店, 1998.
Edward Kardel, 高屋正國 역, 『民族と國際關係の理論』, 1986.
角田房子, 김은숙 역, 『슬픔의 섬, 사할린의 한국인』, 조선일보 출판국,
　　　1995.
李愛利娥, 「中央アジア少數民族社會の變貌」, (株)昭和堂, 2002.

잊혀진 땅 간도(間島)와 연해주(沿海州)

2005년 2월 1일 초판 1쇄 발행
2005년 4월 5일 초판 2쇄 발행

지은이 李潤基
펴낸곳 華山文化
펴낸이 許萬逸

등록번호 2-1880호(1994년 12월 18일)
전화 02-736-7411~2
팩스 02-736-7413
주소 서울시 종로구 통인동 6, 효자상가A 201호
e-mail huhmanil@empal.com

ISBN 89-86277-77-8 03900

ⓒ 이윤기, 2005